国家出版基金项目
NATIONAL PUBLICATION FOUNDATION

陝西碑刻文獻萃編

唐五代卷（下）

吳敏霞等 編著

中華書局

# 本册目録

| | | |
|---|---|---|
| 335.785 | 梁昇卿墓誌 | 787 |
| 336.788 | 栗況墓誌 | 790 |
| 337.790 | 馮承宗墓誌 | 792 |
| 338.791 | 權秀墓誌 | 794 |
| 339.792 | 張維岳神道碑 | 796 |
| 340.794 | 李元諒墓誌 | 800 |
| 341.795 | 諸葛武侯新廟碑 | 804 |
| 342.796 | 盧之翰玄堂記 | 806 |
| 343.798 | 士崇俊墓誌 | 808 |
| 344.799 | 崔篿墓誌 | 810 |
| 345.799 | 王求古墓誌 | 812 |
| 346.799 | 王求舄墓誌 | 814 |
| 347.801 | 李良墓誌 | 816 |
| 348.802 | 尼惠因墓誌 | 818 |
| 349.804 | 畢原露仙館虛室記 | 820 |
| 350.804 | 任令璀夫人劉氏墓誌 | 822 |
| 351.805 | 楚金禪師碑 | 824 |
| 352.806 | 慧堅禪師碑 | 828 |
| 353.807 | 法津禪師塔銘 | 832 |
| 354.807 | 董楹墓誌 | 834 |
| 355.807 | 楊志廉墓誌 | 836 |
| 356.808 | 韋公夫人鄭氏墓誌 | 840 |
| 357.808 | 安鄉縣主墓誌 | 842 |
| 358.811 | 崔紘墓誌 | 844 |
| 359.812 | 董炱夫人楊氏墓誌 | 846 |
| 360.812 | 王昇墓誌 | 848 |
| 361.813 | 梁朝墓誌 | 852 |
| 362.813 | 馬倩墓誌 | 854 |
| 363.815 | 裴華墓誌 | 856 |
| 364.816 | 尼曇簡墓誌 | 858 |
| 365.817 | 晉陵郡君雍氏墓誌 | 860 |
| 366.819 | 李素墓誌 | 862 |
| 367.820 | 李夷簡家廟碑 | 864 |
| 368.821 | 康志達墓誌 | 866 |
| 369.823 | 卑失氏神道墓誌 | 868 |
| 370.824 | 樂輔政墓誌 | 870 |
| 371.825 | 李濟墓誌 | 872 |
| 372.826 | 韋挺墓誌 | 874 |
| 373.827 | 韋冰墓誌 | 876 |
| 374.827 | 劉弘規墓誌 | 878 |
| 375.828 | 田鍈墓誌 | 880 |
| 376.828 | 文安公主墓誌 | 882 |
| 377.828 | 董交墓誌 | 884 |
| 378.828 | 楊士真墓誌 | 886 |
| 379.829 | 李晟碑 | 888 |
| 380.829 | 田元素玄室銘 | 892 |
| 381.829 | 張寧墓誌 | 894 |
| 382.829 | 娥冲虛墓誌 | 896 |
| 383.830 | 何文惪墓誌 | 898 |
| 384.832 | 李公夫人庾氏墓誌 | 902 |
| 385.836 | 唐迴元觀鐘樓銘 | 904 |
| 386.837 | 李万林墓誌 | 906 |
| 387.839 | 唐三藏法師塔銘 | 908 |
| 388.839 | 唐基公塔銘 | 912 |
| 389.841 | 武自和墓誌 | 914 |
| 390.841 | 唐玄秘塔碑 | 916 |
| 391.843 | 謝壽墓誌 | 920 |
| 392.844 | 雷諷墓誌 | 922 |
| 393.844 | 焦仙芝墓誌 | 924 |
| 394.850 | 仇文義夫人王氏墓誌 | 926 |

395.852　韋正貫墓誌　…………………………928

396.852　歸弘簡墓誌　…………………………930

397.852　唐杜順和尚碑　………………………932

398.855　夏氏墓誌　……………………………934

399.855　圭峰定慧禪師碑　……………………936

400.855　白公濟墓誌　…………………………940

401.856　韋君夫人栢荅墓誌　…………………942

402.857　僧靈晏墓誌　…………………………944

403.858　田章墓誌　……………………………946

404.859　庾游方墓誌　…………………………948

405.859　田行源墓誌　…………………………950

406.863　平原長公主墓誌　……………………952

407.866　普康公主墓誌　………………………954

408.867　蕭弘愈墓誌　…………………………956

409.868　劉遵禮墓誌　…………………………958

410.870　陳克敬夫人楊氏墓誌　………………962

411.871　德妃王氏墓誌　………………………964

412.871　段庚墓誌　……………………………966

413.873　曹公墓誌　……………………………968

414.874　啓送岐陽真身誌文碑　………………970

415.874　物賬碑　………………………………972

416.875　馬公度夫人王氏墓誌　………………976

417.876　吳全績墓誌　…………………………978

418.877　唐嗣陳王李行莘墓誌　………………982

419.879　唐凉王李侹墓誌　……………………984

420.879　高公夫人陳氏墓誌　…………………986

421.879　李裔墓誌　……………………………988

422.880　陳諷墓誌　……………………………990

423.895　白敬立墓誌　…………………………994

424.899　唐重修内侍省碑　……………………998

425.928　張居翰墓誌　…………………………1002

426.930　破丑夫人墓誌　………………………1006

427.942　毛汶墓誌　……………………………1008

428.942　任景述墓誌　…………………………1010

429.943　劉敬瑭墓誌　…………………………1014

430.946　李仁寶墓誌　…………………………1018

## 説 明

唐貞元元年（785）十一月刻。蓋盝形，誌正方形。蓋邊長43厘米，誌邊長44厘米。蓋文3行，滿行3字，篆書“大唐故」梁府君」墓誌銘」”。誌文楷書24行，滿行24字。蓋四殺飾四神圖案，四周飾寶相花紋；誌四側飾壺門内十二生肖圖案。西安市出土，具體時、地不詳。現存西安博物院。《隋唐五代墓誌滙編》《全唐文補遺》著録。

## 釋 文

唐故前左神武軍使奉天定難功臣右衛大將軍梁州元從驃騎」大將軍弘農郡開國公梁府君墓誌銘并序」

維貞元元年歲次乙丑十一月癸巳十七日己酉，唐故左神武軍使弘農梁」公終于長安縣安定私第，享年六十一。嗚呼哀哉！公諱昇卿，字□」□，弘農郡人也。曾思哲，任疊州司馬。祖諱山壽，贈鄭州刺史。長」子重暉，元從功臣、游騎將軍、行右羽林軍左司階。次子重鮪，游」擊將軍、元從功臣、討擊副使、右神武軍衙前將。次子重清，元從游騎將軍、行左領軍衛、同州崇道府折衝、定難功臣。皆積代衣冠」，位登班敘。或門傳鍾鼎，清才拔萃，姿性冰立，風神標舉，自致雲」霄。惟故梁公，五百挺生，轅門異策，智見未萌。蕭蕭備於五德」，昭昭洞曉六韜。心瑩明月之珠，意澄滄海之鏡。文武齊行，家國」兼濟。名揚万古，德震海隅。先朝大行皇帝登極，拜官封爵」，委任賢能。三命龍闕，名列史籍。統禦禁軍，權秉師旅，侍衛」青瑣。頃者朱玭憑陵宗社，構逆中原，鑾輿幸遷，故梁公隨」今聖南朝奉天，封定難功臣。名書竹帛，寵錫丹墀，久承」渥恩。天書降臨，盈茲寶篋。皆竭忠事主，盡節勵誠。嗚呼！河」山秀氣，森森孤松，勁節高標。嗟四時風燭，摧折良木，卞玉長瘞」，趙璧無光。痛夜臺悄悄，蒿里茫茫，孀妻高堂，涕霑胸臆。嗣子泣」血，痛形欒棘。喪有備數，哭無常聲。先遠及期，即以十一月十七日，安」厝于長安縣龍首原，礼也。銛才薄鄙詞，多慚平子之文。刻石紀功，敢」爲銘曰」：

承家象真，奕世生德。猗嗟哲人，万夫之特。觀茲令問，士林程式」。兩朝列職，規模有則。冀大宗門，建綏邦國。如何彼蒼，降此凶慝」。塗芻戒路，風雲改色。服馬悲鳴，胡越悽惻。何地龜謀，是安窀穸」。哀哀嗣子，孝思罔極。式揚休烈，載刊貞石」。

789

336.788　栗況墓誌

唐故臨黃縣栗少府墓誌銘并序

維貞元四祀正月庚戌朔五日甲寅范陽栗君遘

疾平于沂陽郡官舍享年肆拾捌范昔宣父擇

歿而不實有矢悲夫君諱況字獻寶□王父宏

皇恒州真定尉父諱璎皇海州別駕祖宗祠咢

代纘徽烈茲歿弘優素範惟遠君以弱襜志勤學

師古奉訓克家聲聞于外解褐奏授澶州防

尉服義仰德託姻于明娷惟我臺長隴州防

衛使京兆蘇公君之外舅也親之湝禮且□

君遂辭歡庭闈礼覿東武俳徊□月憲

我德義未整迴駕寢察漳濱天手隆火殲我良人

吞恨白日芳獻永謝地扼寢戎烽俟賑未歸河

而逝暫逯越也嗟乎萬物遇春而榮繁君及殞于

翔萬睍邊原禮也篷色養遶障重泉循短雖同露晞何早

叫叫幼子泉哀夫人溢送墳隅悲感行路顧惪憇薄

芴承命惟誌文曰　生則有冤萬古同塗

名志未立能丕惡乎慈親在遠獨歿窮邊

權室礬魂仁人痛兮

## 説　明

唐貞元四年（788）正月刻。誌爲石灰石質，正方形。邊長54厘米。誌文楷書19行，滿行19字，有界格。四周飾寶相花紋。1990年寶雞隴縣原子頭村出土。現存隴縣博物館。《新中國出土墓誌（陝西叁）》著録。

## 釋　文

唐故臨黃縣栗少府墓誌銘并序」

維貞元四祀正月庚戌朔五日甲寅，范陽栗君遘」疾，卒于沂陽郡官舍，享年肆拾。於戲！昔孔宣父稱」秀而不實，有矣。悲夫！君諱況，字獻實。王父諱宏」，皇恒州真定尉。父諱瑗，皇海州別駕。祖宗冠冕」，代纘徽烈。蒞政弘優，素範惟遠。君以弱誓志，勤學」師古，奉訓克家，聲聞于外。解褐，奏授澶州臨黃」尉。服義仰德，託姻于明哲。惟我臺長隴州防」禦使京兆蘇公，君之外舅也。親之厚之，情禮且深」。君遂辭歡庭闈，祇覲東武。徘徊累月，戀」我德義。未整迴駕，寢瘵漳濱。天乎降災，殲我良人」。吞恨白日，芳猷永謝。地扼寇戎，烽候時警。未歸河」朔，寓魄邊庭。越以其月十二日辛酉，卜宅權厝于」邑之西北原，禮也。嗟乎！萬物遇春而榮，緊君及春」而逝。暫違色養，遽隔重泉。脩短雖同，露晞何早」。叫叫幼子，哀哀夫人。泣送墳隅，悲感行路。顧慚薄」劣，承命惟誌。文曰：

生則有死，萬古同塗」。名志未立，能無怨乎？慈親在遠，獨殁窮邊」。權窆羈魂，仁人痛焉」。

337.790　馮承宗墓誌

唐故□議大夫行綏州別駕充本州團練蕃落副使馮公墓誌銘并序

公諱承宗其先始平□道北轅遂為鄭州新平縣人□太
諱曰嚴枕石漱流輟光晦迹即於陵子仲之穎也豈肯不謁
自菲歲達于立身眠勁文法之塲老腐邊戎之務累遷
蓋寧州司馬方有閒也腑台臣爰慶士之嗣子受
陸或薦幹能以清封略奏公授陵州都督府司馬兼東
誠太子家令鈇惣翔
授降城營田副使楡林古塞飛狐是連遠至迁安諧謀
居家十諧遷綏州別駕仍充番落團練副使
地稱上郡人遙康歌辤滿遷郡群閒軍云補乞薛
度逐要隨軍北征賊巡凱常元戎樂悔公時出使享之
年五十四以與元初暴終于陵府官舍以使至懷光之
夫人也鳴哮崼山矢燎玉石同銷良足歎矣
夫人袁氏婦德克著先公而殂
繼室諸葛雅荷坤體今歲仲春而故時年五十八女
王氏孀居雖不長子淳次子浞幼子渡歸哭天永某員
還邵宅兆從宜粵貞元六年歲次庚午閏四月丁酉
朔廿四日庚申遷祔于涇北原廿里趙柴墅禮也虞十
王卅歷鄉里之故敢動銘云
皆人弥庭彼倉胡謂李子歸哭惟難興穀一旦魂歸涇北原
萬古風悲壟頭木

**説　明**

唐貞元六年（790）閏四月刻。蓋盝形，誌正方形。誌、蓋尺寸相同，邊長均53厘米。蓋文3行，滿行3字，篆書“大唐故」馮府君」墓誌銘」”。誌文楷書21行，行字不等。王叔詹撰文。蓋四殺飾十二生肖圖案，四角飾寶相花紋。1979年彬縣小章鄉趙寨村出土。現存彬州市文化館。《隋唐五代墓誌滙編》《全唐文補遺》《咸陽碑刻》著録。

**釋　文**

唐故正議大夫行綏州別駕充本州團練蕃落等副使馮公墓誌銘并序」

公諱承宗，其先始平訪道北轅，遂爲邠州新平縣人。父」諱日嚴，枕石漱流，韜光晦迹，即於陵子仲之類也。貧既不諂」，富且不驕。出或混時，處能自暢。公即處士之嗣子。爰」自弱歲，達于立身。服勤文法之場，光濟邊戎之務。累遷」試太子家令，兼寧州司馬。方有聞也，台臣授鉞，遙總朔」陲。式薦幹能，以請封略。奏公授勝州都督府司馬，兼東」授降城營田副使。榆林古塞，飛狐是連。遠至迩安，議課」居最。詔遷綏州別駕，仍充蕃落團練副使」。地稱上郡，人逸康歌。辭滿還鄉，聲聞軍正。補充節」度逐要，隨軍北征。賊玼亂常，元戎禦侮。公時出使，享」年五十四，以興元初暴終于陜府官舍，以使主懷光之」反物也。嗚嘑！崑山火燎，玉石同銷，良足歎矣」。夫人袁氏，婦德克著，先公而殂」。繼室諸葛，雅符坤體，今歲仲春而故，時年五十八。女」王氏，媚居藐尔。長子準，次子況，幼子凝，號天永慕，負」柩還邠。宅兆從宜，粵貞元六年歲次庚午閏四月丁酉」朔廿四日庚申，遷祔于涇北原廿里趙柴墅，禮也。處士」王叔詹，鄉里之故，敢動銘云」：

哲人殄瘁，彼倉胡謂。孝子號哭，惟難興穀。一旦魂歸涇北原」，萬古風悲壟頭木」。

**按**

誌主馮承宗，邠州新平縣人，正史無傳。誌云“補充節度逐要，隨軍北征。賊玼亂常，元戎禦侮”，“賊玼”即朱泚，朱泚叛亂事見于兩《唐書》，據誌文可知馮承宗曾參與平定朱泚叛亂。

338.791　權秀墓誌

## 説　明

唐貞元七年（791）八月刻。蓋盝形，誌正方形。蓋邊長44厘米，誌邊長45厘米。蓋文3行，滿行3字，篆書"大唐故」權府君」墓誌銘」"。誌文楷書27行，滿行27字。馮越撰文。蓋四殺飾忍冬紋，四周飾寶相花紋；誌四側飾纏枝花紋。西安市出土，具體時、地不詳。現存西安博物院。《隋唐五代墓誌滙編》《全唐文補遺》著録。

## 釋　文

唐故左神策軍先鋒突將兵馬使開府儀同三司試太子賓客兼御」史中丞洋川郡王權君墓誌銘

進士長樂馮越撰」

君姓權氏，諱秀，族本天水，代居真寧，今爲真寧人。祖、父咸有令」德焉。天生儁材，鬱爲時興。克抱忠義，致命邦國。君始從鈎陳環衛」之軍，超羽林射聲之倫。當肅宗中興之年，君有元扈之勳」。國有殊命，爵亦超特。起家拜雲麾將軍、守左金吾衛大將軍、上柱國、左」羽林軍上下。從容扈蹕，忠恪弥著。累遷冠軍大將軍、兼鴻臚卿。既」列九寺，又榮三監。尋除殿中，元勳且高，國恩兼獎。又遷鎮軍大」將軍，依前殿中監、成紀縣開國伯，食邑七百户。屬西楚逆臣恃勇稱乱」，憑阻荒服，毒痛下人。彼疆列侯，未盡誅蕩。朝廷議以精」禁之兵，乘威指滅。以君有勤舊幹略過人之勇，領本軍蓬頭拔巨」之倫，與同華鎮國軍合勢，鼓行河南。又與副元帥、司徒李公計應。尋充宣武」節度神策同華行營右廂兵馬使，加位驃騎大將軍，封洋川郡王，食邑」三千户。興元初，乾坤再闢，國章惟新。君累朝元功」之臣，加君以開府儀同三司、太子賓客。貞元之祀，既委君以親衛」，又榮君以憲府，是用兼君以御史中丞，充左神策先鋒突將兵馬使。君」懷忠一心，歷事三朝。功勳殊特，階品第一。善始善終，如君者稀」。大曆中，君以乃祖、父多在北土，仁不忘本，遂乃上聞，請歸」祔先考於真寧舊塋。詔許，追贈先考道璋郢州刺史。嗚呼！君」忠於主，孝於親，宜享眉壽。天胡不憖，以貞元七年六月五日遇疾」卒於平康里之私第，春秋五十有八。天子聞而傷悼，贈布帛」焉。以其年八月十四日，葬於萬年縣崇義鄉之原，禮也。有三子：長曰岸」，次曰英，幼曰君。君三女，咸在童丱，泣血過禮。嗚呼！有後哉！窀穸之事，以」越儒家者流，見訪爲銘。銘曰」：

肅肅權君，逸倫超群。允忠允孝，宜功宜勳。終始寵命，不離」禁軍。霜臺既榮，茅土又分。青霄方近，白日遽曛。舊國昭世，秋山白」雲。猶有令名，哀何可聞。

表弟奉天定難功臣經略副使左金吾衛大將軍試鴻臚卿五原郡王李太清刻字」

## 按

誌主權秀，《唐書》無載。秀本出身寒微，以"元扈之勳"，"起家拜雲麾將軍、守左金吾衛大將軍、上柱國、左羽林軍上下"；又以"從容扈蹕，忠恪弥著"，累遷冠軍大將軍、兼鴻臚卿、殿中監、鎮軍大將軍；又以"西楚逆臣恃勇稱乱"，朝廷命權秀領軍平亂，秀以軍功"加位驃騎大將軍，封洋川郡王，食邑三千户"，"加君以開府儀同三司、太子賓客"。凡此，均可補史載之闕。此誌出土地域不詳，據墓誌稱誌主葬于"萬年縣崇義鄉"，唐代崇義鄉即今西安市東郊十里鋪一帶，墓誌當出土于此。

795

339.792　張維岳神道碑

## 説 明

唐貞元八年（792）三月刻。碑螭首方趺。通高315厘米，寬113厘米。額文4行，滿行4字，篆書"大唐故贈｜工部尚書｜張府君神｜道之碑銘｜"。正文楷書29行，滿行55字。邵説撰文。碑身中部斷裂，個別字有損。原立于高陵縣奉正塬，後移高陵縣城關中學。現存西安市高陵區文化館。《關中石刻文字新編》《八瓊室金石補正》《高陵碑石》等著録。

## 釋 文

唐故開府儀同三司兼左羽林軍大將軍知軍事文安郡王贈工部尚書清河張公神道碑銘并序①｜

秘書監安陽邵説撰

前太常寺奉禮（下闕）｜

大曆乙卯歲夏四月，有星犯于北落，洎秋九月癸巳，大將軍維岳薨于位。冕旒悼惜，贈工部尚書。申命有司備禮，以其年十月乙酉葬于｜高陵縣奉政原之先塋。公髫髦敏異，□冠宏達，風儀朗澈，望之嶷然。業於武，專於學，精於戰陣，□於兵鈴，萬人之敵也。天寶末，改服扙劍，北趨朔｜邊。屬幽陵首禍，安羯稱亂，汾陽王郭公子儀偉其材略，引爲步將。清渠之戰，特拜左衛將軍。党□背德，恣爲凌逼｜。肅宗命公以麾下敢死嘔往摧之，遷右衛大將軍。乾元中，汾陽蕩定咸洛，追鉏元惡。公奮無前，□勇拔棘而馳，自衛抵鄴，殺傷滿野。加通義大夫｜、太僕卿，封南陽縣男。思明繼逆，再擾東夏。太尉李光弼扼河陽之險，制覃懷之寇。公淩堞進□，□擒魁渠，矢貫其眦，血流被臆｜。聖私表異，遷銀青光禄大夫，試鴻臚卿。李國貞繼掌師律，身戕衆潰，虎旅散掠，居人駭亡。公□□寇盜，完安郡邑。僕固懷恩之授鉞也，亦仗公以｜心腹。公閲視材力，教之引滿。藝成徹札者凡二千人，署曰平射營，爲師之左右先後｜。今聖踐極，改試殿中監，進封開國伯。自是走朝義，逾九河，梟兜馘逆，日聞凱獲。授特進，試太常卿，進封南陽郡公，食以實封，累加開府。懷恩之遁｜，封漢東郡王，增封一百五十户，充朔方都知兵馬使。公以三軍無帥，審於避嫌，馹歸闕下，□食四百五十户，拜左羽林軍將軍知軍事。公固｜辭爵邑之大，食二百五十户。前此軍政壞蠹，習以生常，有無其人而私入其食與其衣者，有市井屠沽之伍避屬所征役而冒趨戎行者，公悉罷｜斥，歸之尹京，解紫綬而從褐衣者凡千二百輩。其餘慰撫字恤，討而訓之，皆趫才勇悍，一以當百。丁憂去職，柴毀過禮。而官曹之務，復曠紊無章｜。大君深惟其人，莫克纘奉，起公於苴絰之内，俾復舊官，改封文安郡王。泣乞終喪，抑而不納。於是圖贍軍實，貿遷有無。製良弓勁矢、强弩堅甲，動｜萬萬計；其長戟利劍、戈矛殳鋌，亦萬萬計。至於經費餘羨，緡錢繒縞、米鹽稻麦之數，莫之能紀，咸登于内府，實于禁倉。其有牛車、什器入於中者｜，亦數十百万。上所獎重，遷本軍大將軍。公以天時地利，明主之所當知也，創風□氣候圖，密以上獻。復慮國用不足，奉私財佐軍｜。帝益加歎，因而賜吊。公始自將校，驟隨節制。幕下之碩畫，公必佐焉；軍中之右職，公必更焉。迨□禁旅，泲濡渥澤｜。一人之顧問，公實參焉；九重之謀議，公皆造焉。錫以金券，仍畫像於淩煙閣，謂享鮐耇。爲邦翰垣，不及中身，何剥喪之速。寢瘵之日｜，御醫結轍；傾落之後，中貴盈門。賵襚之數，加常一等。或吊唁其室，或奠祭於塗，其恩□之厚也如此。公外强毅而内淳至。其奉親也，竭力｜於養，盡心於疾。養則問其所欲，視其所膳，晨昏莫之違也；疾則領其色，致其憂，冠帶莫之解也。雖迫以嚴命，竟從於金革，而飲恨終身，永痛於創｜鉅。加以義禮接於姻戚，任恤深於子姓，宴貧飽其惠，孤貌忘其亡，蓋孝悌之極也。本乎世系，則隨齊州刺史政之曾孫，皇太子家令元濟之孫，豐｜王府司馬贈靈州大都督履仁之子。世尚忠肅，以術學理行聞，蓋靈源之濬也。議其祚胤，則益王府長史曼、左監門衛率府録事參軍杲、太子司｜議郎晟、崇文生暐。長未及冠，弱繈知方。然而因心克孝，率禮不越，蓋積慶之深也。公視其母弟有志切於己焉。家之餘財，身之後事，盡委於志。既｜而喪紀辦護，豐碑篆刻，皆令季之所爲也。人謂文安友愛，有志弟悌，張氏之業，其不替乎。銘曰｜：

封南陽縣男思咄嗣繼遷冊擐東瀁尉尉李光弼扼河陽之險制軍懷之苞公達

異遷銀青光祿大夫試鴻臚卿李國貞繼掌師律身挺眾潰虜拣殷撩居人駭

閱視材力教之引術藝成徹扎者凡二千人署日平射營為師之右先後授持

槷改試殿中監進封開國伯自是趄朝義踰九河翼黨猷公以三軍無師審於避歸

東郡王增封一百五十戶元玥方都知兵馬使公以生嘗有無其人而私入其食與其勇嘗

尹京解紫綬而從褐衣者凡千二百輩其餘慰撫字恓詢之皆趥才驍

惟其人算克贇奉延公於首經之內俾復舊宦改封文安郡主泣亡終喪柳

其長戟杕綢亦萬萬計至於經費餘錢續繡米鹽稻麥之繫

百万而賜吊公始自將校骤隨節制幕下之顧畫公以

歇曰而賜吊公賞參焉九重之謀議公皆造馬錫以天時地利必佐馬軍中之右職公必

顧問公始盈門贈祿之數加常一等或置祭於塗塗其像於煙閣須公

轢傾落之後中貴視其所膳晨昏莫之遣也嘖則頷其色致其甚莊帶

盤心於疾養則問其所欲視其所膳晨昏莫之遣也則頷其色致其甚莊帶

義禮接於姻婭任恓深於子娃襄貧飽其忠孤範忘其亡蓋孝怦之極也奉

馬贈靈州大都督履仁之子世尚忠蕭以術學理行聞蓋靈原之濱也議其新

成崇文生皆長未及冠弱繈知方然而因心克孝宰禮不越蓋積慶之深也公祖

紀蹕護豐碑篆刻皆令李之所為也人諸文安友愛有志弟悌張氏之業其不扶

之賢將有文安罜康屯魏為邦垣藩棽棽巨猷弼天吹主

閱輔既清復東其摶擁寇慮之忠明継遷冊擐三河可陽之師賢制

之衆弑村今安揭前公則川戈其分上之貴後戒其河功違難遠然

勳臣之賢，將有文安。累康屯艱，爲邦垣藩。燊燊巨猾，射天吠主。帝念汾陽，專征耀武。惟公憤發，願從旗鼓。肇自朔裔，南」馳關輔。關輔既清，復東其旅。訓激貔虎，戎摧寇虜。思明繼逆，再擾三河。河陽之師，實制猲牙。桓桓太尉，將定諸華。忿是覃懷，附于兇邪。公擒其帥」，勳伐居多。懷恩授鉞，討除奸羯。翳公烈烈，遂掃逋孽。汾上之潰，我成其功。違難遠嫌，宛□清風。訓馭北落，聲華有融。如何昊穹，而降斯凶。贈以冬」官，洪惟飾終。輀發京邑，珊歸渭涘。精魄何之，英名孰繼。空留片石，萬有千歲」。

貞元八年三月十日建」

## 校勘記

① "碑銘并序" 四字原碑斷裂有損，據《八瓊室金石補正》補。原碑凡闕如者，均據以補。

## 按

張維岳，《唐書》無傳。碑所記其隨郭子儀平安禄山之亂，立功于 "清渠之戰"；史思明繼亂，隨李光弼 "扼河陽之險，制覃懷之寇"；從僕固懷恩建 "平射營"，"走朝義，逾九河"，戰功卓著；又其 "圖瞻軍實"、創 "氣候圖"，故賜以金券，食以實封，畫圖像于淩煙閣，及其家族世系等，均可補史載之闕。

340.794　李元諒墓誌

## 説　明

唐貞元十年（794）十一月刻。蓋盝形，誌正方形。誌、蓋尺寸相同，邊長均92厘米。蓋文4行，滿行4字，篆書"大唐故尚」書左僕射」贈司空李」公墓誌銘」"。誌文楷書40行，行字不等。杜確撰文，李平書丹。蓋四殺飾寶相忍冬紋，誌四側飾十二生肖圖案。1967年潼關縣城郊鄉管南村出土。現存潼關縣文物管理委員會。《隋唐五代墓誌滙編》《全唐文補遺》《潼關碑石》著録。

## 釋　文

唐故華州潼關鎮國軍隴右節度支度營田觀察處置臨洮軍等使開府儀同三司檢校尚書左僕射兼華州刺」史御史大夫武康郡王贈司空李公墓誌銘并序」

朝議大夫守國子司業上輕車都尉杜確篡」

公本安姓，諱元光，其先安息王之胄也。軒轅氏廿五子在四裔者，此其一焉。立國傳祚，歷祀綿遠。及歸中土，猶宅西垂」，家於涼州，代爲著姓。三□盛族，每聯姻媾；五涼霸圖，累分珪組。曾祖羨，皇左驍衛將軍。祖延，左武衛翊府中郎將」，贈代州都督。考塞多，易州遂城府折衝，贈幽州大都督。武習將門，文傳儒行。載德不隕，貽慶無疆。公神爽氣」雄，量弘識遠。鶚立其峻，鷹揚其威。瑰奇拓落之才，感激蹤橫之志。燒牛蓺馬之變，沉船破釜之決。動必合宜，舉無遺」算。實惟天假，匡我王國。少居幽薊，歷職塞垣。否傾泰授，方歸京邑。以才幹見推，列在環衛；以將校是選，爰副」戎昭。遷太子詹事，充潼關鎮國軍防禦副使。元戎在州，實總留事；訓練綏撫，俾知向方。凡十數歲矣。建中末，賊泚僞」署何望之等輕騎奄至，陷我郡城。公糾合師徒，鼓行電擊。撲滅收復，曾不崇朝。深惟遠圖，莫若持久。是用大蒐」卒乘，創立城池。被練盈於万人，登陴逾於百雉。詔加御史中丞，尋遷御史大夫、華州刺史、潼關防禦使、鎮國軍」使，又加工部尚書，庸勳且使能也。夏五月，詔公与副元帥李晟進收上都。師次滻川，壘培未設，賊衆悉出，以」逸待勞。公成列先馳，所向皆靡。是日之捷，獨冠諸軍。進次菀東，公又前合。凌峻巘，隳繚垣，騎翼舒，步」雲會。兇黨決死，既精且堅。公以小利啖之，奇陣誤之。鼓儳疾驅，旗靡毒逐。曾未晌息，灛然奔潰。元惡突走，脅從」降附。宮省已靜，都人未知。清帝座於太階，候皇輿於平道。秋七月，大駕還宮」，詔加尚書右僕射，實封九百戶，錫以甲第，申之女樂，旌殊效也。懷光携貳，蒲津阻絶。相府束討，俾公副之。累建」長策，竟殲大憝。盟戎之役，實領後軍。戎以惡来，我以整待。賊不敢躙，全師以歸。尋丁内艱，毀瘠過甚」。詔旨頻降，起入視事。累表陳乞，天心莫從。加右金吾衛上將軍，復領舊職。尋又賜姓李氏，同屬籍也。改名」元諒，昭誠節也。四年春，詔加隴右節度、支度、營田、觀察、處置臨洮軍等使。良原古城，隴東要塞，虜騎入寇，於」焉中休。詔公移鎮，以遏侵軼。遷尚書左僕射。諸侯戍兵，爰俾總統。規李牧守邊之議，擇充國屯田之謀。驅狐」狸，剪榛棘，補殘堞，濬舊隍，築新臺，轂連弩。撲斯陶旅，墾發耕耘，歲收甫田數十萬斛。尋又進據便地，更營新」城。闢土開疆，日引月長。賊来寇抄，師輒擊却。由是幽、涇、沂、隴，人獲按堵矣。歲月逾邁，霜露云侵。美疹發於生瘍」，凶灾成於夢豎。太醫御藥，頻降自天。有加無瘳，嗚呼不淑。貞元癸酉歲十有一月十五日，薨于良」原鎮之公館，享年六十七。詔贈司空，褒有功也。聖情震悼，廢朝追念。爰命使臣，宣」制臨吊，賻贈粟帛，加於常等，歸于上都開化里之正寢。其明年十一月廿八日，靈輴啓路，祔葬」于華陰縣潼鄉原之新塋，禮也。筤簫鼓吹，殘瞿干鹵。騎士介夫，夾道衛轂。哀榮之典，於焉畢備」。生惟徇節，歿也歸全，忠孝並矣。油幢榮戟，胙土命氏，功業茂矣。參佐皆當時之選，偏裨亦百夫之特。殊」俗讋其威聲，部人懷其惠愛，皆名臣之大節也。周曰申甫，漢惟耿賈。異時共貫，我何謝焉」。夫人河南阿史那氏，北海郡夫人，代北著姓也。建國沙朔，爲漢藩輔。言德工容，克遵典禮。蘋蘩沼沚，允」叶南風。以大曆六年十月廿七日，先公早終。謀於菁龜，乃建兆域。遺命祔葬，勿令改遷。長」子朝散大夫、前太子右贊善大夫平，次子朝請郎、前將作監主簿莘，令德孝恭，有聞于代。虔卜」遠日，復啓舊埏。爰命不才，式銘洪烈。詞曰」：

801

天祚聖代，挺生良臣。俾蘊明略，以康時屯。建中之難，狂寇竊發。天臨下都，盜入」北闕。能以衆正，肅將九伐。推鋒決機，既晝亦月。克復本郡，增修外城。叶力渭汭，進圖上京。擊敗兇」黨，前臨賊營。壞垣突入，敦陣駢衡。沴氣席卷，泰階砥平。河東險澀，承制誅討。勝在戰」前，師臨電掃。隴外猶梗，授公擁旄。東連折墌，西盡臨洮。增修保障，芟薙蓬蒿。戎馬遷迹，輿」徒不勞。在鎮累載，休有成績。董領衆軍，師長百辟。寒暑外侵，勤勞中積。遠圖未申，大限俄迫」。將星墜耀，關月復魄。聖心震悼，邦人痛惜」。天子三吏，實惟司空。優詔追贈，以酬茂功。鬱鬱佳城，式昭令終。巍巍太華，長與比崇。頌我」遺烈，凜然清風。貞石不朽，嘉名無窮。

孤子平書」

**按**

誌主李元諒，唐代中期著名大將。兩《唐書》有傳。誌所載可與史傳互證互補。

蜀丞相諸葛忠武侯新廟碑銘并序　山南西道節度行軍司馬撿挍尚書刑部郎中兼御史□□□

皇帝御極貞元三祀時乘盛秋　府王左僕射馮翊嚴□□□節度推戴將佐碑試太常□

理西部營軍行陽先聲馳於種落代謀恩其狂狡于時威震疊蕩鷩牧跌墜垣蘇脩□□□

修敬茲廟武除無衰丈之隙登降年祀浸遠雖蕭鼓師秦邑里新穰而風雨飄搖祠堂落□

士無保障之役馬無鞍之勞重關弛擽野我師惟揚則有餘力方陣廣訪古閭里□□□

尺集之禜庶之冥馮翊曰丞相以令世全德功存季漢遺風餘烈顯赫南方巋巍禪□□□

建廟院詭製非所以武先賢嘗祀典也為發泉府微俊徒撤編首雄叢薄是葺山寶□□□

倚高墉隔關閉牧增以峻宇昭示感神英昔賢俟設知徒撤南方巋巍是葺泉□□□

蔚子皆風雲玄感垂裕來世常以為阿衡則尊立聖主天下樂君臣同父凱山雞□□□

羣雄競起之力宗周無令王樂生因建國之資伊尹相湯呂望與周興唐霸業諸□□□

山谷驅贏華輔屬主衡擊原撑拒強敵論時則辛癸惡慝語地則燕齊之雄熱鵬邊夏殷□□□

氣霸桓昭代者不足伴力向使天假其年理兵渭汭其飛席卷四邑底綏束闕杞漢□□□

功霸桓昭備載爵位追述使傳非作者之懲也今則不然武侯名跡存乎國卷今之雖□□□

吳洪伐彝章宜斬今古傳軼前烈曰不書其鉛田劉濤謂文爭存國之餘襄□□□

我新意至於備載爵位追述妻蠡九州沃暨厭漢人恩代氣魚脫漠泉龍雖誰存□□□

桓靈滯瘴雲霄橫流董雄蟬足南陽蠍起有辟有君時跡昭排指新廟武是□□□

椎繡繢天下三大唐貞元十一年歲在乙亥正月庚午朔十六日戊子建新廟武是彝泉龍雖誰存先生

## 説 明

唐貞元十一年（795）正月刻。碑圓首龜趺。高237厘米，寬122厘米。正文楷書23行，滿行37字。沈迥撰文，元錫書丹。碑陰有南宋紹興七年（1137）、元至元六年（1269）、明嘉靖十一年（1532）及十七年（1538）題刻。石雖完好，但爲後人剜鑿甚多。現存漢中勉縣武侯祠。《金石萃編》《陝西金石志》《漢中碑石》等著録。

## 釋 文

蜀丞相諸葛忠武侯新廟碑銘并序」

山南西道節度行軍司馬檢校尚書刑部員外郎監察御史沈迥撰」

節度推官將仕郎試太常寺協律郎元錫書」

皇帝御極，貞元三祀，時乘盛秋，府王左僕射馮翊嚴武總帥文武將佐，洎策輪突歸之旅，疆」理西鄙，營軍沔陽。先聲馳於種落，伐謀息其狂狡。于時威武震疊，虜騎收迹，塞垣蕭條，烽燧滅焰」。士無保障之役，馬無服轅之勞。重關弛柝，邊穀棲野。我師惟揚，則有餘力。乃昇高訪古，周覽原隰」。修敬茲廟，式薦馨香。光靈若存，年祀浸遠。雖簫鼓忻奏，邑里祈禳；而風雨飄飄，祠堂落構。土階莫」數尺之崇，庭除無袤丈之隙。登降不能成禮，牲玉不得備陳。頹墉露肩，灌木翳景，樵蘇厥徑，麋鹿」走集。馮翊曰：丞相以命世全德，功存季漢。遺風餘烈，顯赫南方；丘壟南山，實在茲地。荒祠偏」倚，廟貌詭製，非所以式先賢、崇祀典也。乃發泉府，徵役徒，撤編菅，薙叢薄。是營是葺，衆工群至。繚」以高墉，隔閡芻牧。增以峻宇，昭示威神。英英昔賢，像設如在；翼翼新廟，日至而畢。顧謂小子，揚榷」前烈，銘于廟門曰：在昔君臣合德，興造功業，有若伊尹相湯、呂望興周、夷吾霸齊、樂毅昌燕，是八」君子皆風雲玄感，垂裕來世。嘗以爲阿衡則尊立聖主，天下樂推；尚父則止讎獨夫，諸侯同舉。管」氏籍强齊之力，宗周無令王；樂生因建國之資，燕昭爲奧主。君臣同道，僅能成功。惟武侯遭時昏」亂，群雄競起。高光之澤已竭，桓靈之虐在人。遇先主之短促，值曹魏之雄富。能以區區一州，介在」山谷，驅羸卒，輔孱主，衡擊中原，撐拒强敵。論時則辛癸惡稔，語地則燕齊勢勝。遷夏殷者，未可校」功；霸桓昭者，不足侔力。向使天假之年，理兵渭汭，其將席卷西邑，底綏東周。祀漢配天，不失舊物」矣。洪伐彰彰，宜冠今古。倬軼前烈，其誰曰不然？武侯名迹，存乎國志。今之群書，姑務統論，大略敘」我新意。至於備載爵位，追述史傳，非作者之德也，今則不書。其銘曰」：

桓靈濟虐，雲海橫流。群雄蝟起，毒蠚九州。天既厭漢，人思代劉。沸渭交爭，存亡之秋。其誰存之，時」惟武侯。伊昔武侯，跣足南陽。退藏於密，不曜其光。有時有君，將排垢氛。魚脫溪泉，龍躍風雲。先主」纘緒，天下三分。馥馥德馨，悠悠清塵。前哲後賢，心迹暗淪。建茲新廟，式是梁岷」。

大唐貞元十一年歲在乙亥正月庚午朔十九日戊子建

鐫字人□城□□□」

## 按

諸葛武侯新廟碑，據碑文，是“府王左僕射馮翊嚴武總帥文武將佐”，爲了“式先賢，崇祀典”，而“修敬茲廟，式薦馨香”，揚榷先賢功業品行，旨在垂裕來世。此碑爲研究諸葛亮的重要參考。

342.796　盧之翰玄堂記

唐故魏州臨黃縣尉范陽盧府君玄堂記

嗣子翔方河中副元帥判官文林郎撿挍尚書刑

部員外郎兼侍御史賜緋魚袋綸述

我洪宗系自于齊歷漢因

聖代衣冠紛綸蔚為

王父蒲州永惟承

府君諱欽承

府君諱祥玉

府君扶契

府君諱旭

地受氏遂為著姓自魏晉迄于

族遷之寵　曾祖監察御史府君諱

樂縣令府君諱鉶　皇考濟州司馬

三祖之德以直清持邦愍以惠和臨郡邑

民緒克守家範弱歲志學涉通訓奧始以明經登第調署

魏州臨黃縣尉清風穆於用友仁澤決於閭里滿歲言歸衡

門釋理鴻漸之翼屬幽陵肇乱蕩賈嶠雄

幼艾潛道于少室山嗚呼昊天不傭以至德二載三月十三

日遘疾縣享年世則儀形邦族以天寶四載三

堂博州刺史漸長女也柔徽淑則府君終于鄭州滎澤縣之私第享年

卜九嗣子撿挍刑部員外郎兼侍御史綸太子通事舍人綬

等不天荐鍾罰罰越在狡鶵而營讚粵以貞元十二年十

以至成立項以龜趺不從未克遷祔于萬年縣洪固鄉不祔

月十六日遷祔于萬年縣洪固鄉　先塋遵古

兆也綸蓁質性頑嚚早闕教訓泉情緾迫詞不能文非

氏歲月以識于玄堂云

敢先揚休德纂述　　世族　夫陵谷遷從縣備官

### 説 明

唐貞元十二年（796）十月刻。碑正方形。邊長59厘米。正文楷書22行，滿行23字。盧綸撰文。四側飾十二生肖圖案。1992年西安市長安區韋曲鎮北原風雷儀錶廠基建工地出土。現存西安市長安博物館。《新中國出土墓誌（陝西叁）》《長安碑刻》著録。

### 釋 文

唐故魏州臨黄縣尉范陽盧府君玄堂記」

嗣子朔方河中副元帥判官文林郎檢校尚書刑」部員外郎兼侍御史賜緋魚袋綸述」

府君諱之翰，范陽人也。於維我洪宗，系自于齊，厥後因」地受氏，遂爲著姓。自魏晉迄于聖代，衣冠紛綸，鬱爲」族望之最。曾祖，監察御史府君諱旭。王父，蒲州永」樂縣令府君諱釗。皇考，濟州司馬府君諱祥玉。恭惟」三祖之德，以直清持邦憲，以惠和臨郡邑。府君欽承」茂緒，克守家範。弱歲志學，涉通訓奧。始以明經登第，調署」魏州臨黄縣尉。清風穆於朋友，仁澤浹於閭里。滿歲言歸」衡門，將理鴻漸之翼。屬幽陵肇乱，蕩覆崝嶸。府君扶挈」幼艾，潛遁于少室山。嗚呼！昊天不備，以至德二載三月十三」日，遘疾捐背于告成縣，享年卅一。夫人京兆韋氏」，皇博州刺史漸長女也。柔徽淑則，儀形邦族。以天寶四載三」月廿四日，先府君終于鄭州滎澤縣之私第，享年一」十九。嗣子檢校刑部員外郎兼侍御史綸、太子通事舍人綬」等不天，荐鍾釁罰，越在孩孺，靡所怙恃，泣血吊影」，以至成立。頃以龜筮不從，未克營護。粵以貞元十二年十」月十六日，遷祔于萬年縣洪固鄉，不祔先塋，遵吉」兆也。綸等質性頑固，早闕教訓。哀情纏迫，詞不能文。非」敢光揚休德，纂述世族。竊懼夫陵谷遷徙，輒備官」氏歲月，以識于玄堂云」。

### 按

此碑詳載盧氏幾代先人之名諱官職，與《新唐書・宰相世系表》所載者多有差異，如"王父，蒲州永樂縣令府君諱釗"，《宰相世系表》云"永寧令"，凡此皆可參考。

343.798　士崇俊墓誌

## 説 明

唐貞元十四年（798）十一月刻。蓋盝形，誌正方形。蓋邊長45厘米，誌邊長46厘米。蓋文3行，滿行3字，篆書"大唐故」士府君」墓誌銘"」。誌文楷書31行，滿行31字。陳叔齊撰文，士庭銛書丹。蓋四殺飾牡丹花紋，四周飾寶相花紋；誌四側飾纏枝花紋。西安市出土，具體時、地不詳。現存中國社會科學院考古研究所西安研究室。《隋唐五代墓誌滙編》《全唐文補遺》著録。

## 釋 文

大唐故文林郎行總監苑西面監事河南士府君墓誌銘并序」

中散大夫前太子文學潁川陳叔齊撰」

府君諱崇俊，字惟彥，河南人也。其先帝堯之胤。則天慶餘，建封劉累。度才以授任」，沿朝而變俗。在夏稱御龍，居商曰豕韋，處周云唐杜。杜伯之子隰叔，居晉爲士氏」。世纂茂勳，家傳邦政。聿脩忠懿，不忝令名。萬國匡周，晉室爲諸侯之長；六卿輔晉」，士會邁庶僚之賢。後葉子孫，紱冕相襲。隨官遷土，底業靡恒。故今爲京兆府萬年」縣鶉首鄉通化里之人矣。曾祖岌，皇朝散大夫、檢校太子家令。祖元恪」，皇仁勇副尉，守左武衛左執戟。致身從事，成節頗優。始臨邊以靖戎，率歸朝而捧」日。父觀，道逸方外，不顧世榮。艺术養神，琴書悦性。公侯雖貴，我無取焉。君幼挾清」風，長有奇幹。脩詞戀學，進德立身。授文林郎，行總監苑西面監事。作宦京國，職親」天府。入趨宮禁，出護掖垣。俟遇禄山興狂，驚騷帝里」。聖皇南幸，儲后北巡。君隱避奸雄，託疾不仕。閉門却掃，静欲脩真。自此抽簪，便成」遁世。春秋七十四，大曆四年五月十五日，卒于京師東纏里之私第。夫人太原王」氏，精明女德，婉嫕婦容。禮洽諸姻，行光我里。歲六十一，大曆三年十一月廿八日」卒於家寝，先府君十七旬矣。嗚呼！不盈一載，聯禍二尊。上天降凶，於此奚甚。永言」荼毒，糜潰心靈。元子庭蘭，皇昭武校尉，守京兆甘泉府折衝都尉、右神武軍宿」衛。仲子庭秀，皇游擊將軍，守左金吾衛翊府中郎將，充内供奉射生。此二子也」，夙著成人之器，方圖命秩偕弘。豈意慶之不長，偶俱壽短，色養不終乎。左右精魄」，先飛於宵冥。兄亡寶應初年，弟終廣德元祀，相從即世，殞落何頻。次子庭鈞，游擊」將軍，守左金吾衛大將軍員外置同正員。季子庭銛，朝議大夫、試左金吾衛長史」，充湖南都團練使驅使官。斯兩孤者，長也通武，少兮好文。各以己才，爲」國静難。東西南北，無所不之。宣力轅門，備嘗險阻，夙夜匪懈。星歲易遷，未遑脩緝」塗芻，謀卜蓍筮。今者逆寇殲殄，倒載干戈，四方無虞，三軍有暇。庭銛近奉湖南本」使，差在上都，專知銀臺進奏。驅馳百務，出入九重。因是還京，克復廬井。得」遂奉先之禮，永終樹柏之懷。以貞元十四年歲次戊寅十一月景午朔廿一日」景寅，合祔于滻川鄉龍首原崗曾門大塋之左，不遠祖宗，禮也。銘曰」：

皇天輔德兮，備聞經籍。方期戩福兮，惟賢是錫。何玄鑒之失中，反除休而布慼。其一」。門之不幸兮，重疊凶殃。二尊雙玉兮，繼踵崩亡。弃諸親之景慕，裂遺緒之心腸。其二」。邦國顛危兮，群兇作孽。日月易流兮，疾如川逝。公束干戚之名，久違遷舉之計。其三」。□遭主聖兮，巨寇斯平。素車紫轡兮，克就佳城。惟四神之感應，祚百世之」□明。其四。

季子庭銛書」

## 按

誌所載"京兆府萬年縣鶉首鄉通化里"，史載不詳，可補唐長安城鄉里之闕。此誌具體出土地域不詳，但據誌文墓主葬于"滻川鄉龍首原"，該墓誌當出土于今西安市東郊長樂坡一帶。

344.799　崔篞墓誌

## 説 明

唐貞元十五年（799）二月刻。誌正方形。邊長49厘米。誌文楷書27行，滿行28字。韓南史撰文並書丹。誌四側飾壺門内十二生肖圖案。西安市出土，具體時、地不詳。現存西安博物院。《隋唐五代墓誌滙編》《全唐文補遺》著録。

## 釋 文

唐故通直郎前京兆府好畤縣尉博陵崔府君墓誌銘并序」

鄉貢進士昌黎韓南史撰并書」

公諱篤，字楚萇，其先周姜嫄之後裔也。洎秦、漢、魏、晉迄于巨唐，冠」盖蟬聯，徽猷不泯，鬱爲盛族。先祖因封博陵，傳芳遞襲，古今爲博陵人也」。曾祖燾，皇禮部尚書。祖餘慶，皇兵部尚書。列考遵義，貝州刺史。公，兵部尚」書之孫，貝州刺史第四子也。幼而沖邈，雅亮孤峻。有潘岳之才貌，負孔融之」敏捷。以門地清高，簪裾茂族，大曆中補左千牛備身。丹墀翊衛，宛」有老成之風；紫禁沉機，言無温樹之對。秩滿調選，解褐華州鄭縣主」簿。路臨京劇，往來憧憧。翌日，人吏獲安，奸豪懾伏。事無留滯，抒意必精。里」閭謠其香名，寮案挹其盛德。郡守董公聞之，以公妙年入仕，幹濟公務，甚」佳歎也。俾公掌倉廩，則無竭耗；主郵驛，過無停擁。亦可以爲後来之軌範」也。建中末，旄頭星高，奸臣僭竊，華夏騷動，屬車西巡。公浪迹」韜名，佯狂混世。松凌寒而勁節弥堅，蘭處幽而芳香不昧。貞元中，選集授」好畤縣尉。居未紀，非時授替。明年再集天官，以公政未布，威未臨，繄公再任」好畤縣尉。公弟兄四人，同登畿甸。棣萼輝映，組綬聯華。昔荀氏之八龍，莫之」與京也。及官滿，寄家鄠杜。公器宇宏廓，有達識之亮。質直好義，不詭諛於人」；名宦自强，不趍趍於世。性習儒素，味黄老。至於朋儕寮友，未嘗慍於色，形於」言。識者云：顏子復生於唐矣。無何遘疾，以貞元十四年九月八日，終於」鄠之私第，春秋卌有三。以明年二月十日，歸葬萬年縣鳳棲原，從先塋，禮也」。烏呼！才高而位卑，名達而禄薄。人僉或歎曰：公不登霜臺，職粉署，出守岳牧」，入濟巨川，志未展於青雲，位且屈於黄綬，豈不惜哉！夫人吳興沈氏」，帝戚聯芳，衣冠族裔。銜酸茹歎，蓬首棘心。望斷琴瑟之音，志結柏舟之誓」。嗣子季方，次子季直，未逾稚齒之年，空泣高柴之血。南史沐公惠眷，飲公德」風。緬想平生，旌表茂碩。援毫慷慨，掩涕爲文。銘曰」：

王侯之裔，公卿之門。英靈鍾美，翼子謀孫。降精元和，寔生于君。迥出時彦，鬱」爲人群。彼蒼不吊，蘭歇銷芬。茫茫九泉，寂寂千古。晝絶鴛鴦，夜鄰狐兔。原野」風悲，松扃月苦。名存史册，玉沉草莽。刊之貞石，彰厥芳茂」。

## 按

誌主崔篤，字楚萇。誌云："曾祖燾，皇禮部尚書。祖餘慶，皇兵部尚書。列考遵義，貝州刺史。公，兵部尚書之孫，貝州刺史第四子也。"《新唐書·宰相世系表》載餘慶有遵業、紹業二子，無遵義，可考。

345.799　王求古墓誌

## 説 明

貞元十五年（799）十月刻。誌、蓋均青石質。蓋盝形，誌正方形。誌、蓋尺寸相同，邊長均49厘米。蓋文3行，滿行3字，篆書"大唐故」王府君」墓誌銘」"。誌文行書20行，行字不等。蓋四殺飾牡丹花紋。1996年户縣大王鎮王守村東原磚廠出土。原藏私家，現存西安碑林博物館。《户縣碑刻》《新中國出土墓誌（陝西叁）》著録。

## 釋 文

唐故符寶郎王府君墓誌銘并敘」

公諱求古，字求古，太原人也。宗周啓兆，卜代惟永。靈王之子晉上昇，後人謂之王家。其後」太原分系，冠冕蟬聯。至十四代祖因官遷於京兆，今爲鄠杜人也。秦乃翦稱謀將，漢則」淩爲忠臣。五侯居外戚之榮，二王有不朽之迹。曾祖果，雅好園林，優遊卒歲。祖大」賓，終都水使者。父如仙，皇終汾州司户參軍。並文則比於四科，武乃穿其七札。鄉閭談德」行之名，朋從稱特達之士。公即汾州司户之長子也。其少也，朗而惠；及長也，淳而質。謙以」立身，和以容衆。天寶末載，明經擢第，解褐授恒王府參軍，次轉太原府、京兆府二參」軍，又遷潞府户曹參軍，旋拜符寶郎。洋洋政聲，傳於衆口；悄悄心事，時人莫知。降」年不永，歿於此官，壽齡六十有六，貞元五年四月廿二日，遘疾終于鄠縣之別業。夫人」太原郭氏，前公而亡。夫人即故澤州別駕泌之長女。性惟閑雅，□本温柔。威儀進取，動」合禮則。事舅姑能盡其孝，穆娣姒不忘其和。春秋代謝，脩短有涯。大曆八祀三月八日」，寢疾終於私第，享年卅有一。夫人無子，唯生一女，時初九齡。早喪慈親，再鍾嚴父。痛」天地之崩陷，悲浮生之轉燭。遂削髮出俗，法号賢貞。欲上答鞠育之恩，下超永離」生死事。繼室夫人信都馮氏，生二子：長曰沭，次曰汶。並聞詩聞禮，惟孝惟恭。泣血華」堂，悲感鄰里。貞元十五年歲在單閼十月十五日，合祔於鄠縣北灌鍾鄉漕南之原，禮也」。搖搖丹旐，引同穴之雙魂；哀哀素挽，痛黃泉之久夜。封樹紀德，石載斯文。銘曰」：

猗嗟符寶，文儒達道。五歷清資，九經探討。搏扶未舉，誰知懷抱。如何吉人，奄」爲秋草。其一。郭氏夫人，桃李夭夭。威儀令淑，婉約苗條。蕣花早落，梧桐半」凋。輪環何道，影滅形消。其二。樂極必哀，福盡禍來。魂遊蒿里，身没泉臺」。樹唯松櫃，淚變瓊瑰。玄門一閉，無時重開。其三」。

## 按

此誌所載誌主王求古及其夫人郭氏所生之女，因雙親喪亡，而剃髮出俗，法號賢貞，反映了唐代女性信仰佛教之緣由之一，即喪親失偶，歸心佛乘。對于研究中國古代女性佛教信仰有一定的價值。另，此誌與本書346.799條《王求鳥墓誌》同時同地出土，書寫格式亦相同，書法似隨意中有章法，似楷書中有行意，爲唐墓誌書寫中之特例。

346.799　王求舄墓誌

## 説　明

唐貞元十五年（799）十月刻。誌長50厘米，寬48厘米。誌文行書21行，行字不等。
1996年户縣大王鎮王守村東原磚廠出土。現存西安市鄠邑區大王鎮王守村。《户縣碑
刻》《新中國出土墓誌（陝西叁）》著録。

## 釋　文

唐故右武衛司階王府君墓誌銘并敍」

君諱求烏，字求烏，太原人也。周靈王太子晉之後，時人稱爲王家。其後太原分系，漢晉轉」盛，衣冠繼世，奕葉華軒。至十四代祖因官遷於京兆，今鄠杜人也。曾祖果，不事王」侯，樂天知命。常以清風朗月爲朋友，觀衣朱拖紫如桎梏。良田廣宅，以過一生。祖大」賓，皇都水使者。父如仙，皇汾州司户參軍。並豁達大度，磊落丈夫。寮友許其政能，親戚」高其德義。嘉聲未殄，奇事猶傳，人到于今稱之不替。君即司户公之第二子也。籌」略縱橫，精神倜儻。性好坦率，小節不拘。文乃恥爲雕蟲之氣，武能落雁嘀嗳。思致」命於持危，蘊雄心於定難。解褐受左武衛執戟。大曆初際，屢有殊功，遷涇州四門府折」衝，旋拜右驍衛中候，次轉右武衛司階。歷簡王府親事典軍，又移游擊將軍，守」京兆府義陽府右果毅。歷官六正，結階五品。日慎一日，惟忠惟貞。公幹超群，美聲益」著。於戲！飛鴻墮於□霄，良驥斃於中路。貞元十二年十月十九日，寢疾終于鄠縣」太原里之私第，春秋六十有九。夫人河南達奚氏。自喪二天，哀毀成疾，扶杖部署」葬事，巨細一一親臨。生二子：長曰沂，前守押引駕長上。毛骨俊異，識量弘」遠。詞如注海，辯若懸河。次曰泊，文部常選。志氣剛直，勇鋭出群。人有急難」，扣之必應。並勤力齊心，運謀竭產，以營喪事。貞元十五年歲在單閼十月十五日，遷」葬於鄠縣北灌鍾鄉漕南原，禮也。六親悉會，皆悲哀挽之聲；二子號天，痛嚴」顏之永別。嗟風樹不逮，恐岸谷遷移，遂製斯文，以紀貞石。銘曰」：

雄雄王君，倜儻超群。言談廓落，氣調風雲。謀偕其勇，武過於文。持危定難」，累著功勳。其一。積善靡報，厥疾不瘳。長辭聖代，永没荒丘。白日西落，逝」川東流。容顏歷歷，再見無由。其二。穹哉彼蒼，萎我忠良。言猶在耳，人已」□香。三年未改，柏樹成行。陵谷有變，斯文不亡。其三」。

## 按

此誌與本書345.799條《王求古墓誌》同時同地出土，爲兄弟二人。均不見史書記載。則誌所載其王氏世系族譜及其兄弟二人爲官任職等，均可補史載之闕。

347.801　李良墓誌

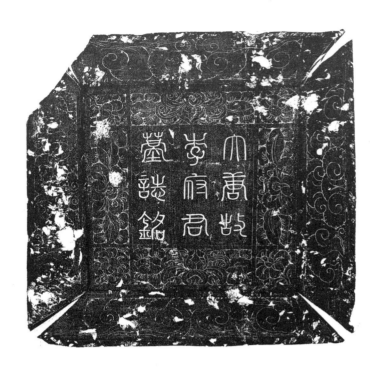

唐故興元元從雲麾將軍右神威軍將軍知軍事兼御史中丞上柱國順政郡王食邑三
千戶實封五十戶贈莫州都督李公墓誌銘并序
銀青光祿大夫守大夫李寶容上柱國鄭縣開國公杜黃裳撰　朝議郎前行崇文等謨堂毫廟丞祥國蘇譓書　并題篆額
維唐貞元元庚辰歲冬十二月乙丑朔十一日乙亥興元元從雲麾將軍右神威軍將軍知
軍事兼御史中丞上柱國順政郡王李公薨于位春秋六十有四　皇上震悼自鹿原禮
越翼日追贈邈州都督賜布帛各有差明年春二月十四日癸于萬年縣自鹿原禮
父諱良字良其先隴西著姓因官徙關東今為汝人也高祖亮皇德州刺史曾王
也公諱良字良其先隴西著姓因官徙關東今為汝人也高祖亮皇德州刺史曾王
簡汝州長史王父灌許州別駕烈考羽容泗州別駕公即泗州營仲子嚴貴
心儀於識者一劍之雄氣吞于時蕈年十四覽周書陰符韜鈐法萬人之敵
里辟為從事奈洛明義為列校所憚主師嘉之特薦授左武衛中郎將知節度衙事
無何屬程謝世公亦罷去後為淮西節度李忠臣補十將改太子左贊善大夫又知
衛事申威令循前舉為屬西戎犯邊徽式闕右選師命將必俟全村權授淮西行
譽兵威使拜右金吾衛大將軍兼太常卿移屯普潤公以為防邊孙孜莫先積穀首又
謀之策　帝命不連務充圉之屯田省弘羊之經費屬歲豐稔儲蓄巨萬又
為節度使李希烈政署都虞候後屬舊臣不　朝延命希
烈征之因為所用謀劍崇義收復襄漢公之力焉錄功加銀青光祿大夫試太子詹
烈各終不為下乃令攝蘄州刺史外示寵行實去之也公伺其間隙遂展良圖郭州
兵及側之徒誡謝將校忠貞之路大義而感萬夫一心遂令從弟命署先鋒兵馬波先時希
款以皇宗室堅必納素誠遂領老幼二萬餘口詣皐請命署命親一致兄弟為輕大節
厄蹕還京錫名元從加神策右神威軍將軍墨遷官十六
右神威軍糧料使又政衛州別駕尋拜右神威軍將軍黑遷官十六
政署軍職者六典禁軍者四自進疾至于捐館中貴臨問御醫接踵寵勞終始其誰與
君而不忘立節臨難而不忘守義述職以惰勤著輿眾以廉簡辭寵兹終始其大事
聞君子多乎武夫人懷安郡夫人程氏公有子十八人長曰公逵次曰公遽
右神威公逵公逴公過公運荼並充荷成訓懷烜園見日公逵公遺
蠢彼淮夷為鼻為鏡將軍憂之如閽去迸來順忠軀勁命臣節克全
皇興友正良司禁於翊戴　　明聖終始休嘉祚隴蔡盛泉毫室一播于古輝映

## 説明

唐貞元十七年（801）二月刻。蓋盝形，誌正方形。誌、蓋尺寸相同，邊長均52厘米。蓋文3行，滿行3字，篆書“大唐故」李府君」墓誌銘」”。誌文楷書31行，滿行32字。杜黄裳撰文，蘇諒書丹並篆蓋。蓋四殺飾忍冬紋，四周飾寶相花紋。西安市出土，具體時、地不詳。現存中國社會科學院考古研究所西安研究室。《隋唐五代墓誌滙編》《全唐文補遺》《陝西碑石精華》著録。

## 釋文

唐故興元元從雲麾將軍右神威軍將軍知軍事兼御史中丞上柱國順政郡王食邑三」千戶實封五十戶贈夔州都督李公墓誌銘并序」

銀青光禄大夫守太子賓客上柱國鄭縣開國公杜黄裳撰

朝議郎前行宗正寺讓皇帝廟丞上柱國蘇諒書并題篆額」

維唐貞元庚辰歲冬十二月乙丑朔十一日乙亥，興元元從、雲麾將軍、右神威軍將軍知」軍事、兼御史中丞、上柱國、順政郡王李公薨于位，春秋六十有四。皇上震悼」。越翌日，追贈夔州都督，賜布帛各有差。明年春二月十四日，葬于萬年縣白鹿原，禮」也。公諱良，字良，其先隴西著姓。因官徙關東，今爲汝人也。高祖亮，皇德州刺史。曾王」父簡，汝州長史。王父灌，許州別駕。烈考羽客，泗州別駕。公即泗州之仲子。襲軒裳貴」仕，荷弓裘盛業。立志遠大，介然不群。年十四，覽《周書陰符》，遂究韜鈐兵法。萬人之敵」，心儀於識者；一劍之雄，氣吞于時輩。天寶末，逆安稱乱，中原用武，上黨節度使程千」里辟爲從事。恭恪明義，爲列校所憚。主帥嘉之，特薦授左武衛中郎將，知節度衙事」。無何，屬程謝世，公亦罷去。後爲淮西節度李忠臣補十將，改太子左贊善大夫，又知」衙事。申威稟令，猶前舉焉。屬西戎犯邊，徵戍關右。選師命將，必俟全材。擢授淮西行」營兵馬使，拜右金吾衛大將軍、兼太常卿，移屯普潤。公以爲防邊殄寇，莫先積穀。首」謀定策，帝命不違。務充國之屯田，省弘羊之經費。屬連歲豐稔，儲蓄巨萬。又」爲節度使李希烈改署都虞候。後屬蕃臣不朝，阻兵自固。朝廷命希」烈征之，因爲所用。誅剪崇義，收復襄漢，公之力焉。録功加銀青光禄大夫、試太子詹」事，封順政郡王，食邑三千戶，實封五十戶。居無何，屬希烈恃功虐政，將肆兇威，慮公」素名，終不爲下。乃令攝蘄州刺史，外示寵行，實去之也。公伺其間隙，遂展良圖。勗州」兵反側之徒，諭將校忠貞之路。大義所感，萬夫一心。遂令從弟詣江西節度李皐送」款。以皇宗室碩望，必納素誠。遂領老幼二萬餘口，詣皐請命，署先鋒兵馬使。先時，希」烈遣將追躡，公設覆破之。二季俱陷賊庭，同日受戮。公以君親一致，兄弟爲輕。大節」苟全，殁命爲效。既而徵赴行在，除殿前射生副兵馬使，行蘄州別駕、兼侍御」史。洎扈蹕還京，錫名元從、加神策右廂兵馬使、行虔州別駕、兼侍御史、充左」右神威軍糧料使。又改衡州別駕，尋拜右神威軍將軍，累遷御史中丞。凡歷官十六」，政署軍職者六，典禁軍者四。自遘疾至于捐館，中貴臨問，御醫接路，議者榮之。夫事」君而不忘立節，臨難而不忘守義。述職以恪勤著，禦衆以廉簡稱。寵光終始，其誰与」間，君子多乎哉! 夫人懷安郡夫人程氏。公有子十人。長曰公達，次曰公遠、公逵、公邁」、公遂、公述、公邈、公迌、公遇、公運等，並克荷成訓，祗懷永圖。見託爲銘，式俟陵谷。銘曰」：

蠢彼淮夷，爲梟爲鏡。將軍處之，如陷如阱。去逆来順，忘軀效命。臣節克全」，皇興反正。典司禁旅，翊戴明聖。終始休嘉，祚胤繁盛。泉臺一掩，千古輝映」。

## 按

誌主李良，原爲李希烈屬將。《唐書》無傳。則誌所載李良之家族世系、任職爲官及其生平事迹等，均可補史載之闕。特別是誌云“希烈恃功虐政，將肆兇威，慮公素名，終不爲下。乃令攝蘄州刺史。外示寵行，實去之也”，後李希烈反叛，“遂領老幼二萬餘口，詣皐請命，署先鋒兵馬使。先時，希烈遣將追躡，公設覆破之”。此事《唐書》記載簡略，可補充之。此誌楷書運筆自如，遒勁樸直，給人以清晰疏朗之感。

撰者杜黄裳，唐京兆杜陵（今陝西西安市長安區杜陵）人，字遵素。寶應進士。由太常卿遷門下侍郎、同平章事、檢校司空、兼河中尹、河中晉絳等州節度使，封邠國公。

817

348.802　尼惠因墓誌

唐故静樂寺尼惠因墓誌銘并序

父開府儀同三司撿校左散騎常侍兼御史大夫太僕卿上柱國漀國公閭晊撰

本姬氏因爲汝南人也曾祖皇開府儀同三司祖皇開府
因爲汝南人也曾祖皇開府儀同三司右屯衛將
軍持節涼州都統諸使兼御史大夫贈太子太傅頴
司河西節度採訪等使具前列汝承祖宗大慶盛族子孫姓
國公㤆父官名具前列汝承祖宗大慶盛族子孫姓大
百善因童稚慕道特奉詔度十一出家具茲因
小戒一十七夏法華八軸畫夜誦持爲法忘軀
成疾以貞元十八年歲次壬午四月一日丁亥注意
歸儷十方諸佛枕臂涅槃路嗚呼父子親眷之道循難
得之專意正念證涅槃路嗚呼父子親眷送終以聲
以其月廿九日飛卿葬於萬年縣鳳栖原送終以聲
聞作讚香花引行道俗傷歎興惜異志銘曰
大族子孫少爲榮貴天資善性迥然異志童子入道
生知佛理講演便悟言誦持無已法華經文具難思議
啓首精習漆植法味歸向正真得解脫智聖及九俗
本顏如是嗟不考壽循短定矣父母眷屬痛徹心髓
香花送終聲聞讚事刻石泉門永銘終始
兄通直郎前行河中府叅軍汝南縣開國男珂書

## 説　明

唐貞元十八年（802）四月刻。蓋盝形，誌正方形。誌、蓋尺寸相同，邊長均49厘米。蓋文3行，滿行3字，隸書“唐故尼」律師惠」因墓銘」”。誌文楷書20行，滿行20字。周晧撰文，周珣書丹。蓋四殺及四周飾寶相花紋，誌四側飾壺門内十二生肖圖案。1981年西安市長安縣韋曲北原變電站出土。現存西安市長安博物館。《隋唐五代墓誌滙編》《全唐文補遺》《陝西碑石精華》《長安碑刻》著録。

## 釋　文

唐故静樂寺尼惠因墓誌銘并序」

父開府儀同三司檢校左散騎常侍兼御史大夫太僕卿上柱國蔡國公周晧撰」

本姬氏，因朝得姓。秦時封十九代祖邑爲汝墳侯」，因爲汝南人也。曾祖，皇開府儀同三司、右屯衛將」軍、持節涼州已西都統以悌。祖，皇開府儀同三」司、河西節度採訪等使、兼御史大夫、贈太子太傅、潁」國公佖。父，官名具前列。汝承祖宗大慶，盛族子孫，性」自善因，童稚慕道，特奉詔度。十一出家，具大」小戒一十七夏。法華八軸，晝夜誦持。爲法忘軀，因兹」成疾。以貞元十八年歲次壬午四月一日丁亥，注意」歸依十方諸佛，枕臂疊足，奄然而終。寂滅之道，脩難」得之。專意正念，證涅槃路。嗚呼！父子親眷，痛切肝心」。以其月廿九日乙卯，葬於萬年縣鳳栖原。送終以聲」聞作贊，香花引行。道俗傷歎，共惜異志。銘曰」：

大族子孫，少爲榮貴。天資善性，迴然異志。童子入道」，生知佛理。講便悟言，誦持無已。法華經文，具難思議」。啓首精習，深植法味。歸向正真，得解脱智。聖及凡俗」，本願如是。嗟不考壽，脩短定矣。父母眷屬，痛徹心髓」。香花送終，聲聞贊事。刻石泉門，永銘終始」。

兄通直郎前行河中府參軍汝南縣開國男珣書」

## 按

誌主惠因，因“童稚慕道，特奉詔度”，故“十一出家，具大小戒一十七夏”，爲虔誠的佛教信仰者。逝後其父爲撰文，其兄爲書丹，則見其親情固然。此誌書法用筆渾厚强勁，字體圓融，品相俱佳。

349.804　畢原露仙館虛室記

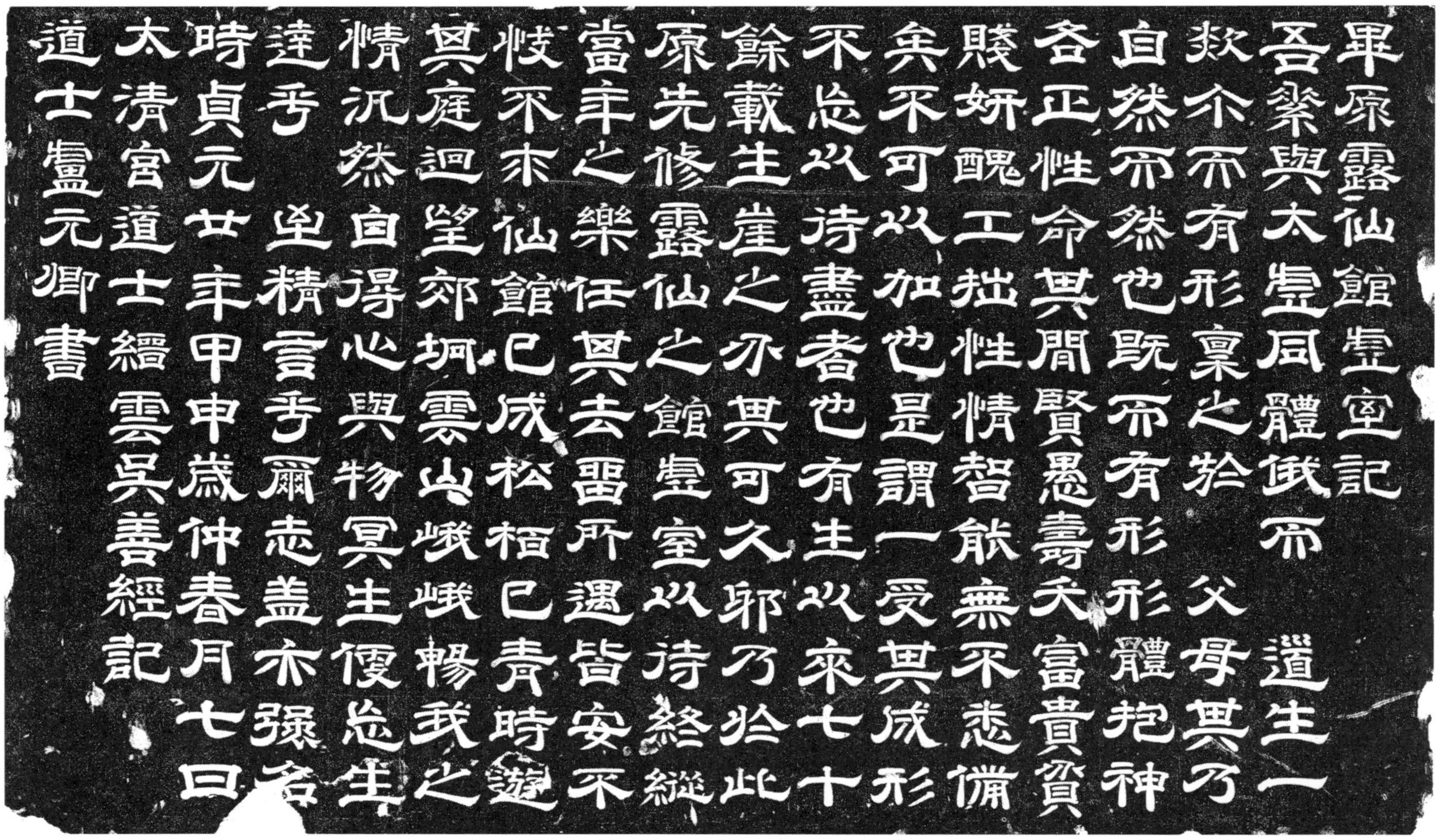

畢原露仙館虛室記

吾紫與太虛同體，俄而父母抱其乃神

欻介而有形，稟之於形，既而有形形體

自然而然也

各正性命，其間賢愚壽夭富貴資

賤妍醜工拙也，性情智能無不悉備

兵不可持盡者也，有生以來七十

餘載生崖之，亦其可久耶，乃於此

原先修露仙之館，虛室以待，終縱

當年之樂，任其去畱，所遇皆安不

牧不末，白仙館已成，松栢已青

冥庭迥望郊坰，與雲山峨峨青生

情況然自得，心與物冥生

達乎坐精言乎爾志，盖未強者

時貞元廿年甲申歲仲春月七日

太清宮道士繼雲吳善經記

道士盧元卿書

## 説　明

唐貞元二十年（804）二月刻。青石質。長方形。長96厘米，寬58厘米。正文隸書18行，滿行13字。吳善經撰文，盧元卿書丹。現存西安市長安博物館。《陝西碑石精華》《長安碑刻》著録。

## 釋　文

畢原露仙館虛室記」

吾素與太虛同體，俄而道生一」，欻尔而有形，稟之於父母，其乃」自然而然也。既而有形，形體抱神」，各正性命。其間賢愚壽夭，富貴貧」賤，妍醜工拙，性情智能，無不悉備」矣，不可以加也。是謂一受其成形」，不忘以待盡者也。有生以來，七十」餘載，生崖之創，其可久邪! 乃於此」原先修露仙之館，虛室以待終。縱」當年之樂，任其去留。所遇皆安，不」忮不求。仙館已成，松柏已青。時遊」其庭，迴望郊坰，雲山峨峨，暢我之」情。泛然自得，心與物冥。生便忘生」，達乎至精。言乎爾志，蓋亦強名」。

時貞元廿年甲申歲仲春月七日」

太清宮道士緱雲吳善經記」

道士盧元卿書」

## 按

作此記者吳善經，緱雲人，太清宮道士。《新唐書·藝文志》載"吳善經注《道德經》二卷，貞元中人"。碑文記述"乃於此原先修露仙之館，虛室以待終"的經過，爲研究唐代道教道士生死觀的珍貴資料。該碑以隸書書寫，工整樸厚，雄渾氣沉，是唐隸中之佳品。

350.804　任令璀夫人劉氏墓誌

大唐故任公夫人劉氏墓誌銘并序

將仕郎試左監門衛兵曹參軍張申約撰并書

夫人姓劉京兆萬年人也嫡祖元德遠近欽風

公諱令璀字令城夫人性有貞

郡跡隱越古風令歎恭至次曰光即德行惟者從夫送父君子之

遁倫行名薄利厚聞居室之歎寒間家之餘慶佑君子味道歸

約從四德之無蔽性肅雍次曰光令人十五餘德載慶昌終于鄗天之歸永夜嘉

禮易先德嗣曰光獻至而立德夸令人者精矜德不可逾何期忽昧

二禮柔章飾三序祈禱不惻樂婉非善其儀仰德如存悼于永歸者

極沉聞幽遟平殲吉十人以貞九十九年十月十八日終于鄗天之歸永夜

神察私第長逝年悟道披絕釋門法號玄則元女嫡張氏并居

里之矢長逝戚屬鶯懂遠傷情識與不識無不懷悼者

臺夫人李子童年殤七人傷情號天嘗感情鄰不祥

以人制哀毀逾禮俊之光也七日薶泣血啼天縣瀍川鄉白鹿原之

合喪禮可銘曰　　　　　光秀墳同其塋芳

石祔二十年夏五月廿三薶于禮州匪觀斧之鑿之人仰其

芳廁其儀克賓君子仰其

規烈以從其儀克賓君于禮

荒疾不瘳逝水西沉藏痛哀悼行路僾心峨峨悲慷千古松

林

## 説 明

唐貞元二十年（804）五月刻。蓋盝形，誌正方形。蓋邊長43厘米，誌邊長45厘米。蓋文3行，滿行3字，篆書"大唐故」夫人劉」氏墓銘」"。誌文楷書23行，滿行23字。張申約撰文並書丹。蓋四殺及四周飾寶相花紋，誌四側飾壺門內十二生肖圖案。西安市灞橋區出土。現存西安博物院。《隋唐五代墓誌滙編》《全唐文補遺》《陝西碑石精華》著録。

## 釋 文

大唐故任公夫人劉氏墓誌銘并序」

將仕郎試左監門衛兵曹參軍張申約撰并書」

夫人姓劉，京兆萬年人也。嫡樂安任氏府君諱令璀，字令璀」。公凤世清廉，溫謙諒直，歸仁厚德，遠近欽風。夫人彭城」郡漢祖之裔孫。曾祖元瓅，祖從中，父恭，並清居味道」，遁迹隱名，薄利厚志，怡情樂静，而閭井知焉。夫人性質」約儉，行越古風，令聞居室之猷，寔傳家之餘慶。佐君子之有」禮，從四德之無虧。恭而立德，行惟人著。從夫從父，淑範克歸」。二男先歿，嗣曰光獻，次曰光秀，今十五餘載矣。而獨安蓬户」，極聞柔章。飾性肅雍，至勵清居。婉嬺矜矜，德不可逾。何期忽」纏沉痾，伏枕三序。祈禱不恤，藥非善徵。積慶曷霶，天之何昧」。神察幽運乎殲吉人。以貞元十九年十月十八日終于永嘉」里之私第，享年七十有一。嗚呼！髣髴其儀，仰德如存。于歸夜」臺，痛矣長逝。戚屬驚慟，遠近傷情。識與不識，無不懷悼者矣」。夫人季子，童年悟道，披緇釋門，法号玄則。元女嫡張氏。並居」於喪制，哀毀逾禮。絶漿七日，泣血號天。鄉黨感情，鄰不祥矣」。以二十年夏五月廿三日，葬於萬年縣滻川鄉白鹿原之下」，合祔從禮，亦後之光也。復與次子光秀墳同其塋焉。芳紀于」石，厥以□矣。銘曰」：

芳烈其猷，淑範其儀。克賓君子，禮則匪虧。斧之藻之，人仰其」規」。荒疾不瘳，逝水西沉。戚屬哀悼，行路傷心。峩峩悲巉，千古松」林」。

唐國師千福寺多寶塔院故法華楚金禪師碑

紫閣山草堂寺沙門飛錫撰

正議大夫行中書舍人翰林學士柱國東海男賜紫金魚袋吳通微書

禪師法諱楚金程氏之子本廣平郡今為京地之藍
田人行素頓玉帛引金繩十架鐏空一塔得漢
迦唯京七歲諷花經十八講花義三十擢多
寶於千福四十入帝夢於九重上覩法名下見金字詔使問罔不有孕聲沸江海宣京敷於是傾玉翠微號真捫蘿躡乃曰此
吾接遁之所遂奏兩寺各建一塔咸以多寶為名度緇衣在白雲昭其靜也刻夫心洞琉璃恩出常境工人杼匠念許生知昧首所未悟班輪所
愕視則浮晶之化蠙珠千界皆禪師之力豈心真舟五天而已然禪師雲雷發空之響金石吐鏗凡諸六千餘遍
本無名之宸睠承明三入弘道六宮依俙覩於三變心無所得舌流甘露瑞鳥金碧摟手表中天樂清冷奏于空際凡諸體應皆不有之乃曰法
聖主之宸睠承明三入弘道六宮

玄宗題額蕭宗賜幡鵠返雲中住香樓而不下龍蟠天上挂金剎而常飛玉衣盈箱璽書滿篋寫千經滴瀝而垂露答
萬乘渙汗之渥澤夔龍貔冤下黃道以縈襟隱逸高僧於青蓮而扣宷微唐知識如徒百城而至無邊勝士若自千花而來宣榮冠於一
時亦庶幾於佛在也雖林茂鳥歸人高物向澄渟天地之鏡委曲虛空之姿無來乃來不往而往所作已託吾將去手有夢綠座前迎諸天獻篆
粵以乾元二年七月七日子時右脅而臥儼如在昭手上生於安養之國矣享齡六十二法臘三十七
天子憫于大脅不畫火燃雪顏如在昭手上生於安養之國矣享齡六十二法臘三十七

勅驃騎大將軍朱光暉監護即於其年八月十二日法葬于長安城西龍首原法華若塔之禮也於戲禪師銘年
詔度初配龍興中歲觀心開關千福罷玉柄葆天先悟宅清涼駕一乘獨運乃夢塔從地涌因圖摸寫為今之所製柳有由矣至若神先耀權於
其普賢則合利飛筆會釋乃鄉雲滄空頂中之血刺鳳驚王衣裏之珠掐呈醉士之枝蓮花之衣甘露之飯凡諸法
勒賜我摩尼之相咸將施焉不貯於香積滄然開住為若乃降龍之鈴解呈原法華若塔之禮也於戲禪師銘年
彼五色之相宜我摩尼之畫普賢則合利飛筆會釋乃鄉雲滄空頂中之血刺鳳驚王衣裏之珠掐呈醉士之枝蓮花之衣甘露之飯凡諸法
物幸多生自終於六十有二矣尔曹誌之以其言輸其實宛如也憶八部增怛萬國同哀有詔令茶毗遷天竺故事於大雄釋門之亞聖者也又曰

御榻同詔天台麥託斯文鐏之貞石式敢不銘云天人師先所謂利見於是金棺開而香木燒王克馴
天上雲飄海中日出如何落照大明奮失蓮花之外別有蓮花寨廓之表又逢寨廓法離去來道無今非松門一塔芳誰為窮冥宷石常照死而
不亡其響彌馬兮其德彌彰白鶴喉霧咽松欄風懷郊坰月飛青天無照玄夜法花弟子當院比丘慧空法席浩然等表萬善壽上座契元萬善壽以
建塔國師壽敬寺建法華道場記正覺資敬寺建法華道場比丘奔吒利等真白凡瀫萬人悲化城之不住痛實所而長往貝葉飜手歎楷宗通金罄發萬
國建多寶塔置法華道場經六十餘祀僧等六時礼念經聲不斷以應四朝未蒙旌德伏九　聖壽將怒代隔時遷真從靡固飜刊

勅施行者令合院梵侶敬承　恩霑頂奉俟持用贊　皇壽將怒代隔時遷真從靡固飜刊
勅宜賜謐曰大圓禪師中書門下准　四朝未蒙旌德伏九　聖壽特加謐彌人廣前供奉　聖壽特加謐彌人廣前供奉

碑未記芳猷遠近瞻嶺之風車光不朽之跡

貞元廿一年歲在乙酉十月戊辰朔廿五日壬辰建

廣平宋澄摹刻

## 説 明

唐貞元二十一年（805）七月刻。碑通高285厘米，寬102厘米。額文3行，滿行3字，篆書"唐千佛」寺楚金」禪師碑」"。正文楷書32行，行字不等。飛錫撰文，吳通微書丹。原立于長安安定坊千福寺內，宋初移至文廟，後即入藏碑林。現存西安碑林博物館。《金石錄》《石墨鐫華》《金石萃編》《關中金石記》《西安碑林全集》等著錄。

## 釋 文

唐國師千福寺多寶塔院故法華楚金禪師碑」

紫閣山草堂寺沙門飛錫撰」

正議大夫行中書舍人翰林學士柱國東海男賜紫金魚袋吳通微書」

潭碧千丈，無隱月容；松青萬嶺，莫静風響。夫德充于內而聲聞于天者，有以見之於禪師矣！禪師法諱楚金，程氏之子。本廣平郡，今爲京兆之盩」厔人焉。祖宗閥閱，存而不論。母渤海高氏，夜夢諸佛，是生禪師，真可謂法王之子者也。行素顏玉，神和氣清，七歲諷花經，十八講花義，三十構多」寶於千福，四十八帝夢於九重。上睹法名，下見金字，詰朝使問，岡不有孚，聲沸江海，豈唯京轂？於是傾玉帛，引金繩，千梁攢空，一塔聳漢」，迴廊飛閣，無不創焉。風起而鈴鳴半天，珠懸而月生絕頂。清净眼耳，駿奔香花，度如恒沙，而無所度者有之矣！嘗於翠微悟真，捫蘿靈趾。乃曰：此」吾棲遁之所。遂奏兩寺，各建一塔，咸以多寶爲名，度緇衣在白雲，昭其静也。矧夫心洞琉璃，思出常境，工人杼匠，僉訝生知。毗首所未悟，班輸所」愕視。若然，則浮圖之化，髻珠之教，風靡千界，皆禪師之力，豈止真丹五天而已哉！禪師雲雷發空谷之響，金石吐鏗鏘之音，吟詠妙經，六千餘遍」。寶樹之下，髣髴見於分身；靈山之上，依俙覿於三變。心無所得，舌流甘露。瑞鳥金碧，棲于手中。天樂清泠，奏于空際。凡諸休應，皆不有之。乃曰：法」本無名，焉用彼相？長而不宰，其在茲焉。若非法花三昧，稟自衡陽；止觀一門，傳乎台嶺，安能迁象王之法駕，迴」聖主之宸眷？承明三入，弘道六宮，后妃長跪於御筵，天花每散而不著」。玄宗題額，肅宗賜幡。鵲返雲中，住香樓而不下；龍蟠天上，挂金刹而常飛。玉衣盈箱，璽書滿篋。寫千經滴瀝而垂露，答」萬乘渙汗之渥澤。夔龍貂冕，下黃道以整襟；隱逸高僧，入青蓮而扣寂。微塵知識，如從百城而至；無邊勝士，若自千花而來。豈榮冠於一」時，亦庶幾於佛在也。雖林茂鳥歸，人高物向。澄渟天地之鏡，委曲虛空之姿。無来乃来，不往而往。所作已訖，吾將去乎。有夢綵座前迎，諸天獻菓」。粤以乾元二年七月七日子時，右脇薪盡火滅，雪顏如在。昭乎上生於安養之國矣！享齡六十二，法臘三十七」。天子憫焉，中使吊焉。尋敕驃騎大將軍朱光暉監護。即以其年八月十二日，法葬于長安城西龍首原法華蘭若塔之禮也。於戲！禪師韶年」詔度，初配龍興。中歲觀心，閉關千福。罷玉柄，葆天光，悟炎宅清涼，駕一乘獨運。乃夢塔從地涌，因用模焉，今之所製，抑有由矣。至若神光熠耀於」其巔，聖燈明滅於其下，畫普賢則舍利飛筆，會群釋乃卿雲澹空。頂中之血，刺寫經王；衣裏之珠，指呈醉士。當其無，有其用，不立心境，同乎大通」。彼五色之相宜，我摩尼之何有。豁如也。縑纊皮革，多由損生。屬徒衣布，寒加艾納。慈至也。若乃降龍之鉢，解虎之杖，蓮花之衣，甘露之飯，凡諸法」物，率多敕賜。不住於相，咸將施焉。室不貯於金錢，堂每流乎香積，澹然閑任，爲天人師。允所謂利見於大雄，釋門之亞聖者也。又曰」：吾自知終於六十有二矣，尒曹誌之。以其言，驗其實，宛如也。噫！八部增怛，萬國同哀。有詔令茶毗，遵天竺故事。於是金棺閉，香木燒，玉兔馴」，白鶴唳。霧咽松檟，風悽郊坰。月飛青天，無照玄夜。法花弟子當院比丘慧空、法岸、浩然等，表妹萬善寺上座契元，萬善寺建多寶塔比丘尼」正覺、資敬寺建法華塔比丘尼奔吒利等，真白凡數萬人，悲化城之不住，痛寶所而長往。貝葉翻手，孰指宗通；金磬發林，誰宣了義。以予分座」御榻，同習天台，爰託斯文，鏤之貞石，式揚真古，敢不銘云」：

天上雲飄，海中日出。如何落照，大明奄失。蓮花之外，別有蓮花。寥廓之表，又逢寥廓。法離去来，道無今昨。松門一塔分，誰爲寂寞。寂而常照，死而」不亡。其響弥高兮，其德弥彰。白鶴雙雙，飛香郁郁。明月既出，更無星宿」。

建塔國師奉敕追謚號記：以貞元十三年四月十三日，左街功德使開府邠國公竇文場奏：千福寺先師楚金是臣和尚，於天寶初爲」國建多寶塔，置法華道場，經今六十餘祀，僧等六時礼念，經聲不斷，以歷四朝，未蒙旌德。伏乞聖慈，特加謚號，以

驚半天珠懸而月生絶頂清淨眼耳駭奔香花度如恒沙而無所度者有之美嘗扵翠微悟玄

塔咸以多寶繒衣在白雲昭其靜也翅夫心洞琉璃思出常境工人杼匠僉訐生知毗

寶為名度繼衣在白雲昭其靜也翅夫心洞琉璃思出常境工人杼匠僉訐生知毗

教風靡千界皆禪師之力豈心真舟五天而已扣禪師雲雷發空谷之響金石吐鏗鏘之音吟

之上依俙覿扵二變心無所得舌流甘露瑞鳥金碧摟于手中天樂清冷奏于空際凡諸休座

在茲焉若非法花三昧稟自衡陽心觀一門傳手台嶺安能迁寓王之法駕迴

鵠返雲中住香樓而不下龍蟠天上挂金剎而常飛玉衣盈箱璽書滿篋寫千經滴瀝而垂

后妃長跪扵御莚天花每散而不著悲禊隱逸高僧入青蓮而扣寂徵塵知識如從百城而至無邊勝士若自千

黃道以悲禊隱逸高僧入青蓮而扣寂徵塵知識如從百城而至無邊勝士若自千

歸人高物向澄潭天地之鏡委曲虛空之姿無来乃来不往而往所作已訖吾將去乎有夢

馬薪盡火滅雪顏如在昭孚上生扵安養之國矣享齡六十二法臘三十七

右脇驃騎大將軍未光暉監護即以其年八月十二日法葬于長安城西龍首原法華蘭若塔之禮

勅驃騎大將軍未光暉監護即以其年八月十二日法葬于長安城西龍首原法華蘭若塔之禮

千福罷玉柄葆天光悟炎宅清涼駕一乗獨運乃夢塔從地涌因用摸寫今之所製柳有由

賢則舍利飛筆會群釋乃卿雲湛空頂中之血刺圖經王衣裏之珠捐呈醉士當其無有其

愻如也繒繡皮革多由損生屬徒衣寒加艾納慈至也若乃隆龍之鉢解虎之杖蓮花之衣

咸將施焉室不貯於金錢堂每流于香積澹然開任為

誌之以其言驗其實宛如也憶八部增憶萬國同泉有天人師元所謂利見扵大雄釋明

豁如飛青天無照玄夜法花弟子當院比丘慧空法俗浩然芳表妹萬善壽上座契元萬善寺

居奔吒利莘真白凡穀萬人悲化城之不住痛寶所布長往貝葉翻手乾擋宗通金磬發林

飛青天無照玄夜法花弟子當院比丘慧空法俗浩然芳表妹萬善壽上座契元萬善寺

今六十餘礼僧莘六時礼念經聲不斷以厲四朝未蒙旌德伏乞記今茶毗邊天竺故事於是金

鄉記以貞元十三年四月十三日左街功德使開府邠國公實文場奏千福寺先師楚金是

鶴雙雙飛香郁郁明月既出更無星宿皇壽將恐代隔

大明奄失蓮花之外別有蓮花寒廊之表又逢寒廊法離去来道無令昨松門一塔芳誰為窅

貞石式楊真古敢不銘云行下准勅施行者令合院梵侶敬承恩前頂奉依持用資

風事光不朽之踪貞元廿一年歲在乙酉七月戊辰朔廿五日王辰建

廣平宗渙摹刋

廣前修。奉」敕宜賜謚曰大圓禪師。中書門下准敕施行者。今合院梵侶，敬承恩旨，頂奉修持，用資皇壽。將恐代隔時遷，真縱靡固，輒刊」碑末，以紀芳猷。遠追鷲嶺之風，聿光不朽之迹」。

貞元廿一年歲在乙酉七月戊辰朔廿五日壬辰建

廣平宋液模刻」

### 按

　　楚金禪師，唐代長安高僧。其生平又載于《佛祖統紀》《釋門正統》《法華經持驗記》等。開元中，在玄宗皇帝資助下，楚金禪師于長安千福寺建多寶塔，于每年春秋二時，召集同行之大德四十九人，行法華三昧，誦經祈福，並上奏玄宗，請爲恒式。此碑與本書390.841條《唐玄秘塔碑》可互相參照。

　　撰者飛錫，楚金禪師弟子。唐終南山紫閣峰草堂寺大和尚，又詔于大明宮内道場譯經。

　　書者吳通微，書此碑時署“正議大夫、行中書舍人、翰林學士、柱國、東海男、賜紫金魚袋”。善書，工行草。故此碑雖爲楷書，但又不拘楷書之法度，質樸中見功力，稚拙中見雅趣。

352.806　慧堅禪師碑

唐故招聖
寺大德慧
堅禪師碑

## 説　明

唐元和元年（806）四月刻。碑螭首方座。通高299厘米，寬91厘米。額文3行，滿行4字，隸書“唐故招聖」寺大德慧」堅禪師碑」”。正文行楷29行，行字不等。徐岱撰文，孫藏器書丹。碑側飾以瑞獸蔓草紋。1945年西安西關機場出土。碑倒數第2行有民國臨潼縣長史直題記“民國三十四年四月率民工三千人擴修西安機場，掘得此碑，完整無缺，特誌。臨潼縣長史直題”一行。1948年移入西安碑林。現存西安碑林博物館。《碑帖敘録》《西安碑林全集》著録。

## 釋　文

唐故招聖寺大德慧堅禪師碑銘并序」

太中大夫給事中皇太子及諸王侍讀兼史館修撰柱國徐岱撰

奉義郎前試詹事府司直孫藏器書」

昔老聃將之流沙，謂門人曰：竺乾有古先生，吾之師也。仲尼亦稱西方有聖人焉。古先生者，非釋迦歟？夫教之大者曰道與儒，仲尼既學禮於老聃」，伯陽亦將師於釋氏。由是而推，則佛之尊，道之廣，宏覆萬物，獨爲世雄，大矣哉！若觀其會通，則天地之運不足駭也；極其源流，則江海之浸不足大」也。固已越乾坤，遺造化，離生死，證空寂，豈文字稱謂能名言哉？洎菩提達摩捨天竺之王位，紹釋門之法胤，遠詣中夏，大闡上乘，云自釋迦迦葉，師」師相授，至于其身，乃以心印密傳惠可，四葉相授。至弘忍大師奉菩提之記，當次補之位。至乃荷忍大師之付囑，承本師之緒業。則能大師居漕溪」，其授人也，頓示佛心，直入法界，教離次第，行無處所。厥後奉漕溪之統紀，爲道俗之歸依，則荷澤大師諱神會，謂之七祖。升神會之堂室，持玄關之」管鍵，度禪定之域，入智慧之門，則慧堅禪師乎！禪師俗姓朱氏，陳州淮陽人也。漢左丞相之裔孫，唐金吾將軍之第三子也。稟四氣之和，五行之秀，生」知道極，動合德符。爰自成童，逮于弱冠，不師俗學，常慕真宗。去坳塘而游滄溟，拔冥塵而棲沆瀣。以無住爲入室，以無利爲出家。求法於無所求，得」師於無所得。密印玄契，天機洞開。於是大師悦之，付以心要。禪師以爲成菩提者，萬法必周；隨迴向者，六度皆等。乃解塵服於洛陽，受净戒於汾川」。聞抱腹山靈仙之所棲息，聖賢之所遊化，負笈振錫而往依焉。其宴坐也，逾於静慮；其修行也，萬行皆空。弘先佛之知見，爲後學之儀形。仰之者如」鱗介之附龜龍，歸之者如畎澮之岠江海。於是漕溪之道衰而復興。時有猛獸伺人，近禪師之居無所犯；隕霜害稼，近禪師之居無所傷。非道德之」感通，神明之保衛，孰能如此？故其受鑒也如止水，其應化也如浮雲。乃去山居，遊洛下。時嗣虢王巨以宗室之重，保釐成周，慕禪師之道，展門人之」敬，乃奏請住聖善寺。屬幽陵肇亂，伊川爲戎，憑凌我王城，蕩爇我佛刹。高閣随於煙焰，脩廊倏爲煨燼，唯禪師之室巋然獨存。則火中之蓮」，兆足異也。時虜寇方壯，東郊不開。禪師以菩薩有違難之戒，聖人存遊方之旨，乃随緣應感，西至京師，止化度、慧日二寺。秦人奉之如望歲者之仰」膏雨，未渡者之得舟楫。弘闡奧義，滌除昏疑。若太陽之照幽陰，大雲之潤藥木。大曆中，睿文孝武皇帝以大道馭萬國，至化統群元。聞禪師」僧臘之高，法門之秀，特降詔命，移居招聖，俾領學者，且爲宗師。遂命造觀音堂，并續七祖遺像。施錢於内府，徵役於尚方。當炎夏赫曦之」辰，昆蟲蠢蠕之盛，畚插皆作，慮傷厥生，禪師乃焚香祝之，咸自徙穴，異類旁感，契於至誠。貞元初，詔譯新經，俾充鑒義大德」。皇上方以玄聖冲妙之旨，素王中和之教，稽合内典，輔成化源。後當誕聖之日，命入禁中，人天相見，龍象畢會」。大君設重雲之講，儲后降湛雷之貴，乃問禪師見性之義。答曰：性者體也，見其用乎？體寂則不生，性空則無見。於是聽者朗然若長雲秋霽」，宿霧朝徹。又奉詔與諸長老辯佛法邪正，定南北兩宗。禪師以爲開示之時，頓示非漸；脩行之地，漸净非頓。知法空則法無邪正，悟宗通則」宗無南北，孰爲分別而假名哉？其智慧高朗謂若此也。貞元八年壬申歲正月廿六日，忽謂門人曰：死生者晝夜之道也。若氣之聚，雲之散，寒暑之運行」，日月之虧盈，返於無形，會於無性，乃合真識，同於法身。言訖趺坐，薪盡火滅。弟子普濟等懷瞻仰之戀，申顧復之思，若涉大水而失津涯，若構大廈」而折榱棟。自示滅，春秋七十四，僧夏四十三。遂建塔於長安龍首西原，禮也。至于入滅之後，殆經兩旬，儼如在定，髭髮猶長，神護其質，衆疑於生。靈」表昭著，咸所歎異。非夫識洞有漏，神遊無迹，其孰能返其順化如此之自在也。見命撰德，庶無愧詞。銘曰」：

法本無性，會於清净。心本無望，度諸禪定。弘兹正真，存乎其人。宗源瀋澈，慧用怡神。三乘非乘，一相無相。粤自達摩，默傳秘藏。繼統相授，至于」禪師。丕承七葉，大拯群疑。發乎天光，應以天籟。夐超學地，直入法界。如鏡之鑒，不將不迎。如雲之散，無滅無生。適来以時，適去以順。上纘教父，下」傳法胤。式刊貞石，以永休問」。

829

以公印密傳惠可四葉相授至弘忍大師奉菩提之記當次補之位至乃荷忍大
直入法界教離次第行無慮所厭後奉漕溪之統紀為道俗之歸依則荷澤大師
智慧之門則慧堅禪師手禪師俗姓朱氏陳州淮陽人也漢左丞相之裔孫唐金
自成童遠于弱冠而不師俗學常恭真宗去坳塘而游滄溟振真塵而棲沈瀅
契天機洞開於是大師悅之付心要禪師為咸善提者萬法必周随迴內者
俊息聖賢之所遊化貪發振錫而注依為其窩坐也逾於静應其修行也萬行
者如畎澮之岷江海於是漕溪之道襄而復興時者猛毅伺人近禪師之居無所
永如此故其要鑒也如心水其應化也如浮雲乃王山居遊洛下時厨諭王巨以宗
屬幽陵肇亂伊川為戎憑淩菩薩有達之戒聖人存遊方之百乃随緣應感而至京師
狂東郊不開禪師暑疑者太陽之照幽陰大雲之潤藥木大曆中睿文考
機孤闡奧義滌除昏疑著太陽之照幽陰大雲之潤藥木大曆中睿文考
特降詔命移居招聖俾領學者且為宗師遂命造觀音堂并續七祖遺
插皆作應傷厭生禪師乃焚香祝之咸自後穴異類旁感契於至誠貞元初
詔與諸長老辯佛法祁正定南北兩宗禪師為開示之時頓受非漸修者
而假名武其智慧高朗謂著此也貞元八年壬申歲正月廿六日忽謂門人曰死生者體也見其用手體穿則不
沖妙之百素中和之教稽合內典輔成化源後嘗誕聖之日命入
儲后降游雷之貴乃閃禪師見性之義蓍曰性者體也見其用手體穿則不
而會彩無性乃合真識同於法身言記趺坐薪盡火滅弟子普濟等懷瞻仰之
秋七十四僧夏四十三遁建塔於長安龍首西原禮也至于入滅之後跆經兩旬
人識詞有漏神遊無远其靴能返其順化如此之自在也見命選澄座無媿詞
局部

元和元年景戌歲夏四月旬有五日建

天水强瓊刻字」

## 按

碑文敍述了佛教自菩提達摩"捨天竺之王位，紹釋門之法胤，遠詣中夏，大闡上乘"，創立"師師相授""心印密傳"的禪宗，至六祖曹溪大師慧能"頓示佛心，直入法界，教離次第，行無處所"學說的創立，紹繼統緒者爲七祖荷澤大師神會，而"升神會之堂室，持玄關之管鍵，度禪定之域，入智慧之門"，則是本碑之主慧堅禪師。碑文詳細敍述了慧堅禪師的生平事迹及其備受唐睿宗器重的情況，闡述了慧堅在禪宗史中的作用。慧堅禪師的生平事迹除《禪門師資承襲圖》提到"西京堅"之外，未見於其他典籍，因而此碑具有非常重要的史料價值。

撰者徐岱，字如仁，蘇州嘉興人，歷官給事中、皇太子及諸王侍讀、史館修撰等，學識淵博，爲文講究。

書者孫藏器，爲唐憲宗時人，工書法，擅長行楷。此碑用筆圓潤，取法王右軍，結字謹嚴，爲唐代行楷的典型代表。

353.807　法津禪師塔銘

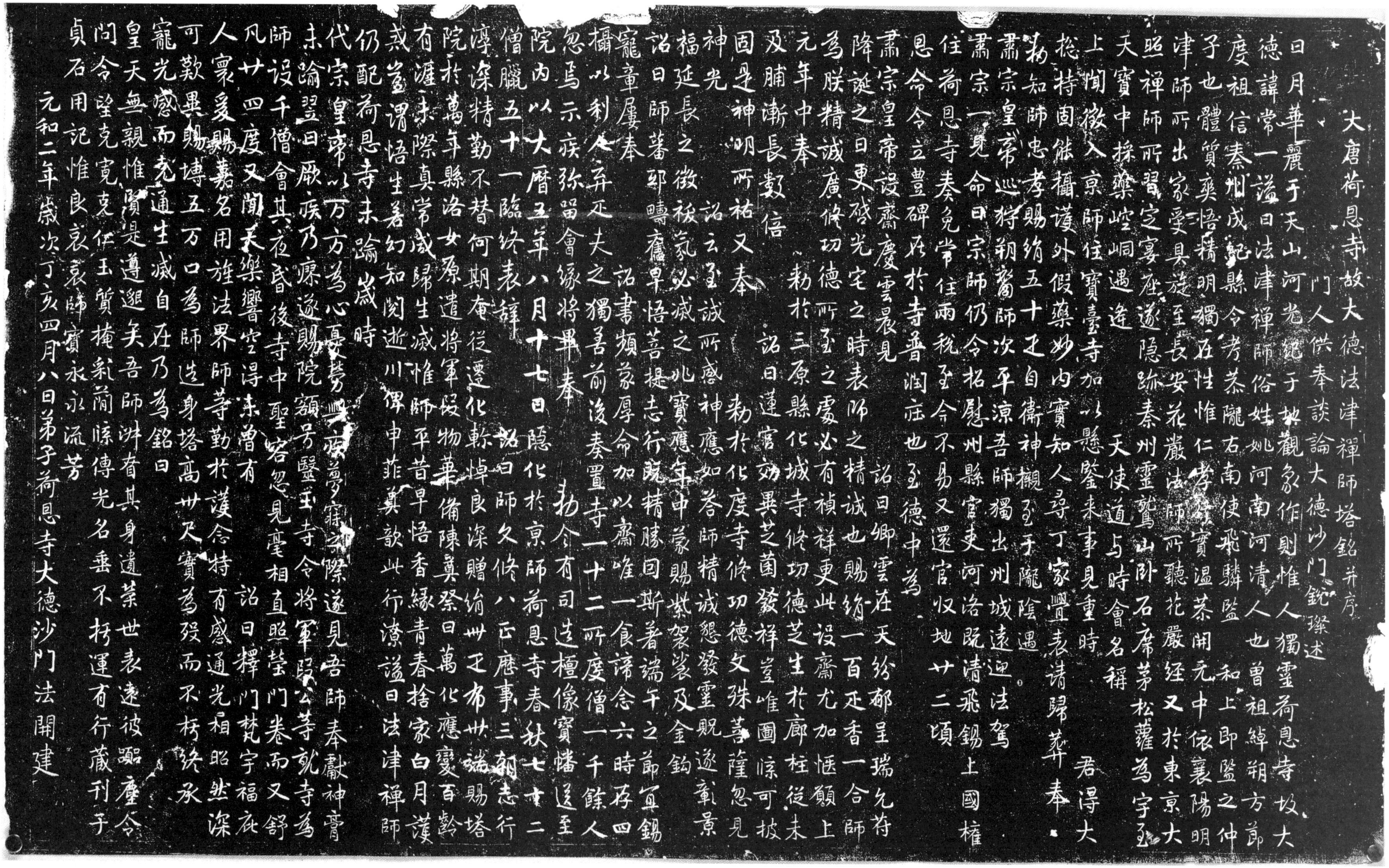

## 説明

唐元和二年（807）四月刻。誌長方形。長118厘米，寬74厘米。誌文楷書46行，滿行25字。沙門鋭璨撰文。1980年西安市東郊席王鄉卞家村出土。現存西安碑林博物館。《新中國出土墓誌（陝西貳）》《全唐文補遺》著録。

## 釋文

大唐荷恩寺故大德法津禪師塔銘并序|
門人供奉談論大德沙門鋭璨述|

日月華麗于天，山河光紀于地。觀象作則，惟人獨靈。荷恩寺故大|德諱常一，謚曰法津禪師。俗姓姚，河南河清人也。曾祖綽，朔方節|度。祖信，秦州成紀縣令。考恭，隴右南使飛騕監。和上即監之仲|子也。體質爽悟，精明獨在。性惟仁孝，行實溫恭。開元中，依襄陽明|津師所出家受具。旋至長安花嚴法師所聽《花嚴經》。又於東京大|照禪師所習定宴座。遂隱迹秦州靈鷲山，卧石席茅，松蘿爲宇。至|天寶中，採藥崆峒，遇逢天使，道与時會，名稱|上聞。徵入京師，住寶臺寺。加以懸鑒来事，見重時君，得大|總持。固能攝護，外假藥妙，內實知人。尋丁家釁，表請歸葬。奉|敕，知師忠孝，賜絹五十匹。自衛神櫬，至于隴陰。遇|肅宗皇帝巡狩朔裔，師次平涼。吾師獨出州城，遠迎法駕。|肅宗一見，命曰宗師，仍令招慰州縣官吏。河洛既清，飛錫上國。權|住荷恩寺，奏免常住兩税，至今不易。又還官收地廿二頃|。恩命令立豐碑，在於寺普潤莊也。至德中，爲|肅宗皇帝設齋，慶雲晨見。詔曰：卿雲在天，紛郁呈瑞。允符|降誕之日，更啓光宅之時。表師之精誠也，賜絹一百匹、香一合。師|爲朕精誠，廣修功德。所至之處，必有禎祥。更此設齋，尤加愜願。上|元年中，奉敕於三原縣化城寺修功德。芝生於廊柱，從未|及脯，漸長數倍。詔曰：蓮宮效異，芝菌發祥。豈唯圖牒可披|，固是神明所祐。又奉敕於化度寺修功德，文殊菩薩忽見|神光。詔云：至誠所感，神應如答。師精誠懇發，靈眖遂彰。景|福延長之徵，祅氛必滅之兆。寶應年中，蒙賜紫袈裟及金鈎|。詔曰：師蕃邸疇舊，早悟菩提。志行既精，勝因斯著。端午之節，宜錫|寵章。屢奉詔書，頻蒙厚命。加以齋唯一食，諦念六時。存四|攝以利人，弃匹夫之獨善。前後奏置寺一十二所，度僧一千餘人|。忽焉示疾弥留，會緣將畢。奉敕令有司造檀像寶幡，送至|院內。以大曆五年八月十七日，隱化於京師荷恩寺，春秋七十二|，僧臘五十一。臨終表辭，詔曰：師久修八正，歷事三朝。志行|淳深，精勤不替。何期奄從遷化，軫悼良深。贈絹卅匹，布卅端。賜塔|院於萬年縣洛女原，遣將軍段物華備陳奠祭。曰：萬化應變，百齡|有涯。未際真常，咸歸生滅。惟師平昔早悟香緣，青春捨家，白月護|戒。豈謂悟生若幻，知閟逝川。俾申菲奠，歆此行潦。謚曰法津禪師|，仍配荷恩寺。未逾歲，時|代宗皇帝以万方爲心，憂勞興疾。夢寐之際，遂見吾師奉獻神膏|。未逾翌日，厥疾乃瘳。遂賜院額号醫王寺。令將軍段公等就寺爲|師設千僧會。其夜昏後，寺中聖容忽見毫相，直照塋門，卷而又舒|，凡廿四度。又聞天樂響空，得未曾有。詔曰：釋門梵宇，福庇|人寰。爰賜嘉名，用旌法界。師等勤於護念，持有感通。光相昭然，深|可歎異。賜磚五万口，爲師造身塔，高卅尺。實爲歿而不朽，終承|寵光；感而克通，生滅自在。乃爲銘曰|：

皇天無親，惟賢是遵。邈矣吾師，淑慎其身。遺榮世表，遠彼囂塵。令|問令望，克寬克仁。玉質掩彩，簡牒傳光。名垂不朽，運有行藏。刊于|貞石，用記惟良。哀哀師寶，永永流芳|。

元和二年歲次丁亥四月八日
弟子荷恩寺大德沙門法開建|

## 按

塔銘所記法津禪師家世、生平及修爲情況，可補史載之闕。

833

354.807　董楷墓誌

光祿大夫行蘇州長史上柱國隴西郡董府君墓誌銘并序

鄉貢進士朱謹言撰

左武衛兵曹參軍劉郢書

史記辭董狐古之良史書法不隱頑德次青州司馬公諱楷趙家至慶順得周易隨時之義至元伯玉卷舒之道行之後必生英才公其裔孫也曾祖俶以德崇皇帝以儲貳配于家之選娉淵志以倫嬪媛公長子稟公閨閫之訓令天書葉

得其富壽貞元初一日壽二日富公居五福于光宅里私第享齡七十六嗚呼哀哉洪範云五贊容德冊為良媛時潁川郡韓公皇掌絲綸之誥屬

贊容德冊為德順宗皇帝臨地人又冊為德天子每至嘉公之德禮殊懿戚而中貴人馳卷

居家理故可移於官惟公有德餘芳振于遐邇況貞元方者貴其沒有令心不苟順正氣固之愛嘗厲節自謂學未弘直臨事能斷於避風況如玉之德

悌弟又見長敦長子恃正草斯又見君子特正氣當厲節自謂學未弘古今之利尚戲顛耀大

正義二三年功倍業就鬱成鴻儒卓然有于四人長曰發機謀敬達貞良日齊讀書精春秋何論皆盡

應鄉里之選舉棘文未弱冠蜚聲同者莫不器重清才餘烏是知君子之有德拜潤州司馬仲曰齊

茂幼年而能屬文登第次曰元蓋千將之利尚戲顛耀為天假偉

皆冠等立橐莊疾順先王之制度禮有餘烏是知君子之有後莫與此龜筮叶從于

哀賢拱立橐莊疾順先王之制度禮必坐致青霄之上及遣襲

以二年四月十六日葬于萬年縣長樂鄉之平原堂禮也謹言每與令子同于

名秀才之科備知故實歡人之寂靈亦同其源少壯俊忽百年駿奔振乎清風唯

噫萬物芸芸各歸其根如人之德長存貞石永利用誌九原

德是潘公之德行芳如蘭滋貴是帝威榮皆主恩義訓於家慶

歸于門斯為不朽楙德長存貞石永利用誌九原

## 説 明

唐元和二年（807）四月刻。蓋盝形，誌正方形。蓋邊長60厘米，誌邊長61厘米。蓋文3行，滿行3字，楷書"大唐故」董府君」墓誌銘"。誌文楷書29行，滿行30字。朱讜言撰文，劉郢書丹。蓋四殺飾四神圖案，四周飾寶相花紋。誌右上角殘，闕數字。1956年西安市東郊韓森寨出土。現存中國社會科學院考古研究所西安研究室。《隋唐五代墓誌滙編》《全唐文補遺》著録。

## 釋 文

（上闕）光禄大夫行蘇州長史上柱國隴西郡董府君墓誌銘并序」

鄉貢進士朱讜言撰」

試左武衛兵曹參軍劉郢書」

□史記稱：董狐，古之良史，書法不隱。碩德之後，必生英才。公其裔孫也。曾祖依」，贈將作少監。祖欽，青州司馬。公諱楹，起家至蘇州長史。公性警悟，識天命，有蘧」伯玉卷舒之道。行藏處順，得《周易》隨時之義。元和元年十二月十六日，寢疾終」于光宅里私第，享齡七十六。嗚呼哀哉！《洪範》云五福，一曰壽，二曰富。公居五福」，得其富、壽。貞元初」，德宗皇帝以儲貳配于宜家之選，娉淑忒以備嬪媛。公長女稟公閨閫之訓，令」淑有聞，得參其選焉。時潁川郡韓公皋，掌絲綸之誥，屬天書叶」贊容德，册爲良媛」。順宗皇帝臨兆人，又册爲德妃」。天子每嘉公之德，禮殊懿戚，而中貴人馳眷天顧，騎交金紫，貫一時之」榮盛矣。至是人倫士庶，識者知者，皆仰公曼德歸下，而慶襲于門。宣尼所以稱」居家理，理故可移於官，唯公有之。於戲！人之生代，如川閱東水，晝夜無息。所貴」者貴其没有令德，餘芳振于遐風。況公仁恕以及物，禮義以全節。言而信，行而」直。臨事能斷，心不苟順。如玉之德貞，方不掩其美惡；如金和柔剛，必從於沿革」。革斯又見君子持正氣，保終吉，平和其心也。有子四人。長曰發，機謀敏達，貞良」悌弟，有爲長敦固之愛。嘗勵節自謂學未弘博，遂秉志讀書，精《春秋》何論，皆盡」正義。二三年，功倍業就，鬱成鴻儒，卓然有古人之風。釋褐拜潤州司馬。仲曰齊」，應鄉里之選，舉孝廉登第。次曰亢[1]，蓄干將之利，尚戢穎耀。季曰從禮，而天假俊」茂，幼年而能屬文，未弱冠，應鄉貢進士舉。清詞褒然，迴出時輩，已三較藝郡縣」，皆冠等第之目，而聲同者莫不器重清才，咸曰不日必坐致青霄之上。及遭喪」，哀毁柴立，爨棘在疚，順先王之制度，禮有餘焉。是知君子之有後哉。龜筮叶從」，以二年四月十六日，葬于萬年縣長樂鄉之平原塋，禮也。讜言每与令子同干」名秀才之科，備知故實，敢誌而書之，述公盛德，銘之於墓。銘曰」：

噫！萬物芸芸，各歸其根。人之最靈，亦同其源。少壯倏忽，百年駿奔。振乎清風，唯」德是藩。公之德行，芳如蘭蓀。貴是帝戚，榮皆主恩。義訓於家，慶」歸于門。斯爲不朽，椷德長存。貞石永刊，用誌九原」。

## 校勘記

①亢，據本書359.812條《董發夫人楊氏墓誌》及377.828條《董交墓誌》，與董交是否爲一人，待考。

## 按

誌主董楹，《唐書》無載。以其女入宫爲德宗皇帝德妃，貴爲帝戚，而顯于世。其子《董交墓誌》見本書377.828條。

355.807　楊志廉墓誌

## 説　明

唐元和二年（807）八月刻。蓋盝形，誌正方形。蓋邊長88厘米，誌邊長86厘米。蓋文4行，滿行3字，篆書“唐贈揚」州大都」督楊公」墓誌銘”。誌文行楷43行，滿行43字。王洬撰文，毛伯良書丹。蓋四殺飾四神圖案，四周飾寶相花紋；誌四側飾壺門内十二生肖圖案。西安市出土，具體時、地不詳。現存西安博物院。《隋唐五代墓誌滙編》《全唐文補遺》《陝西碑石精華》著錄。

## 釋　文

唐故開府儀同三司行左監門衛大將軍知内侍省事上柱國弘農郡開國公食邑三千户贈揚州大都督楊府」君墓誌銘并序」
左神策軍判官朝議郎行蘇州司功參軍王洬撰
將仕郎守衡州司倉參軍翰林待詔毛伯良書」
聖唐丕冒萬國一百八十有九載龍集景戌月惟春孟廿六日，社稷之臣開府儀同三司、行左監門衛大」將軍、知内侍省事、開國公楊公，薨于長安脩德里之私第，享年六十有三。大君悼焉，以爲天隕將星」，國摧柱石。翌日，賵布絹二百匹，尋贈揚州大都督。龜筮叶吉，以明年八月十七日，葬于國城之西龍首原先塋之」東南二百步，魯國夫人彭城劉氏祔焉，從周禮也。官給鹵簿儀衛，寵勳賢也。公諱志廉，其先系於周，食於楊，因」而命氏。在昔兩漢，乘朱輪者繼憚十人，爲太尉者嗣震四代。自茲以降，或入參内朝，或出典方國者，代有其人」。故西京稱爲名族，今則雲陽人也。考府君諱延祚，皇朝内常侍判飛龍事，贈右監門衛大將軍。忠讜恭恪，文」武直方。於國爲名臣，在家爲才子。積德流慶，歸于我公。公即將軍第六子也。幼無童心，早有大觀。弱齡補内庠」生。閱史見忠臣義士扶危持顛，未嘗不慨而慕焉。睹亂臣賊子背恩干紀，必攘袂叱吒，恨不得醢其肉，飲其頭。故」爲將軍劉公清潭許以國器，引在左右，殊禮待之，奏授文林郎、掖庭局監作。洎玄宗、肅宗晏駕」，代宗御宇。公勞奉山園，功參締構，改内謁者。代宗幸陝，公扈蹕有勳，轉奚官令，充内養。大曆」中，田承嗣不供職貢，盤桓魏郊。雖未稱戈，且有兆朕。帝命劉公撫喻，因請公詔行。既至魏，即俾公奉」詔北如燕，東如齊，以魏告。時李正己冠於群雄，持疑猶與。公雅於專對，碁矣能言。乃發揚帝猷，勵以臣節。言」不勝感激，悉力王室。復命遷内寺伯。國家每事有至艱，即命公宣達。雖棧道飛閣，必叱馭而前登；洪波長」瀾，亦解纜而直濟。霜露所墜，罔不屆焉。凡曰圓首，咸沐浴聖澤。建中四祀，乾道中否」，皇帝狩于奉天，公裹足赴難，致命於危。既翠華南巡，又扈從羈靮。興元初，遷内給事，進階朝散大夫。幽」涇古郡，迫近西戎。每夏麦方歧，秋稼垂穎，則蹂踐我封略，憑凌我邊人。詔公領千夫長，率精銳捍其衝要，是」有靈臺監軍之任。公奮威武，設奇謀，居一周星，亭障無聾。貞元四年六月，加中散大夫。七月，封弘農縣開國男、食」邑三百户。十二年，進中大夫。無何，淮夷畔换，東郊不開。詔公監鄭滑節度，分剪賊勢，旋屬連率盧公群薨」，詔公權處置軍府事。乃運轉規之智，動必伐謀；布如春之令，罔不利物。時未改火，聲聞于天。是有内常侍之命，尋拜」左神策護軍中尉、左街功德使、左監門衛大將軍、知省事。既受戎重，增嚴軍容。選將必万人敵，補卒必千夫特」。苟匪於是，則莫之取加。乃悉心委積，式贍資儲。府有青鳬廿万緡，廩有紅粟卅万庾。器什山峙，戈鋋林森。數百年」間，軍衛之盛莫之肩矣。廿年」，德宗皇帝別君百靈，太上皇時居疾于震。公與二三元臣翊戴嗣位」，崇陵所奉半出我軍，京邑之人遂薄賦役。良史書美，元后報勳，是有特進國公之拜。秋八月」，順宗皇帝稱誥南宮」，今皇帝繼明北極。以公舊德，寵遇殊常。軍國之事，多見詢訪。因從容謂左右曰：夫盛滿者，道家所忌；止足者，哲人」攸尚。矧余菲薄，久荷寵私。遂上表請致仕，旋奉宸翰，莫允乃誠。冬十一月，脚氣發動，創鉅病殷」。帝甚憂之，詔和緩醫之，出御藥賜之，終無有瘳。再抗疏固讓，奉制曰：卿勤勞歲久，冲退逾深。累表」陳誠，懇辭繁劇。雖方從委寄，而難以重違。宜登高秩之榮，領兹周衛之任。遂除開府儀同三司，食邑三千室，大將」軍、知省事如故，賜錢一百万、絹五百匹，米麦菽粟二百斛、芻薪一十車。公即日歸第，盡中禁之貴人，以導以」從；悉禁營之將校，載攀載號。榮無等夷，觀者如堵。自還，伏枕五六日，至于旬時易簀，薨于正寢。惟公忠謇沉毅」，貞固骨鯁。與近臣言，誨無巧言孔任；與將帥言，勉輸誠宣力。而乃舉直是務，錯枉爲心。故有道之士必升諸朝，不」仁者自退諸野。允副耳目之任，心腹之寄。所以盡護諸將，師長内省。式遏寇虐，殿于邦家。近」天子之光，極人臣之命。宜錫難老，永贊皇猷。昊穹不吊，遽辭昭代。嗚呼哀哉！夫人魯國夫人劉氏，全」德附史，淑行著詩。仁而促齡，先公而逝。繼室南宮氏，以賢宜家，以德輔佐。痛從鳳而未幾，悲晝哭而旋及。子神威」散將恒定高品欽濟，内養欽則、欽政、欽穆、欽義，因心之孝，感于神明，趨庭之訓，深於詩禮。丁兹荼毒，允謂棘人。永」思理命，奉

唐贈楊弘大監公墓誌銘

之薄葬。以浰舊軍掌記，備聞前脩，託誌貞珉，以虞陵谷。銘曰」：

　　天保唐，生夫君。石投水，龍得雲。總軍戎，參國政。啓乃心，沃列聖。有其道，壯其猷。詰暴慢，叶諸侯」。帝酬勳，家儲慶。峻儀台，極典命。知止足，辭寵榮。俄川閟，摧國楨。慘宸衷，怛朝列。威令存，音塵滅。祔」魯國，合佳城。恩贈郡，功勒銘。陵爲谷，石爲渺。永不朽，公之德」。

### 按

誌主楊志廉，唐德宗時著名宦官。兩《唐書》均有載，但極其簡略。此誌記載楊志廉家族世系、生平事迹及進階封爵等甚詳，其中涉及田承嗣、劉清潭等人之事，均可補史闕。此誌書法瘦硬清朗，結字縝密，勁健厚實，爲唐行楷之佳作。又，此誌出土地域不詳，據誌文"葬于國城之西龍首原"，則當出土于今西安市土門以西賀家村一帶。

356.808　韋公夫人鄭氏墓誌

唐故滎
陽縣君
鄭夫人
墓誌
銘

唐右廰子韋公夫人故滎陽縣君鄭氏墓誌銘并序
前夏綏銀等州節度掌書記監察御史裏行賜緋魚袋上柱國隴西李宗衡撰
維元和三年歲次戊子春三月廿九日辛亥　皇朝潤州曲阿縣令父祖峻之宋州下邑縣令父氏通誠皆懿以辟才
十八曾祖敬愛為務故官不至大洎伯兄述誠女史婣教脩德容功言箴綫時
甲於婣姻而不以軒裳為卓絕　夫人在家誦女史
繼登進士第于太常當時皦為　夫人之
屯室空寶電俛求之而有二而為藻是
頴而咸備有故廰子之
公俟子孫衆多阿謂宜其家人者也　廰子
以分之奔走窮勝之怠者則辭觳以酳之故戴德受賜悅隨忘勞勤不能斯執頓麥自率
厚之中身逐窮物者莫先寶芝蘭捸芳桃李爭輝晚節乃黃老為師涵泳道機鈆
至于視之如土梗研綺觳繡異室頤誠動情緘饋資藥率以自持詠江沱以飲進可謂婦道毌儀
金碧之如淫廬保谷虛以報德如其才宜乎
知徽知章之弱度今右僕射曰裴均乃由誠此不繫其親則愧
廰子之甥江陵節度使李遠者必恩勤之良者乃率諭以太師曰皋
比之賢而與善未稱獪為知者慟呼如其家家之瑩堂也
履百年之與善未稱獪
原逝與善登畢
詞雄喪泣血
術執喪泣盂君子以為難長女適前鄂縣主薄清河房夷則李九次女適省郎如姪之女又
立舉明經居齋者欲報是懷則均養之恩又可見矣於戲夫凡有才而不與事遇有道而不
隴西李及弟次女行餘日行已見可撩撩早歲
禮道情居齋者欲報是懷均向使迎濤之屯則
與時偕非大夫獨然亦女德有諸廰子景遷七子無尢故矣七子或遘時之閴則
毋矣余辱甥舅之懿追念之慇夫人廰子之賢矣
麻子有守故不必備然則易曰無平不陂詩曰淶谷往復相傾其實
者矣於是銘曰　廰子景遷十年閨壼則閒之甚勲
識於是銘曰　以平夫健婦貞家道以咸懿厭
乾運坤寧世道以平夫健婦貞家道以咸懿厭夫人族為清門京索之間簪裾冣尊
為毌實慈為妻則今隣五十年家昌族盛既化而歸天壽賢愚誰其脫之終南
泉之陰城關之陽麓抱岡重韋之舊疆于以令龜于以芳祥其地伊何於斯凡藏土封夏屋
鉐玄堂下鍘匭他永託貞芳　次子行素書

## 説　明

唐元和三年（808）七月刻。蓋盝形，誌方形。誌、蓋尺寸相同，邊長均62厘米。蓋文4行，滿行3字，楷書"唐故榮」陽縣君」鄭夫人」墓誌銘」"。誌文楷書34行，滿行34字。李宗衡撰文，韋行素書丹。蓋四殺及四周均飾寶相花紋。西安市長安區出土，具體時、地不詳。現存西安市長安博物館。《新中國出土墓誌（陝西叁）》《長安碑刻》著録。

## 釋　文

唐右庶子韋公夫人故榮陽縣君鄭氏墓誌銘并序」

前夏綏銀等州節度掌書記監察御史裏行賜緋魚袋上柱國隴西李宗衡撰」

維元和三年歲次戊子春三月廿九日辛亥，夫人被疾，歿于長安長興里第，享年六」十八。曾祖敬愛，皇朝潤州曲阿縣令。祖峻之，宋州下邑縣令。父泚，亳州鹿邑縣丞。世」甲於婚姻，而不以軒裳爲務，故官不至大。洎伯兄述誠、仲氏元均、叔氏通誠，皆懿以辭才」，繼登進士第于太常，當時號爲卓絶。夫人在家，誦女史，服姆教，脩德容。功言箴管線」纑，而咸備有。故廿有二，而爲庶子之夫人。始嫁，庶子尉南陵，官薄斗食，時」屯室空。實電俛求之，輔佐以道。繇是夫人之德日崇，庶子之家愈大。至於門有」公侯，子孫衆多，可謂宜其家人者也。夫人貞固慈仁，操清材高。三族之貧者，節衣食」以分之。一顧之疾者，調藥石以治之。七子之遠者，必恩勤以懋之。左右之良者，乃率諭以」厚之。奔走之怠者，則辯數以勖之。故戴德受賜，悅隨忘勞。明不能欺，道斯執順。爰自初笄」，至于中身，逐勝窮妍，物莫我先。實芝蘭掩芳，桃李爭輝。晚節乃黄老爲師，涵泳道機。鉛黄」金碧，視之如土梗；綺縠黼繡，輕之如泥塵。保谷虛以自持，詠江沱以飭進。可謂婦道母儀」，知微知章之全乎。及夫養疾異室，頤神空齋。庶子之弟劍南節度贈太師曰皋」，庶子之甥江陵節度今右僕射曰裴均，乃由誠動情，緘饋資藥，率以報德，不繫其親。則協」比之賢，所可詳也。嗚呼！如其家，可以言貴矣；如其壽，不謂之夭矣；如其行，如其才，宜乎福」履百年。與善未稱，猶爲知者慟。以其年七月廿二日，窆于萬年縣洪固鄉胄貴里北韋曲」畢原，迩先舅姑之塋，禮也。夫人有子三人，有女四人。長曰行檢，早歲以」詞雄學優，登進士甲科。無何，貶朗州司户參軍。次曰行素，次曰行脩，皆能於文章，攻乎藝」術。執喪泣血，君子以爲難。長女適前揚府倉曹博陵崔銛，先時殂謝。次女適試大理評事」隴西李及，次女適前鄂縣主簿清河房夷則，季女歸于我。如姬之子□人：曰行敦，操堅强」立，舉明經第。次曰行餘，亦方鼓篋。次曰王九，次曰省郎。如姬之女又三人，雖曰幼童，率繇」禮道。情居瘠者，欲報是懷。則均養之恩，又可見矣。於戲！大凡有才而不與事遇，有道而不」與時偕，非丈夫獨然，亦女德有諸。向使鹿邑有迎濤之屯，則夫人是曹娥之孝矣」；庶子有守約之命，則夫人展少君之賢矣；七子或遭時之閔，則夫人爲范滂之」母矣。鹿邑道終，庶子累遷，七子無尤，故夫人之德不伸，俾竹帛無紀，可以太息」者矣。余辱館甥之懿，迨今十年。閨風壼則，聞之其熟。庶子約余曰：仲尼銘延陵之墓」，其辭甚略，故不必備。然則《易》曰"無平不陂"，《詩》曰"深谷爲陵"，往復相傾，其實若是，不可以不」識。於是銘曰」：

乾運坤寧，世道以平。夫健婦貞，家道以成。懿厥夫人，族爲清門。京索之間，簪裾最尊」。爲母實慈，爲妻則令。鄰五十年，家昌族盛。既化而有，又化而歸。夭壽賢愚，誰其脱之。終南」之陰，城闕之陽。麓抱岡重，韋之舊疆。于以令龜，于以考祥。其兆伊何，於斯允藏。土封夏屋」，泉啓玄堂。下錮匪他，永託貞芳」。

次子行素書」

## 按

在唐代，初唐以崔、盧、李、鄭、王爲五大姓，中期後有京兆韋氏、河東裴氏爲後起之貴族。故在重門第的婚姻中，幾大族姓之間互相聯姻，以維持其傳統的社會聲望。此誌所記之長安韋氏與榮陽鄭氏之婚配即屬此。誌所載鄭氏之曾祖敬愛、祖峻之、父泚及三位兄長述誠、元均、通誠，韋氏家族之韋皋、外甥裴均，以及其子韋行檢、韋行素等，和四女所嫁之崔銛、李及、房夷則、李宗衡，均可補史載之闕。從中也可看出士族通婚之狀況。又，此誌出土地域不詳，據墓誌"窆于萬年縣洪固鄉胄貴里北韋曲畢原"，當出土于今西安市長安區杜陵原。

841

357.808　安鄉縣主墓誌

唐永州長史王公夫人故安鄉縣主墓誌銘并序

鄉貢進士盧全明撰

元和三年三月廿五日安鄉縣主薨于京兆府長安縣
原塋里之松弟嗚呼哀哉縣主性稟柔順內含貞順宜
坤瑩霊條本族仰德曾祖宕宗皇帝祖玄宗皇帝
神頼王壽璵縣主即壽王之第四女也以
孝族之誠有　　表皇家萩睦之道適父讚封邑
鄉之彌仍　　詔近親以配有德遹父讚封邑有明日出入
一紀基調琴和上下同悅甾夫人延儿禮有明日
厲徐諧闔門之内於萬慶情善於家悠德彌長天武是
里必獲多福必享遐齡天子不仁降此大戾嗚呼
春秋有卅以其年十一月廿四日權窆于長安縣高
原歷每師綽及主真祀墉極泉壤文明
奉　　曆闔每嗣繪登仕官歷　蘇州參軍戎
事可述德音將嚴期禮略其可得以銘日
陽一波深官九闊王　中丞失山幽閟先王
墝海一波深圍之裹立封内刑　帝用感深迴臺封已
陰狼重圍之裹立封内刑　帝用感深迴臺封已
炎狼盛族有歸乃　安儀罕及里館方榮泉
宗盛族有歸乃　安儀罕及里館方榮泉
華宗入天道真黙彼　周輔賢慶善斯理何求馬
屍優入天道真黙彼　　水關千秋
蕭蕭丹旐從徳修簡彼

## 説 明

唐元和三年（808）十一月刻。蓋盝形，誌方形。誌、蓋尺寸相同，邊長均34厘米。蓋文3行，滿行3字，篆書"唐故安」鄉縣主」墓誌銘」"。誌文楷書21行，滿行21字。盧文明撰文。蓋四殺及四周飾寶相花紋。西安市長安區出土，具體時、地不詳。現存西安市長安博物館。《長安碑刻》《新中國出土墓誌（陝西叁）》著録。

## 釋 文

唐永州長史王公夫人故安鄉縣主墓誌銘并序」

鄉貢進士盧文明撰」

元和三年三月廿五日，安鄉縣主薨于京兆府長安縣」群賢里之私第。嗚呼哀哉！縣主性禀柔順，内含清貞」，神葉靈條，庶族仰德。曾祖睿宗皇帝，祖玄宗皇帝」，考穎王諱璬。縣主即王之第四女也。有以彰宗族愛」敬之誠，有以表皇家敦睦之道，遂增封邑之榮，特賜」安鄉之號。仍詔近親以配，有德適人。恭勤婦道，出入」二紀。琴調瑟和，上下同悦。前夫人京兆韋氏，有男曰綏」。長育之道，心如腹生。及失所天，慈惠弥篤。降情從儉，貽」厥孫謀。閨門之内，欣泰而已。夫積善於家，總此衆美。是」宜必獲多福，必享遐齡。天乎不仁，降此大戾。嗚呼哀哉」！春秋有六十，以其年十一月廿四日，權窆于長安縣高」陽原，禮也。縣主無子，綏以嗣續登仕，官歷蘇州參軍。夙」奉庭闈，每師曾閔。及主奠祀，慟極泉壤。以文明備聞往」事，可述德音，將厥期禮，其可得乎！銘曰」：

環海一波，深宫九闋。王略中丕，失此幽閑。步王同塵，歷」險凌艱。重圍之裏，泣對天顔。帝用感深，迴變封邑」。華宗盛族，有歸乃立。内則不忒，母儀罕及。里館方榮，泉」庭遽入。天道冥默，人實未周。輔賢慶善，斯理何求？服馬」蕭蕭，丹旐悠悠。鬱彼原野，永翳千秋」。

## 按

誌主安鄉縣主，不見于正史，名字不詳。誌云"曾祖睿宗皇帝，祖玄宗皇帝，考穎王諱璬"，穎王璬，《舊唐書》有傳云："玄宗第十三子也。讀書有文詞。初名潓。開元十三年，封穎王。十五年，遙領安東都護、平盧軍節度大使。二十三年，加開府儀同三司，改名璬。"此誌出土地域不詳，據墓誌"權窆于長安縣高陽原"，當出土于今西安市長安區郭杜鎮一帶。

843

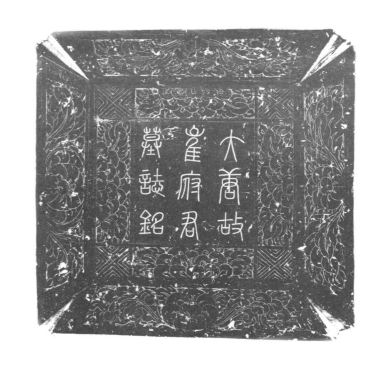

358.811　崔紘墓誌

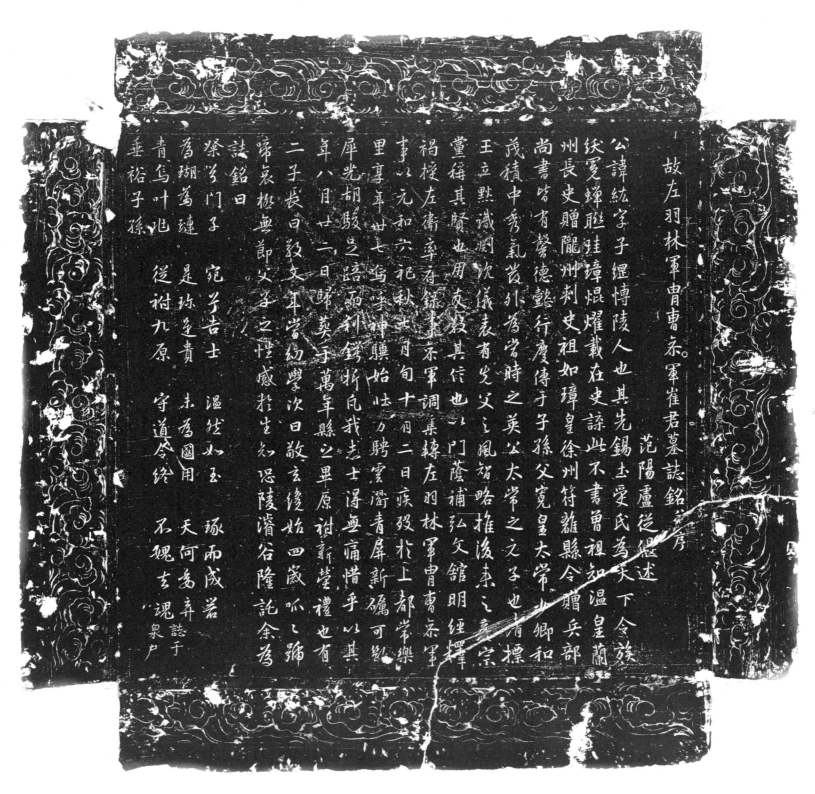

故左羽林軍曹參軍崔君墓誌銘并序

范陽盧從懿述

公諱紘字子經博陵人也其先錫土受氏爲天下令族
紱冕蟬聯珪璋焜耀載在史諜此不書曾祖知溫皇蘭
州長史贈隴州刺史祖如璋皇諫議徐州符離縣令贈兵部
尚書皆有馨德整行慶傳于子孫父寬皇太常之之子也青標
茂積中秀氣發外當時之英公太常之之子也青標
王立黙識次儀表有先父之風智略推後來之意宗
堂得其賢也用友毅其行也以門蔭補弘文舘明經輝
事以元和六祀秋挈神驤始壯力聘雲衢青屏新礪可劌
里享光胡駿之踏麗利鍔折瓦我去士得無痛惜乎以其
年八月廿一日晻奄于萬年縣之畢原祔新塋禮也有
二子長曰敦文年當幼學次曰敬玄後始四歲呱之彌
犀悲切極無節父子之性感於生知恐陵濬谷隆託于
誌銘曰

瑳爾門子　宛爾吉士　溫如如玉　琢而成岩
爲瑚爲璉　是琰遂貴　未爲國用　天何寥弃
青烏叶吷　從祔九原　守道令終　不魂去魂泉戶
垂裕子孫

## 説　明

唐元和六年（811）八月刻。蓋盝形，誌正方形。蓋邊長54厘米，誌邊長53厘米。蓋文3行，滿行3字，篆書"大唐故」崔府君」墓誌銘」"。誌文行楷21行，滿行21字。盧從偃撰文。蓋四殺飾寶相花紋，四周飾牡丹花紋；誌四側飾忍冬紋。1980年西安市南郊三爻村新安建材廠出土。現存陝西省考古研究院。《隋唐五代墓誌滙編》《全唐文補遺》著録。

## 釋　文

故左羽林軍胄曹參軍崔君墓誌銘并序」

范陽盧從偃述」

公諱紘，字子綱，博陵人也。其先錫土受氏，爲天下令族」。紱冕蟬聯，珪璋焜燿，載在史諜，此不書。曾祖知温，皇蘭」州長史，贈隴州刺史。祖如璋，皇徐州符離縣令，贈兵部」尚書。皆有馨德懿行，慶傳于子孫。父寬，皇太常少卿。和」茂積中，秀氣發外，爲當時之英。公太常之元子也。清標」玉立，默識淵沉。儀表有先父之風，智略推後來之彦。宗」黨稱其賢也，朋友敬其信也。以門蔭補弘文館明經，釋」褐授左衛率府録事參軍，調集轉左羽林軍胄曹參軍」事。以元和六祀秋七月旬十有二日，疾殁於上都常樂」里，享年卅七。嗚呼！神驥始壯，方騁雲衢；青屏新礪，可斷」犀兕。胡駿足踣而利鍔折，凡我志士，得無痛惜乎！以其」年八月廿二日，歸葬于萬年縣之畢原，祔新塋，禮也。有」二子。長曰敬文，年當幼學。次曰敬玄，纔始四歲。呱呱號」啼，哀極無節。父子之性，感於生知。恐陵潜谷隆，託余爲」誌。銘曰」：

粲兮門子，宛兮吉士。温然如玉，琢而成器」。爲瑚爲璉，是珍是貴。未爲國用，天何委弃」。青烏叶兆，從祔九原。守道令終，不愧去魂。誌于泉户」，垂裕子孫」。

359.812　董岌夫人楊氏墓誌

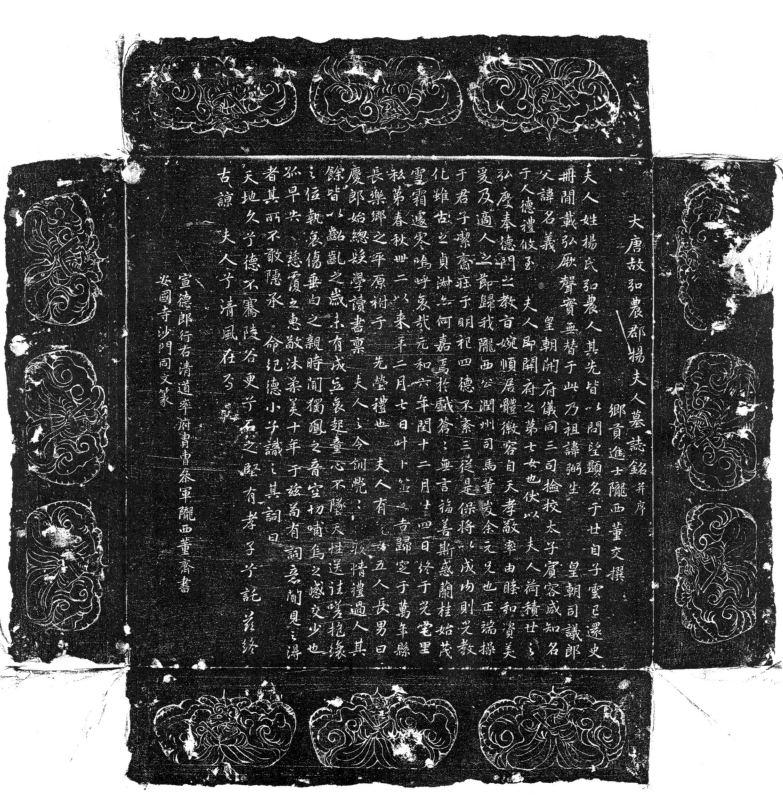

## 説　明

唐元和七年（812）二月刻。蓋盝形，誌正方形。蓋邊長49厘米，誌邊長48厘米。蓋文3行，滿行3字，篆書“大唐故」楊夫人」墓誌銘”。誌文行楷22行，滿行24字。董交撰文，董齊書丹，沙門同文篆蓋。蓋四殺飾四神圖案，四周飾寶相花紋；誌四側飾壺門内十二生肖圖案。1956年西安市東郊韓森寨出土。現存中國社會科學院考古研究所西安研究室。《隋唐五代墓誌滙編》《全唐文補遺》《陝西碑石精華》著録。

## 釋　文

大唐故弘農郡楊夫人墓誌銘并序」

鄉貢進士隴西董交撰」

夫人姓楊氏，弘農人。其先皆以問望顯名于世。自子雲已還，史」册間載，弘厥聲實，無替于此。乃祖諱弼生，皇朝司議郎」。父諱名義，皇朝開府儀同三司、檢校太子賓客。咸知名」于人，德禮攸至。夫人即開府之第七女也。伏以夫人荷積世之」弘慶，奉德門之教旨，婉順居體，徽容自天。孝敬率由，睦和資美」。爰及適人之節，歸我隴西公潤州司馬董炭，余元兄也。正端操」于君子，潔齋莊于明祀。四德不紊，三從是保。將以成内則，光教」化，雖古之貞淑，亦何嘉焉。於戲！蒼蒼無言，福善斯惑。蘭桂始茂」，雪霜遽零。嗚呼哀哉！元和六年閏十二月廿四日，終于光宅里」私第，春秋卅二。以來年二月七日叶卜筮之吉，歸窆于萬年縣」長樂鄉之平原，祔于先塋，禮也。夫人有兒女五人。長男曰」慶郎，始總髮，學讀書，稟夫人之令訓，煢煢在疢，情禮過人。其」餘皆以韶齔之歲，未有成立。哀起童心，不墜天性。送往嗟抱繈」之位，執哀傷垂白之親。時聞獨鳳之音，空切哺烏之感。交少也」孤，早失慈覆之惠。敬沐柔美，十年于兹。苟有詞意聞見之得」者，其所不敢隱。承命紀德，小子識之。其詞曰」：

天地久兮德不騫，陵谷更兮石之堅。有孝子兮託兹終」古，諒夫人兮清風在焉」。

宣德郎行右清道率府胄曹參軍隴西董齊書」

安國寺沙門同文篆」

## 按

誌主弘農楊氏，祖弼生，皇朝司議郎。父名義，皇朝開府儀同三司、檢校太子賓客。夫董炭（詳見本書354.807條《董楹墓誌》）。此資料均可補史載之闕。

撰者董交，誌文云其爲誌主楊氏之夫董炭之弟，但本書《董楹墓誌》載董楹四子：一董炭，二董齊，三董亢，四董從禮。不載董交，則董亢與董交是否爲一人，待考。

360.812　王昇墓誌

唐故隴州汧陽縣尉太原王府君昇墓誌銘并序

鄉貢進士□□□力舟撰

公諱昇字朝陽其先太原　　　　　男偉書　　赴□人呂少瓊

父自周適齊有敗狄勳賜姓　　蓋姬姓之胤春秋時王子城

祖雄為後因太尉生謙感舊以賞若君柱國將軍拒隋歌子孫

隱于南山因為鄠杜人也　　　曾祖瓊　　皇考廣　　十二代

祖洪簡　　　皇兵部常選　　父喜訓　　　　皇三徵不起

翁則　　嶽君之第二子也志學長六尺七而言帝貝行方偏

好禮記及文選天寶乙未屬燕將狼戾　　　　　天王避狄　公

能執干戈以衛　社稷以功授上柱國錐材過泰堂勇類仲由

尋遇克復獲守儒素達中癸亥旬脈小兵　　　尾踔梁岷

遷盤闕以功加階陝金州漢陰縣尉任之能事書在考功至

元和五年調授隴州汧陽縣尉階朝議郎勳上柱國如故到任領

務追右酌之去此部操之截烈從南昌福之簡易勤事決擁種德

懍心　　州伯縣尹以為難管為官擇人也至七年六月末發痼疾回加

危惙咸卿無嶽七月十七旦不祿于官舍春秋七十有二百門吏深零

沾衣嘆其年十月九日發紀　夫人貝夫水趙元湊之長女生三子偵

倬佳二女夫人以所習之內則成所歸之家法故盛屬繞之悲快也有

涯貞元十六年十月二十九日掩彩全用君子靈與元和七年十月二十四

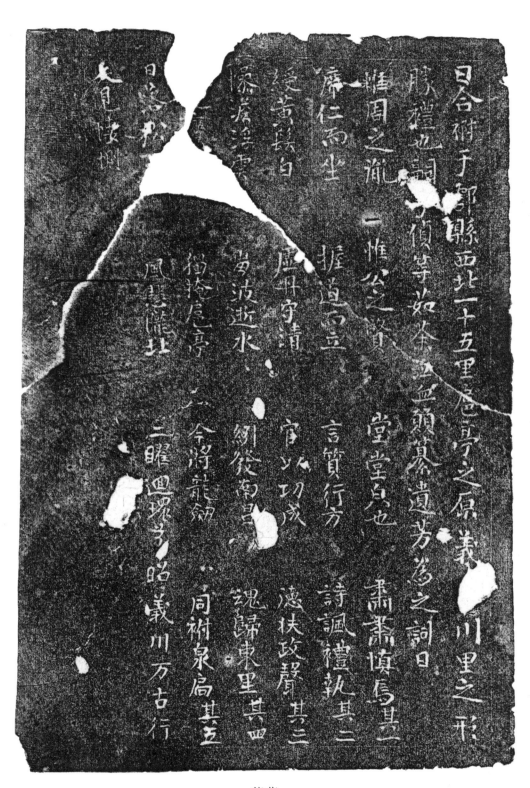

蓋背

## 説 明

唐元和七年（812）十月刻。蓋盝形，誌正方形。誌、蓋尺寸相同，邊長均36厘米。蓋正面文3行，滿行3字，篆書“大唐故」王府君」之銘誌」”；蓋背面文楷書9行，行字不等，爲誌文之接續部分。誌文楷書共28行，行字不等。李方舟撰文，王倬書丹。蓋四殺飾寶相花紋。蓋斷裂。1998年户縣澇店鎮吕家堡出土。現存西安市鄠邑區文物管理委員會。《户縣碑刻》《新中國出土墓誌（陝西叁）》著録。

## 釋 文

唐故隴州汧陽縣尉太原王府君暮誌銘<sub>并序</sub>」

鄉貢進士李方舟撰

男倬書

尅字人吕少瓊」

公諱昇，字朝陽，其先太原人，盖姬姓之胤，春秋時王子城」父自周適齊，有敗狄勳，賜姓王氏，子孫散居太原。十二代」祖雄，爲後周太尉。生謙，感舊以官，爲柱國將軍。拒隋敗，子孫」隱于南山，因爲鄠杜人也。曾祖瓊，皇孝廉」。祖洪簡，皇兵部常選。父嘉訓，皇三徵不起」。公則徵君之第二子也。志學，長六尺七，而言質行方，偏」好《禮記》及《文選》。天寶乙未，属燕將狼戾，天王避狄。公」能執干戈，以衛社稷，以功授上柱國。雖材過秦菫，勇類仲由」，尋遇克復，獲守儒素。建中癸亥，甸服小兵，扈蹕梁岷」，迴鑾魏闕，以功加階，授金州漢陰縣尉。任之能事，書在考功。至」元和五年，調授隴州汧陽縣尉，階朝議郎，勳上柱國如故。到任領」務，追古酌人。去北部操之盛烈，從南昌福之簡易。勤事決擁，種德」懌心。州伯縣尹以爲銓管，爲官擇人也。至七年六月末發痼疾，因加」危惙，葳餌無徵。七月十七日，不禄于官舍，春秋七十有一。士有門吏，涕零」沾衣。以其年十月九日發紖。夫人則天水趙光湊之長女，生三子：偵」、倬、佔。三女。夫人以所習之内則，成所歸之家法，故戚属稱之。悲夫！生也有」涯，貞元十六年十一月二十九日掩彩。今用君子靈輿，元和七年十月二十四」日，合祔于鄠縣西北一十五里扈亭之原義川里之形」勝，禮也。嗣子偵等茹茶泣血，願纂遺芳，爲之詞曰」：

惟周之胤，惟公之賢。堂堂兒也，肅肅慎焉。<sub>其一</sub>」。席仁而坐，握道而立。言質行方，詩諷禮執。<sub>其二</sub>」。綏黃髮白，虛舟守清。官以功成，德扶政聲。<sub>其三</sub>」。慘澹浮雲，崩波逝水。紖發南昌，魂歸東里。<sub>其四</sub>」。□□□□，獨掩扈亭。今將龍劍，同祔泉扄。<sub>其五</sub>」。日落松西，風悲隴北。二曜迴環兮昭義川，万古行」兮見悽惻」。

## 按

誌主王昇，史載不詳。誌所載其家族世系及其個人生平事迹等，均可補史載之闕。又此誌“昇”字因避諱而缺末筆，則爲唐代避諱制度之研究提供了實物資料。

361.813　梁朝墓誌

大唐故寧遠將軍守太原府志節府折衝都尉上柱
國安定梁公墓誌銘并序
府君諱朝字朝其先安定人也□因祖考之業遷徙京
地長安也曾祖諱成祖諱鎮有祿無位略而不書
烈考諱指韜鄉閭之中出自人表
不幸早亡象賢之子都尉公克紹堂構忠孝可稱弱
冠之歲好翰黔之術襲七德之雄卓異不羣公因廣
德元年山陵行從及冊立承夏起家授澤州高平
府別將自鈒戮授職更餘一十四佳嗚乎天奪其壽
位員命士以元和七年忽瘻疾八年五月一旦俶于
布政坊私第春秋七十有五公之夫人勃海吳氏秀
色天恣令德坤假鳳花異葢梧桐早凋大曆十一年
十月一日先公而逝今不樹為有子五人長曰重榮次
昭武校尉守京兆府常保府果毅次曰重文次曰重
慶次曰重和初曰重方皆藥三柴毀泣血摧心衰護
喪事儀及禮即卜其年十月六日遷葬于長安縣
表草鄉樹先塋之禮也恐他山海變陵谷將遷勒
銘曰
龍泉戶壺範長存乃為銘曰
猗歟梁公道興大通忠孝雙美久而益恭言行無斁
乃里欽風居官廉直儕流敬從積善無徵珠光夜沈
菴松栢永楷清風

## 説　明

唐元和八年（813）十月刻。蓋盝形，誌正方形。蓋邊長39厘米，誌邊長40厘米。蓋文3行，滿行3字，篆書"大唐故｜梁府君｜墓誌銘｜"。誌文行楷21行，滿行20字。蓋四殺飾四神圖案，四周飾寶相花紋；誌四側飾十二生肖圖案。出土具體時、地不詳。現存中國社會科學院考古研究所西安研究室。《隋唐五代墓誌滙編》《全唐文補遺》《陝西碑石精華》著録。

## 釋　文

大唐故寧遠將軍守太原府志節府折衝都尉上柱｜國安定梁公墓誌銘并序｜

府君諱朝，字朝，其先安定人焉。因祖考之業，遷徙京｜兆長安人也。曾祖諱成，祖諱鎮，有禄無位，略而不書｜。烈考諱楷，性静冲敏，風骨奇竦，鄉閭之中，出自人表｜，不幸早世。象賢之子都尉公，克紹堂構，忠孝可稱。弱｜冠之歲，好韜黔之術，襲七德之雄，卓異不群。公因廣｜德元年山陵行從，及册立，承憂，起家授澤州高平｜府別將。自斂髮授職，更餘一十四任。嗚乎！天奪其壽｜，位負奇才。以元和七年忽瘦疾疹，八年五月一日終于｜布政坊私第，春秋七十有五。公之夫人渤海吳氏，秀｜色天恣，令德坤假。風花異落，梧桐早凋。大曆十一年｜十月一日，先公而逝，今不祔焉。有子五人：長曰重榮｜，昭武校尉、守京兆府常保府果毅；次曰重文，次曰重｜慶，次曰重和，幼曰重方。皆欒欒柴毀，泣血摧心。哀護｜喪事，儀以及禮。即以其年十月六日，遷葬于長安縣｜龍首鄉，祔先塋之禮也。恐他山海變，陵谷將遷，勒｜銘泉户，垂範長存。乃爲銘曰｜：

猗歟梁公，道與天通。忠孝雙美，久而益恭。言行無缺｜，万里欽風。居官秉直，儕流敬從。積善無徵，珠光夜沉｜。蒼蒼松柏，永播清風｜。

362.813　馬倩墓誌

## 説 明

唐元和八年（813）十月刻。蓋盝形，誌正方形。蓋邊長46厘米，誌邊長48厘米。蓋文3行，滿行3字，篆書“大唐故」馬府君」墓誌銘」”。誌文楷書23行，滿行24字。姚逢撰文。蓋四殺飾四神圖案，四周飾忍冬紋；誌四側飾忍冬紋。西安市出土，具體時、地不詳。現存西安博物院。《隋唐五代墓誌滙編》《全唐文補遺》著録。

## 釋 文

大唐故扶風馬府君墓□□并序」

前試太子通事舍人姚逢撰」

府君馬氏諱倩，其先扶風人也。祖父以播遷去土，故近居徐州」，今爲徐州人焉。君幼知孝敬，長率仁德。居識時之否泰，出見事」之榮辱。故不求貴仕，坐隱市朝。樂此寸心，畢吾天壽。賢哉！至乃」適於四方，利有攸往。營陸賈之業，以安其子孫；弘陶朱之産，以」濟其窮乏。鄉閭賴其博施，郡國尚其風義。故享用五福，君獲其」四焉。嗚呼！天地之大也，有盈虛之運；陵谷之形也，有遷易之期」。虞泉促西落之光，逝水起東流之歎。脩短之分，古今同悲。以元」和七年秋八月，寢疾終于長安道政里之私第，春秋七十。明年」十月，葬于萬年縣之長樂鄉張受村，禮也。夫人王氏，先君而殁」，窆于河陰。不克合葬，從古制也。嗣子士萬，幼承君之善訓，長率」君之仁德。生則養之以禮，殁則喪之以哀。克全家風，以主宗祀」。欽慎之志，賢哉孝哉。於是奉以日時，卜其宅兆。幽泉啓隧，永安」冥漠之魂；貞石刊詞，用紀平生之德。銘曰」：

貴者近危，名者近辱。不貪不求，從吾所欲。賢哉馬君，深見倚伏」。任彼行藏，全吾宗族。人之所爭，義然後取。人之所急，義然後與」。自南自北，或出或處。德及邦鄰，道光行旅。積而能散，和而不同」。施人無倦，在困能通。既分惸弱，爰及孤窮。親朋感義，閭里欽風」。嘗聞善人，天福其運。今也則亡，吾所不信。黄泉路迫，白日光盡」。哀彼神遊，纔登耳順。君有令子，嗣業其昌。君有令女，柔德其芳」。爰封馬鬣，式表龍崗。維觀行而旌德，与地久而天長」。

元和八年歲次癸巳十月庚辰朔十五日甲午葬」

## 按

此誌出土地域不詳，據墓誌“葬于萬年縣之長樂鄉張受村”，當出土于今西安市東郊十里鋪一帶。

855

363.815　裴華墓誌

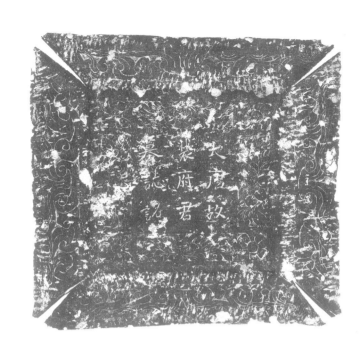

## 説明

唐元和十年（815）十一月刻。蓋盝形，誌正方形。蓋邊長46厘米，誌邊長45厘米。蓋文3行，滿行3字，楷書"大唐故｜裴府君｜墓誌銘｜"。誌文楷書21行，行字不等。張真撰文。蓋四殺飾忍冬紋，四周飾寶相花紋；誌四側飾忍冬紋。西安市出土，具體時、地不詳。現存西安博物院。《隋唐五代墓誌滙編》《全唐文補遺》著録。

## 釋文

唐故游擊將軍守撫王府典軍河東裴公墓誌銘并序｜

登仕郎前行晉州臨汾縣尉范陽張真撰｜

維唐元和十年龍集乙未冬十月六日，撫王府典軍河東裴公因遘時疾，終｜于上都萬年縣勝業里之私第，春秋六十有一。公諱華，字華，其先絳州聞｜喜人也。衣冠族望，天下稱之。嗚呼！夫積善者慶流于後，德遠者嗣胤其昌。繼｜生賢明，克仁克孝。信矣！曾祖良士，皇歙州司户參軍。守職公勤，執心正直。祖澄｜，遁世不耀，藏器俟時。樂道衡門，養閑琴酒。名高巢許，德邁夷齊，真隱逸之士｜也。父仙，皇左監門衛倉曹參軍。拜環衛之司，勤出納之悷。享年不永｜，強仕而終。公即監門之長子也。少專儒學，長習弧矢。精黄石公之三略｜，善養由基之七札。年方弱冠，志慕從戎。解褐授朔州尚德府別將，始筮｜仕也。累遷執戟中候司階司戈，泊于斯任，直于禁省，朱紱焕然。王之爪牙｜，國之武士，信爲美矣。嗚呼！天乎不憖，禍殲厥身。匪里巷之輟舂，亦朋友之｜興歎，有足悲夫！即以其年十一月十七日，卜葬于萬年縣長樂鄉少陵原｜，權也。夫人温氏，以貞元六年二月八日先公而亡。有阻通年，未遂合祔，將俟時｜矣。有子四人：長曰綸，次曰誼，次曰綱，幼曰經。咸禀義方之訓，不墜克家之風｜。綸，前深王府功曹參軍。誼，前右威衛執戟。皆孝則因心，哀能過禮。崩摧｜泣血，毀瘠危身。能購斯文，紀于泉户。銘曰｜：

厥有貴士，河東令族。名列衣冠，家傳世禄。禀命不延｜，流年何促。棟折梁摧，人安取則。塗車逶迤，旌旂翩翻｜。風悽薤露，日慘寒原。霜凝壟樹，月吊松門。古皆共盡｜，今復何言｜。

## 按

此誌出土地域不詳，墓誌載"卜葬于萬年縣長樂鄉少陵原"。唐代長樂鄉在今西安市東郊十里鋪一帶，而少陵原則在今西安市南郊長安區杜陵原。則此誌所載之長樂鄉少陵原，當涉唐萬年縣界而稱。

364.816　尼曇簡墓誌

唐故法雲寺寺主尼大德曇簡墓誌銘并序

大師俗姓韓氏，其先昌陽縣人也。……

大王父生諱……弋木幸生，琁秋汶參梁珣書省松著八……

朝服也。名證性清……依論……禮部尚書……

惠師要……為……四冕亦百承添論……詔……僧……

振方繩論祠以……證……性……知軒清……漢……

淮……

源以……期私十崇綱統先於……大……

南帝十有元昏……

四……

畫五……

之南……

大師……歸地……因禮……

大德之五立誌因禮齋刻誌寂滅……縣門人號慟……特進王意義……

門人號慟……追王意義……

## 説 明

唐元和十一年（816）七月刻。誌正方形。邊長39厘米。誌文隸書21行，滿行20字。韓特撰文，韓較書丹。誌四側飾忍冬紋。西安市出土，具體時、地不詳。現存西安博物院。《隋唐五代墓誌滙編》《全唐文補遺》《陝西碑石精華》著録。

## 釋 文

唐故法雲寺寺主尼大德曇簡墓誌銘并序」

侄前鄉貢明經特撰

侄較書」

大師俗姓韓氏，其先昌黎人也。徙家周秦，備載史諜」。大王父諱琮，處州松陽縣令，生禮部尚書、太子少保」諱擇木，生秘書省著作郎諱秀榮。大德即著作長女」。岐嶷之年，依釋氏教。八歲落髮，蒙詔度僧。習大乘」典，精《百法論》。參安國寺伯巖和尚。奉律教，得寂滅樂」；講四分，得清净門。常謂生能幻身，想家世方振耀朝」序，服冕乘軒之辰，不着因緣，志存梵行。君子以爲究」无爲證性，知忘想根源。當寺綱維徒衆，皆衣冠盛族」、朝要名流，非戒律精持、門地茂厚者，無以司於綱統」矣。師也以先大師歷居綱維，臨壇内外。堂姊法諱」惠詮，繼嗣寺統。於是就群領之命，充當寺寺主焉。立」准繩以正綱紀，作標格以振緇徒。繫一歲而僧門再」振。方期釋崇善教，景福永資。豈意歸寂滅想，付正真」源。以元和十一年七月四日示化於當寺舊院，時年」四十有七，夏臘二十有七。于兹也，感雙林而降白，盡」晝而翳昏。門人弟子貞信等，護柩于先和尚雁塔」之南五步，禮也。萬年之縣，長樂之鄉。特猶子恩深，銜」哀立誌，因爲刻石。銘曰」：

大師歸化，依寂滅緣。門人號慟，迨生意焉」。

## 按

誌主尼曇簡，俗姓韓，其先昌黎人。其祖父禮部尚書、太子少保韓擇木，係韓愈叔父，爲唐代著名書法家，工隸書。書者韓較，爲誌主之侄，其書法承家學，隸法嚴謹工整。誌文所記"當寺綱維徒衆，皆衣冠盛族、朝要名流"的現象，反映了唐代達官貴人信仰佛教的風潮。

859

365.817　晉陵郡君雍氏墓誌

唐故左清道率府兵曹參軍胡府君夫人晉陵郡
君滎陽雍氏墓誌銘并序
夫人滎陽人也氏族之原其來自遠衣冠之盛代
曹之室從明敢之性婉變及笄年即歸于兵
有其人今故略而不書夫人縈
故□美聲淄問人盛知之有子曰蕢難生於僴閒
而少好武事天与勇史石屬運動勞慶賞院乃封榮薦
慨然投筆親當矢石屬運動勞慶賞院乃封晉陵郡君榮
玉夫人已訓導之德恩澤宣加進封晉陵郡君夫人
美一時無□過此元和十一年二月廿八日夫人
遘疾殁于金城里茅室年七十有八嗚呼哀哉至
十二年四月廿二日蕢于長安縣龍門鄉礼也哀
子蕢抱茶毒之悲徂金革之雖能執礼竟被奪
情恐陵谷遷移音徽易沫爰刻貞石以示將來詺
日
鳳城之西餘十里
坦然而玉粲起
松栢青々相對將
前尉洛峯□渭水
晉陵郡君墓在斯
德音永存何時已

## 説　明

唐元和十二年（817）正月刻。蓋盝形，誌正方形。誌、蓋尺寸相同，邊長均35厘米。蓋文3行，滿行3字，篆書“唐故晉」陵郡君」墓誌銘」”。誌文行楷18行，滿行19字。蓋四殺飾四神圖案，四周飾寶相花紋；誌四側飾壺門内十二生肖圖案。西安市出土，具體時、地不詳。現存西安博物院。《隋唐五代墓誌滙編》《全唐文補遺》著録。

## 釋　文

唐故左清道率府兵曹參軍胡府君夫人晉陵郡」君滎陽雍氏墓誌銘并序」

夫人滎陽人也。氏族之源，其來自遠；衣冠之盛，代」有其人。今故略而不書。夫人纔及笄年，即歸于兵」曹之室。以明敏之性，婉變之姿，惠和閨門，敬事親」族。故美聲淑問，人盛知之。有子曰蔓，雖生於儒門」，而少好武事。天与勇決，神授智謀。屬沘賊亂常，遂」慨然投筆，親當矢石，屢建勳勞。慶賞既行，封崇荐」至。夫人已訓導之德，恩澤宜加，進封晉陵郡君。榮」美一時，無以過此。元和十一年二月廿八日，夫人」遘疾歿于金城里第，享年七十有八。嗚呼哀哉！至」十二年正月廿二日，葬于長安縣龍門鄉，礼也。哀」子蔓抱荼毒之悲，從金革之事。雖能執礼，竟被奪」情。恐陵谷遷移，音徽易沫，爰刻貞石，以示將來。銘」曰」：

鳳城之西餘十里，前對終峰北渭水」。坦然而玉案起，晉陵郡君墓在此」。松柏青青相對峙，德音永存何時已」。

366.819　李素墓誌

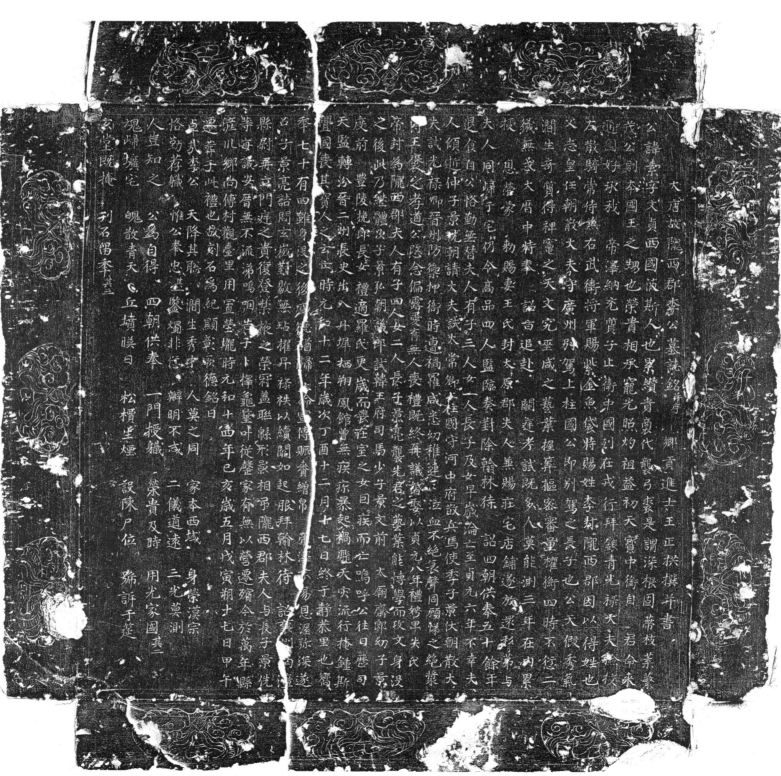

## 説　明

唐元和十四年（819）五月刻。蓋盝形，誌正方形。蓋邊長65厘米，誌邊長66厘米。蓋文3行，滿行3字，篆書"大唐故」李府君」墓誌銘」"。誌文楷書30行，行字不等。王正拱撰文並書丹。蓋四殺飾四神圖案，四周飾牡丹花紋；誌四側飾壺門内十二生肖圖案。1980年西安市東郊國營第四棉紡織廠職工子弟學校出土。現存陝西省考古研究院。《隋唐五代墓誌滙編》《全唐文補遺》《陝西碑石精華》著録。

## 釋　文

大唐故隴西郡李公墓誌銘并序

鄉貢進士王正拱撰并書」

公諱素，字文貞，西國波斯人也。累纘貴裔，代襲弓裘。是謂深根固蒂，枝葉繁」茂。公則本國王之甥也。榮貴相承，寵光照灼。祖益初，天寶中銜自君命，来」通國好。承我帝澤，納充質子。止衛中國，列在戎行。拜銀青光禄大夫、檢校」左散騎常侍、兼右武衛將軍，賜紫金魚袋，特賜姓李，封隴西郡，因以得姓也」。父志，皇任朝散大夫，守廣州別駕、上柱國。公即別駕之長子也。公天假秀氣」，潤生奇質。得神竈之天文，究巫咸之藝業。握算樞密，審量權衡。四時不忒，二」儀無忒。大曆中，特奉詔旨，追赴闕庭。考試既多，人莫能測。三年在内，累」授恩榮。蒙敕賜妻王氏，封太原郡夫人，兼賜莊宅、店鋪。遂放還私第，与」夫人同歸于宅。仍令高品四人監臨奏對。除翰林待詔。四朝供奉，五十餘年」。退食自公，恪勤無替。夫人有子三人，女一人。長子及女早歲淪亡。至貞元六年，不幸夫」人傾逝。仲子景佻，朝請大夫、試太常卿、上柱國，守河中府散兵馬使。季子景伏，朝散大」夫、試光禄卿、晉州防禦押衙。時遭禍罹，咸悉幼稚。漣漣泣血，不絶哀聲。同顧悌之絶漿」，得王褒之孝道。公愍念偏露，愛育無人。喪禮既終，再議婚娶。以貞元八年，禮娉卑失氏」，帝封爲隴西郡夫人。有子四人，女二人。長子景亮，襲先君之藝業，能博學而攻文。身没」之後，此乃繼體。次子景弘，朝議郎、試韓王府司馬。少子景文，前太廟齋郎。幼子景」度，前豐陵挽郎。長女禮適羅氏，更歲而喪。在室之女，因疾而亡。嗚呼！公往日歷司」天監，轉汾、晉二州長史。出入丹墀，栖翔鳳館。曾無疾疢，暴起禍飛。天災流行，掩鍾斯」釁。國喪其寶，人之云亡。時元和十二年歲次丁酉十二月十七日，終于静恭里也。嚮」年七十有四。雖身没之後，盛德猶歸。上命宣傳，賑賚繒帛。帝澤不易，恩渥弥深。遂」召子景亮，詰問玄微。對揚無玷，擢昇禄秩，以續闕如。起服拜翰林待詔、襄州南漳」縣尉。再立門庭之貴，復登禁掖之榮。冠盖聯綿，形影相吊。隴西郡夫人与長子景佻」等，每議安厝，無不流涕嗚咽。告于卜擇，龜筮叶從。罄家有無，以營遷殯。今於萬年縣」滻川鄉尚傅村觀臺里，用置塋壟。時元和十四年己亥歲五月戊寅朔十七日甲午」，遷葬于此，禮也。故刻石爲紀，顯彰厥德。銘曰」：

卓哉李公，天降其聰。潤生秀才，人莫之同。家本西域，身榮漢宗」。恪勤荐職，惟公奉忠。其一。鑒燭非愆，辯明不忒。二儀道遠，三光莫測」。人豈知之，公爲自得。四朝供奉，一門授職。榮貴及時，用光家國。其二。魂歸壙宅，魄散青天。丘墳映日，松檟生煙。設陳尸位，號訴于筵」。玄堂既掩，刊石留年。其三」。

## 按

誌主李素，字文貞，波斯人。誌云："祖益初，天寶中銜自君命，来通國好。承我帝澤，納充質子。……特賜姓李，封隴西郡，因以得姓也。"是至李素已是第三代。至于授官任職于司天監，除翰林待詔，又"敕賜妻王氏，封太原郡夫人"，還"兼賜莊宅、店鋪"，並"放還私第，与夫人同歸于宅。仍令高品四人監臨奏對"，及封蔭其子等，均是研究唐代中外關係史的重要材料。其夫人《卑失氏神道墓誌》見本書369.823條。

367.820　李夷簡家廟碑

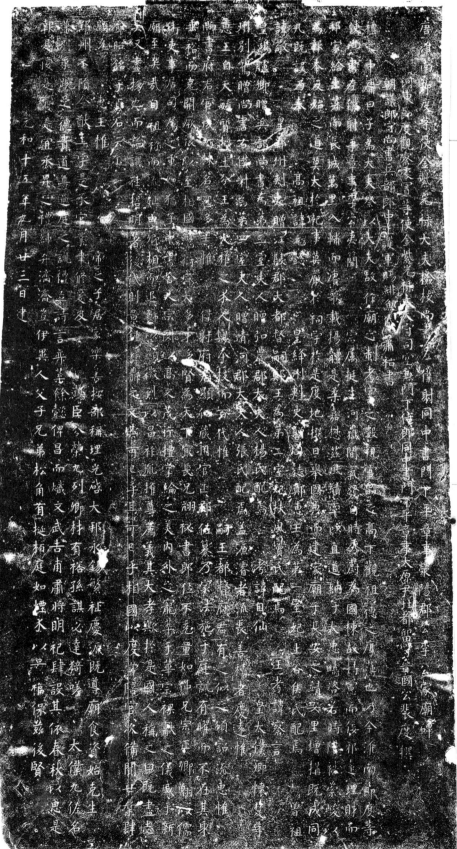

## 説　明

唐元和十五年（820）九月刻。碑螭首方座。通高351厘米，寬101厘米。額文4行，滿行4字，篆書"唐尚書左」僕射同平」章事李公」家廟之碑」"。正文楷書23行，滿行42字。裴度撰文，蕭祐書丹。原立于長安靖安里李氏家廟中，1974年西安南郊原公路學院出土。現存西安碑林博物館。《全唐文補遺》《西安碑林全集》著錄。

## 釋　文

唐淮南節度等使金紫光禄大夫檢校尚書左僕射同中書門下平章事滎陽郡公李公家廟碑」

河東節度觀察處置等使金紫光禄大夫守司空兼門下侍郎同中書門下平章事太原尹北都留守晉國公裴度撰」

朝議郎守尚書兵部郎中上護軍賜緋魚袋蕭祐書」

《禮》之《中庸》曰：子爲大夫，祭以大夫。故作廟之制，考室之數，視官品之高下，觀祖德之厚薄也。乃今淮南節度等」使、尚書左僕射平章事李公夷簡，宗屬挺生，河嶽間氣，發自時秀，蔚爲國棟。故持憲而佞邪遠，理財而」邦家給。出藩而長城萬里，入輔而賡歌載揚。體是柔嘉，懋兹風績。率以直道，納于大忠。疇咨若時，階秩崇峻。以」爲報本反始之道，莫大於祀事，莫嚴於祠宇。於是度地撰日，舉國典而建家廟于長安之靖安里。增構既成，同」几既設，乃奉高祖諱元懿，皇絳州刺史、贈司徒鄭惠王爲第一室，妃上谷侯氏配焉。曾祖」諱敬，皇鄆州刺史、贈江陵郡大都督嗣鄭王爲第二室，妃扶風竇氏配焉。王考諱察言」，皇鴻臚卿、贈兵部尚書爲第三室，夫人贈弘農郡太夫人楊氏配焉。考諱自仙，皇太僕卿、懷楚等」州別駕、贈尚書右僕射爲第四室，夫人贈清河郡太夫人張氏配焉。蓋源濬者流長，善積者慶遠。惟」惠王自天毓質，授土分王，爲大雅之介人，興本枝而百代。惟嗣王都督府君有之似之，頒詔流惠。惟」尚書府君宦成九棘，名冠多士。惟僕射府君顯仁藏用，官止郡佐。纂乃家法，施于庭訓。有曜而不在其身」，垂裕而克開厥後。以至相國，繁衍盛大，多才多賢，爲天下最。長兄翃，秘書郎，位不充量。如仲兄宗正卿翻，以儒」術吏事，居司屬之重。如猶子中書舍人宗閔，以高文茂行，擅掌綸之美。内外之寵，萃于華宗。祼獻之儀，盛于新」廟。至矣哉！自祖祢而流祉，由卿相而追飾。以顯徽烈，以昌祚胤。推尊薦義，其大孝歟。於是國人稱之曰：既盡志」矣，又盡物也。而論撰往哲，明著後代，則景鍾彝鼎之文，其可已乎，其可已乎！相國以度嘗陪官次，備聞世業，肆」命昭銘于貞石云爾」。

顯允惠王，惟帝之子。居家樂善，按部稱理。光啓大邦，永錫繁祉。慶源既導，廟食資始。克生」鄆州，不隕令猷。上宇是承，官業聿修。爰及鴻臣，分榮九列。卿材有裕，孫謀必達。猗嗟太僕，九佐名」藩。別乘跐足，德貴道尊。過庭之訓，禮立詩言。奕業餘懿，俾昌而熾。文武吉甫，肅將明祀。肆設其依，春秋以思。是」報是復，是饗是宜。烝畀之禮，紳弁濟濟。豈伊異人，父子兄弟。松角有梴，柏庭如煙。介以景福，保兹後賢」。

元和十五年九月廿三日建」

## 按

李夷簡，字易之，德宗時擢進士第，調藍田尉，遷監察御史。長慶元年卒，享年六十七，贈太子太保。兩《唐書》有傳。碑文記述淮南節度等使、尚書左僕射李夷簡的四世先人及其兄弟子侄的官爵和功績，可糾正兩《唐書》對李氏家世記載之誤，並爲研究唐代家廟制度提供新的資料。

撰者裴度，字中立，河東聞喜人，大致與李夷簡同時爲相，關係甚密。兩《唐書》有傳。

書者蕭祐，兩《唐書》有傳，作"蕭祐"，字祐之，蘭陵人。此碑作"蕭祐"，是，可正《舊唐書》之譌。

865

368.821　康志達墓誌

唐故幽州盧龍軍節度衙前兵馬使朝散大夫捡校光
祿卿兼監察御史贈莫州刺史會醫康公墓誌銘并序
刻石以紀始終景行也康公以長慶元年五月十日
于長安永樂里官舍其年其月廿五日葬于長安縣龍
首鄉興臺里先代塋之東北嗚呼哀哉公諱志達字
志達君本會醫人也自曾祖曰延慶皇朝左威衛大將
軍從居為京兆長安人也祖曰孝義皇朝兵部尚書右威衛
軍累贈戶部尚書考曰忠信奉上竭誠遠中三
上將軍趙州抚城赵　闕拜哥慈闕莘州節度使即
衝射弟四子也温恭其德謹信在躬末嘗麘儀也貞亢獨弧矣
年射弟四子也　闕末才也况非獨弧矣
僕射弟四子也温恭其德謹信在躬末嘗
末范陽劉侍中濟一金帛邀公墓其才也况非獨弧矣
之能無謀略賢則而授職焉今年本軍選能薦扵
朝朝以軍臨戎磨舊將拜捡校光祿卿還使授
天子命之曰已過疾末及朝謝而終詔贈莫州刺
春秋五十四娶河南元氏父志宽皇添州范陽縣刺
史之女也早年先逝有子一人曰元質一女適隴西李
承宗噫古人有詠令銘曰　　　　行可紀名可
繼為他鄉之職今還先人之域　　　郭芎掩原野去
傳為銘石埋土日月在天韓城郭芎掩原野去
久間芎歸大夜

## 説 明

　　唐長慶元年（821）五月刻。蓋盝形，誌正方形。蓋邊長44厘米，誌邊長43厘米。蓋文3行，滿行3字，篆書“大唐故」康府君」墓誌銘」”。誌文楷書21行，滿行21字。蓋四殺飾寶相花紋，誌四側飾壺門内十二生肖圖案。西安市出土，具體時、地不詳。現存西安博物院。《隋唐五代墓誌滙編》《全唐文補遺》著録。

## 釋 文

　　唐故幽州盧龍軍節度衙前兵馬使朝散大夫檢校光」禄卿兼監察御史贈莫州刺史會稽康公墓誌銘并序」

　　刻石以紀始終景行也。康公以長慶元年五月十日終」于長安永樂里官舍，其年其月廿五日，葬于長安縣龍」首鄉興臺里先代塋之東北。嗚呼哀哉！公諱志達，字」志達，本會稽人也。自曾祖曰延慶，皇朝左威衛大將」軍，徙居爲京兆長安人也。祖曰孝義，皇朝萬安府折」衝，累贈户部尚書。考曰日知，皇朝兵部尚書、左威衛」上將軍，贈尚書左僕射，以忠信奉上竭誠。建中三」年將趙州，拔城赴闕，拜晉、慈、隰等州節度使。公即」僕射弟四子也。温恭其德，謹信在躬，未嘗虧儀也。貞元」末，范陽劉侍中濟以金帛邀公，慕其才也。況非獨孤矢」之能，兼謀略可則，而授職焉。今年本軍選能，薦於」朝。朝以軍臨戎虜，藉舊將，拜檢校光禄卿。還使授」天子命之日，已遇疾，未及朝謝而終，詔贈莫州刺」史。春秋五十四。娶河南元氏，父志寬，皇涿州范陽縣」丞之女也。早年先逝。有子一人，曰元質。一女，適隴西李」繼宗。噫！古人有誄，今銘曰」：

　　昔爲他鄉之職，今還先人之域。行可紀，名可」傳。銘石埋土，日月在天。辭城郭兮掩原野，去」人間兮歸大夜」。

867

369.823　卑失氏神道墓誌

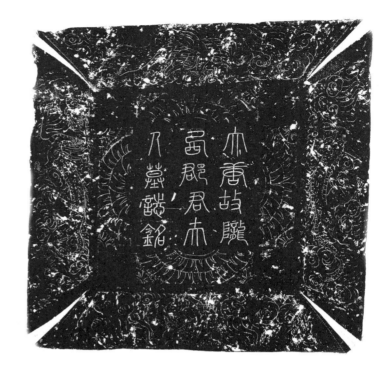

大唐故隴西郡君卑失氏夫人神道墓誌銘
前常州義興縣丞李元古撰
夫珠光者可以外明枕物玉閏者然滋近於川原
盧家以邻上鼎蓋軒冕皆累朝勳俸受恩榮遠近皆仰
皇朝任右驍衛將軍昂之後矣廷時定難文武簡生桂林
祖皇朝任特進守左羽林大將軍諱卓父皇朝任
揚京國祖皇朝任特進守左羽林大將軍諱卓父皇朝任
開府儀同三司守朝方節度衙前兵馬使魚正將緒校
邦家重委以安中外夫人德豐播揚累世門閥綢履相次
毋儀威容自鮮蘆質殊異既禮君子儀深歲年夫皇朝開府
儀同三司行司天監魚晉州長史齡林待詔上柱國開國公食
邑一千戶李素上明萬象之惣源中為五百之簡坒名朝劉
聲振家宇長歲右神策軍徹兵馬使魚正將緒校大子慶
次男前晉州防禦衙前景俊次勞宣德郎起復守右威衛長史齡
林待詔賜緋魚袋景甚次男前威遠軍押衙衛景直次男前鄉貢
朝經景文次男太廟齋郎京度是以家族慶貴京國連芳
夫人月桂香吐鳳林早春鳳舉卿義之德方期榮侍之崇何寶蒼
而不祜奄從凶咎一疾夫甍於元和之末土有二祀季冬之月
前尾六歲不期危降舜華之美夜陰韵榆鵉多跼長慶二年十
二月廿八日蒼鍾斯禍寓羹愍踢無告至長慶三年
四月十三日安厝於萬年縣滻水鄉上傳村觀臺里祔於舊
風儀以申往忽刊石崴記揚于後世敬曰
顧質芳著祸何傷愿嗚鹤逝真魂夜長至哀志想
容儀既渠德既寂卜逝石陳陶陰墳修恪千秋不多悲兮何望
有深儀像十郡郭墳陰增慘悴千秋不多悲兮何望
顯德儀像十郡郭墳陰增慘悴千秋不多悲兮何望
長慶三年崴在冬卯四月乙酉朝十三日丁酉記

## 説 明

唐長慶三年（823）四月刻。蓋盝形，誌方形。蓋長56厘米，寬54厘米；誌長58厘米，寬56厘米。蓋文3行，滿行4字，篆書"大唐故隴」西郡君夫」人墓誌銘」"。誌文楷書25行，滿行25字。李元古撰文。蓋四殺飾四神圖案，四周飾環形圖案。1980年西安市東郊國營第四棉紡織廠職工子弟學校出土。現存陝西省考古研究院。《隋唐五代墓誌滙編》《全唐文補遺》《陝西碑石精華》著録。

## 釋 文

大唐故隴西郡君卑失氏夫人神道墓誌銘」

前常州義興縣丞李元古撰」

□夫珠光者，可以外明於物；玉閏者，然滋於川原。太夫人族望」□盧，家以邻上。鼎盖軒冕，皆累朝勳。俸受恩榮，遠近皆仰」。□皇朝任右驍衛將軍昂之後矣。匡時定難，文武簡生。桂林一枝」，德揚京國。祖，皇朝任特進、守左羽林大將軍諱卓。父，皇朝任」開府儀同三司、守朔方節度衙前兵馬使、御史中丞嗣先。皆承」邦家重委，以安中外。夫人德風播揚，累世門閥。劍履相次，恭侍」母儀。威容自鮮，麗質殊異。既禮君子，俄深歲年。夫皇朝受開府」儀同三司、行司天監、兼晉州長史、翰林待詔、上柱國、開國公、食」邑一千户李素。上明万象之總源，中爲五百之簡生。名烈朝剛」，聲振寰宇。長男右神策軍散兵馬使兼正將、檢校太子詹事景位」，次男前晉州防禦押衙景復，次男宣德郎、起復守右威衛長史、翰」林待詔、賜緋魚袋景亮，次男前威遠軍押衙景直，次男前鄉貢」明經景文，次男太廟齋郎景度，是以家族慶貴，京國連芳」。夫人月桂香吐，鳳林早春。凤彰節義之德，方期榮侍之崇。何窮蒼」而不祐，奄從凶咎之殃。夫薨於元和之末十有二祀季冬之月」。首尾六載，不期忽降。舜華之美，夜月虧輪，鸞鶴移迹。長慶二年十」二月廿八日，奄鍾斯禍。男等哀哭攀戀，僻踴無告。至長慶三年」四月十三日，安厝於萬年縣滻川鄉上傅村觀臺里，袝舊塋矣。用」顯風儀，以申往惠。刻石陳記，揚于後世。銘曰：

賢哉令母」，容質芳著。内以恩布，外以義取。敬愛有則，禮教合度」。顯德既彰，禍兮何傷。鸞鶴斯逝，冥魂夜長。至哀志想」，有深儀像。刻石陳記，陪增慘愴。千秋不移，戀兮何望」。

長慶三年歲在癸卯四月乙酉朔十三日丁酉記」

## 按

誌主卑失氏，史載不詳。誌所載其三世祖先及其子嗣之名諱、職官等，均可補史載之闕。其夫《李素墓誌》見本書366.819條。

869

370.824　樂輔政墓誌

## 説 明

唐長慶四年（824）二月刻。蓋盝形，誌方形。誌、蓋尺寸相同，邊長均60厘米。蓋文3行，滿行3字，篆書“唐故樂」府君墓」誌之銘」”。誌文楷書29行，滿行30字。李衡撰文。蓋四殺飾四神圖案，四周飾寶相花紋；誌四側飾十二生肖圖案。西安市出土，具體時、地不詳。現存西安博物院。《隋唐五代墓誌滙編》《全唐文補遺》《陝西碑石精華》著録。

## 釋 文

唐故荆南節度監軍使朝散大夫行奚官局令上柱國賜緋魚袋樂」公墓誌銘并序

鄉貢進士李衡撰」

公諱輔政，字輯。厥初得姓，以造父爲穆王馭，賜之以趙城，因家焉，世爲趙氏，則」天水人也。其族皆豪家右姓，旌組成文。以公情鍾渭陽，出爲舅南陽樂氏之嗣」，又宋戴公樂呂之苗裔。皇曾諱彰，以禮義陞朝。烈祖諱宗，以忠勳入仕。逮」父愛，前仁勇校尉、守遼城府折衝、上柱國。公則折衝公之令嗣。年在齠齔，器宇」夙成。光膺四星，翼映三傑。之才也，之士也。貞元中，德宗以狎侍紫宸，昇降」□陛。未及弱冠，恩將寵緋，麗名十大夫之位。後以德宗晏駕，例守寢園」。順宗嗣昇，詔敘彌渥。頃因皇德中否，復以憲宗纂鴻。元和初，熙載璿樞，密勿」難曠，直以諳練故實，加乎文詞秀拔，齒迹宮禁，僉允今能。以帝室文房，掌」難其選，暉映斯任，稱公是深。至元和十三年，小有誤旨，書降於私。至十四年」末間，王澤載濡，猶以殿磴院長甄受。天人不造，晚出宮車。暨今文武孝」德皇帝，以社稷將憂，入守皇極。長慶初，以公樞密是屬，復賜緋章。人君嘉在」内久勞，特許以荆南監撫。王之藩屏，推最上游。國之元戎，天下稱劇。燮和」王事，咸震美聲。軍務晝釐，書閣夜啓。俾無奸訟之蘖，寔戀恩誠之風。惟公与勤」，數四年矣。則前大夫裴公武、後尚書王公潛，賴洽政成，至今南服無事。無何，丁」内艱。未幾，天朝知監領攸重，久難其人。尋加起復，董彼舊鎮。前後優詔寵」牒，殊章異錫，載盈于筐篋。加以明左氏之傳，精右軍之筆，清論馬首，落簡雲端」。猶爲好士之目，實處勤王之最。不期天之降戾，速疾于公。朕理無瘳，遂臻綿」愒。以長慶三年秋九月黌有五荄，奄終于荆南之公館，享年卅有七。歷事一」人于四，仕止朝散大夫。有仲弟輔弼，季弟師濟。悲趨庭之失序，服倚門於在疚」。聲淚俱咽，人莫堪聞。内成氏，夙奉姑事，勤于婦節。無大無小，口實恭和。不圖」天垂其禍，孀人妻，孤人子，於公室爲甚。息惟昇爲後。嗟呼！羲馭駿奔，筮吉云及」。拂青鳥之策，定玄穸之晨。以長慶四年春仲月有四日，葬于京師之東崇道鄉」之原，禮也。聖慈軫悼，追贈累加。於戲！道不極，人不壽，亦天之將喪斯文也。故」生事在行，死事在誌。得不有詞於石置不朽，式貞於萬祀之將来。其銘曰」：

天降精兮岳降神，楨唐聖兮紹七人。遊蓬萊兮闢閶闔，文清宮兮暉四真」。樞北極兮鈕南荆，密中黄兮叶君陳。作内獻兮作外良，功登退兮名不泯」。□□素滫誰宅兹，我有佳城遺壤鄰」。

## 按

誌主本姓趙，過繼其舅改姓樂，南陽人。誌中所述其得寵于唐德宗，並于德宗死後例守寢園事，和其因文詞秀拔、精右軍之筆而掌帝室文房事，以及所反映的宦官監軍等事，均爲研究唐代宦官提供了珍貴的資料。該誌書法平和蘊藉，清秀圓潤，是小楷中之佳作。又此誌出土地域不詳，據墓誌“葬于京師之東崇道鄉之原”，則當出土于今西安市東滻河與灞河之間郭家灘一帶。

371.825　李濟墓誌

唐故宗正少卿上柱國賜紫金魚袋李公墓銘并序

鄉貢進士周漢賓撰

公諱濟字汝明隴西成紀人也六代祖……

## 説　明

唐寶曆元年（825）閏七月刻。蓋盝形，誌正方形。誌、蓋尺寸相同，邊長均64厘米。蓋文3行，滿行3字，楷書“唐宗正」少卿李」公墓銘」”。誌文楷書30行，滿行30字。李仍叔撰文，周漢賓書丹。蓋四殺飾四神圖案，四周飾牡丹花紋；誌四側飾壼門内十二生肖圖案。原西安市長安縣杜陵原出土。現存西安市長安博物館。《隋唐五代墓誌滙編》《全唐文補遺》《陝西碑石精華》《長安碑刻》著録。

## 釋　文

唐故宗正少卿上柱國賜紫金魚袋李公墓銘并序」

通直郎守尚書水部郎中賜緋魚袋李仍叔撰」

公諱濟，字恕躬，隴西成紀人也。六代祖」神堯高皇帝，生元鳳，爲虢王。王生宏，爲定襄郡公。郡公生邕，爲銀青光禄大夫」、秘書監，嗣封虢國，贈荆州大都督。都督生承晊，皇漢州刺史。使君生望之，皇大」理評事，贈工部侍郎。侍郎即公先考也。先夫人弘農楊氏，贈華陰」郡君。夫人外祖諱瑀，開州刺史，娶京兆府華原縣令彭城劉偓女。先公歿十」四年，殯于鎮州真定縣，今則不及祔公之墓。生子九人：長曰同辰，右司」禦率府倉曹參軍；次同師、同贊、同玄、同行、同文、同泰、同賓、同証。女六人：長弟廿」二，已下五人皆未字也。自同辰而冠者，性懷善良，克奉家法。哭泣之節，頗見孝」道。公初任試太祝，次轉金吾倉曹，遷監察御史，賜緋魚袋，爲成德軍節」度巡官。轉殿中爲推官。又改侍御史，仍帶舊職。遷户部外郎，轉爲判官。皆以公」事修舉，序進賓府也。貞元中」，德宗文皇帝初平寇賊，歸復京邑，録定功德，以趙帥太師大變艱危，却立」東夏，撥正將乱，自建殊庸，禮加寵崇，許婚宗族。公從伯姊得至于趙」，太師知公之賢，邀領賓職。歲月淹久，官至外郎。旋因太師薨落」，公不得離去舊職，而將死者數矣。元和歲末，鎮有帥喪，三軍將乱，欲立其弟、今」鳳翔節度僕射公也。公竭忠謀，潛咨伯姊，全置王氏之族，亟列忠臣之家，使」太師之業復光，僕射之名不墜，得非公之力焉。朝廷擢拜宗正」少卿，制詞褒稱此績。公自筮仕至于登朝，曾無兼月之糧，盡入俸」而足也。及兹喪歿，儭宇莫容。伯姊晉國太夫人哀傷生疾，徹虚正寝，安」公柩焉。送往存生，情禮皆備，豈不道高人倫，義激風俗。与公游者，莫不」揮涕而感之。公享五十，寶曆元年正月十日寢疾而歿。閏七月十九日」，葬於萬年縣義善鄉舊塋之東北。維刻石銘墓，以難朽也。銘曰」：

好古耽書，名從軍立。投筆論功，侯封不及。奔波敷奏，差池憂悒。迹爲賓寮，道皆」伍什。款忠事泄，割地功集。疑責俾死，詞拒血泣。仰諸鴻翔，悲同虫蟄。人多閑閑」，公常汲汲。星氛生躔，下應人間。王氏忠烈，忽然昭宣。僕射承家，舉族」朝天。公随伯姊，乃得生還。寵錫斯極，擢貳卿寺。日星半紀，未移」官理。榮衛疾生，沉然不起。魂神銷離，嗚呼已矣」。

鄉貢進士周漢賓書」

## 按

誌主李濟，字恕躬，隴西成紀人。唐高祖李淵六代孫。誌載濟先祖世系云：“六代祖神堯高皇帝，生元鳳，爲虢王。王生宏，爲定襄郡公。郡公生邕，爲銀青光禄大夫、秘書監，嗣封虢國，贈荆州大都督。都督生承晊，皇漢州刺史。使君生望之，皇大理評事。”其中“承晊”不見于《新唐書·宗室世系表》，可據補。

372.826　韋挺墓誌

## 説 明

唐寶曆二年（826）正月刻。誌正方形。邊長41厘米。誌文楷書23行，滿行23字。馮行儉撰文。1989年長安縣郭杜鎮岔道口村北魚池出土。現存西安市長安博物館。《隋唐五代墓誌滙編》《全唐文補遺》《長安碑刻》著録。

## 釋 文

唐故青州户曹參軍京兆韋府君墓誌銘并序

鄉貢進士馮行儉撰」

公諱挺，字夢楚，京兆人也。皇祖新，陳州別駕。列考倫，坊」州宜君縣令。公内蘊貞實，外彰華彩。孝悌本於心，仁義形」於用。積道而立，達學而文。其行也，履而後言，晦而後著；其文」也，根乎聖旨，發於沉鬱。故德廣而寡合，文雄而麗。歷資兩任」，解褐荆襄郢邑令尹。弦歌百里，聲振九州。設五教以豫人民」，順三時以勸農務。化洽溢乎道路，威福愜乎衆心。次歷青州」毗贊焉。功以納言，時而揚之。事上之道易易，接下之心怡怡」。節制薛公平以德行知見，改攝司録焉。公德洽施令，不撓」有司。一郡名族欽德焉，人皆感伏焉。公以道德藝博，厭於」煩務，誠願退歸林壑、棲志煙霞者數四。薛公不聽焉，志不」泰焉，流運之侵矣。懷濟時之策，當屑不襲。鸞翔鳳翥，期在渾」元之上。於戲！善而無答。以寶曆元年六月廿三日因宦殁于」北海郡，享年五十六。嗟乎！鄧游無子，唯女二焉：長曰映娘，年」未齠齓；幼曰户户，尚居褓褓。長兄揆命仲子行宣，可爲繼」嗣。媧妻栢氏，崇美卿族，貂蟬貴門，即龍武將軍良器之季女」也。令姿婉娩之質，幼合師保之芳。盛禮結褵，淑德宜室。薦蘋」而敬可享，敦宗族而仁可瞻。容功有則，動息由義。善行永著」，期何喪天，貞婦節義。嗣子行宣、長弟擢、幼弟操、猶子仲諤等」，以寶曆二年正月廿二日，筮地歸葬于京兆長安縣義陽鄉」高陽之原先塋，禮也。銘」：

□鸞在林，載戢其翼。振振君子，永言其德。嗟夫哲人」，□而不壽。瑚璉虛委，芝蘭詎久。唯餘芳烈，終天不朽」。

## 按

誌主青州户曹參軍韋挺，並祖陳州別駕新、父坊州宜君縣令倫，其事迹均未見于史載。與此誌同時出土的韋挺妻《栢苕墓誌》載："挺，宰相處厚再從弟。"韋處厚乃逍遙公韋夐第七子韋藝八代孫（見《新唐書·宰相世系表》），則其再從弟韋挺亦屬逍遙公房後裔，可補逍遙公房之族譜。其妻《韋君夫人栢苕墓誌》見本書401.856條。

875

373.827　韋冰墓誌

## 説明

唐大和元年（827）五月刻。蓋盝形，誌正方形。誌、蓋尺寸相同，邊長均53厘米。蓋文3行，滿行3字，篆書“大唐故」韋府君」墓誌銘」”。誌文楷書29行，滿行28字。崔中規撰文。蓋四殺飾如意卷雲紋，四周飾四神圖案；誌四側飾十二生肖圖案。西安市出土，具體時、地不詳。現存中國社會科學院考古研究所西安研究室。《隋唐五代墓誌滙編》《全唐文補遺》《長安碑刻》著録。

## 釋文

唐故同州録事參軍京兆韋府君墓誌銘并序」

維唐馮翊郡督郵韋冰，字祥風，享年五十四，時大和元年四月十四日，終」于位。嗚呼！冠冕清高，爲關中茂族。曾鈞，皇駕部員外郎。祖怡然，皇左贊善」大夫。烈考諱巡，皇絳州録事參軍。公始佩觿，頗立志概。不由師資，一舉明」經上第。既會常調，判入高等，受太子正字。屬先大夫持綱詿誤，坐貶建溪」。公固辭旨命，願侍南行。迫尊嚴不聽，遏留守任。由在京輦，日詣天門，引」文陳懇，誓雪沉冤。雨晦風飄，初鼓則至。瀝血啓詞，志摧金石。凡卅日，執政」始爲信覽。方明造化之權，特徙滎陽郡司户。乃率弟凝、憑賫牒迎覲，窮陸」及淮，會喪車次岸。天奪滎陽之禄壽，神負馮翊之孝誠。茹毒泣血，護返先」塋。服闋，轉京兆府咸陽縣主簿。秩滿，叙虢州録事參軍。未經考，丁太夫人」憂，善居喪制，畢奉歸祔。釋禫，拜大理評事。兩衙制命，連按大獄。酌三尺而」出没蕭章，覽片言而涵泳由也。天顔悦可，宰執欣遇。竟孤直道，守任三」周。累假主簿，拔爲院長。庶務修舉，首尾相承。卿僚景嚮，爲刊貞石。辭滿，換」同州録事參軍。迎風雖懼，立法稍難。會刺史薨位，新命刑部侍郎徐公晦」爲郡。奸徒逆設詭詞，迎路盈耳。徐公未察細之間，署公假掾。凡歷多難，徐」公大晤。乃牒舉公復位，曰：直如朱絃，潔若白玉。噫！疑抑何慎於未詳，昭洗」用嘉乎末鑒。復位七日，風毒微傷。鬱鬱中懷，倉卒不諱。公始童丱，与仲弟」安邑縣主簿凝玠瑳道義，同業異時，邐迤登第。名問相磨，婚宦相次。伯倖」仲任，仲倖伯專。叔弟憑、季弟漸，自幼及成，皆所教指。繩其懈，劇嚴師之叩」脛；申其愛，加仲海季江之甚懷。輝映士林，孰云凋落。所以凝等痛加於人」一等矣。夫人范陽人，河南府功曹盧後己女，先公十四年而殁，寓窆于河」中府解縣近郊。遺孤本餘，年始十二，自稟天性。凝等竭奉襄事，卜其年五」月五日，啓解縣殯陪公裳帷，以其月廿三日，歸葬于京兆府萬年縣洪固」鄉胄貴里先塋，未祔，宜也。安邑以中規忝迹門欄，猥命裁述。銘曰」：

名以學成，仕由文入。刊正宫局，笑談俯拾。邦甸乃由，公望愈休。蕭彼虢略」，自我督郵。旋命棘寺，迥出讜議。適轄左輔，左輔善地。何慚行己，罔忝厥位」。正道浸微，公實泣之。冒鋒突刃，倏墜忽危。懲謫奸蠧，矻矻孜孜。竟鬱中道，不」適偉才。霜霰既殞，蘭艾亦摧。瞑目已矣，傷心何哉。先塋故國，封樹參差。令」善無負，芳馨其垂。

西嶽處士崔中規撰」

## 按

誌主曾祖鈞、祖怡然、父巡，《新唐書·宰相世系表》韋氏彭城公房條下有載，故知韋冰乃關中郡姓杜陵韋氏彭城公房之後。則此誌所載可補長安韋氏彭城公房之緒。此誌出土地域不詳，據墓誌“歸葬于京兆府萬年縣洪固鄉胄貴里”，則當出土于今西安市東南長安區大兆鎮一帶。

故左神策軍護軍中尉兼左街功德使特進行右武衛上將軍知內侍省事上柱國沛國公食邑三千戶贈開府儀同三司劉公墓誌銘并序

## 説 明

唐大和元年（827）十一月刻。誌長90厘米，寬87厘米。誌文楷書35行，滿行35字。王琡撰文。誌四側飾壺門内十二生肖圖案。西安市出土，具體時、地不詳。現存西安博物院。《隋唐五代墓誌滙編》《全唐文補遺》《陝西碑石精華》著録。

## 釋 文

故左神策軍護軍中尉兼左街功德使特進行右武衛上將軍知内侍省事上柱國沛國」公食邑三千户贈開府儀同三司劉公墓誌銘并序」

將仕郎守宋州寧陵縣尉王琡撰」

皇唐十有四聖，自邸第誅内虐之前月，護左神策軍中尉、特進、沛國公寢疾，薨于萬年来庭」里之私宫。先帝輟朝，近臣出次，五營悽愴，七萃興悲。于時寶曆二年冬十一月廿八日」也。夫忠貞出於俊賢，功業資乎明哲。往者，穆皇不念，儲副未安。公時身在内庭，職」居近密。捧重离於黄道，引少海於青宫。一有元良，遂登大麓。授彼武衛，總兹和門。休勳耿光」，偉操彌勁。宜哉！公姓劉氏，諱弘規，兼以字稱，京兆雲陽人也。其本炎靈胄胤，彭城冠族。曾祖」諱恩，皇朝同州白水縣令。祖諱信，梁州漢川府折衝。考諱英，左武衛翊府中郎將。咸有」惠訓，而無爽德。公即郎將府君之第二子也。學識該博，風神警拔。有君子之儀表，蘊人倫之」紀綱。經武體文，知微達變。講貫乎詩史，研味乎精華。爰自壯年，至于知命。累授大官之秩，亟」昇朝右之榮。克昭茂功，無忝厥位。故能德輝於外，誠動于中。五月渡瀘，萬里通輮。諭蠻」阤如反掌，定巴徼如拾遺。出護方隅，詰誅暴慢。入居近密，翊贊雍熙。斬單于妖乱之兵，降淮」左逋誅之寇。洎訓齊北落，總統師門，位亞元侯，權侔上將。謙和内恕，無迴天轉日之譏；周慎」温恭，有下車數馬之對。歷職自天威軍副使監翰林，倅左右神策，兼兩街功德副使。兩監河」東，一護淮南。一内飛龍，再掌樞密。改内莊宅、鴻臚、禮賓等使，遷左神策軍護軍中尉、左街功」德使。歷官自内僕局丞、内府奚官等局令、内寺伯、内給事、内常侍、内侍省少監、右監門衛將」軍，封彭城縣子，進封沛國公，食邑三千户。門列森戟，筵皆貴賓。遷左監門，乃授特進、右武衛」上將軍，皆忠貞之所致也。公本名湛然，憲宗嘉其勤績，賜名弘規，用旌殊獎。惟公處貴」不驕，居寵思約。自總兵中衛，佩玉趨朝，常以止足爲心，每以掛冠爲意。東郊別業，種竹」開亭。月幌琴軒，剪茅通徑。豈圖鬼瞰於室，篤巢在門。愛君之志不渝，夢豎之灾俄及。春秋五」十有二。嗚呼哀哉！敬宗痛勳舊之淪亡，惜忠良之永逝。下詔褒慰，歔欷者久之，贈」開府儀同三司。以大和元年冬十一月十四日，鹵簿哀導，塗蒭備物，葬于滻川西原，從新兆」也。夫人密國夫人隴西李氏，同官鎮遏先鋒兵馬使、太子賓客、兼侍御史文皓之女。玉質蘭」姿，柔嘉維則。追和鳴於懿氏，哀晝哭於敬姜。嗣子朝散大夫、宫闈局令、彭城縣開國伯、賜緋」魚袋行立，次子中散大夫、内給事、彭城縣開國公、賜紫金魚袋行深，次子朝散大夫、内府局」丞、賜緋魚袋行方，次子解褐賜緑行元，季子朝散大夫、内府局丞行宣等，並恪慎克孝，同寅」叶恭，趨馳紫禁之中，宣導彤墀之下。追攀厚歾，號慟摧心。共切深長之思，永懷陵」谷之變。俯命章志，勒銘佳城。其文曰」：

昔在炎運，源流慶長。俊賢代興，文武昭彰。白水之後，清風載揚。赫矣我公」，勃焉高驤。輝耀洪伐，訏謨允臧。才略縱横，德宇忠良。出入二紀，勤勞四方」。三護大藩，兩平遐荒。樞贊密勿，功勳焜煌。危疑既祛，日月重光。乃胙茅土」，亦銘旗常。畫戟在門，金印在旁。鈎陳警衛，環列周防。宜恢永圖，致彼大康」。天奪何速，人思痛傷。舟沉逝波，劍折雄鋩。萬乘軫悼，五營凄涼。詔贈上階」，即遠崇崗。旁臨素滻，下翳黄腸。霧鬱丹旐，風悲白楊。于嗟封樹，永代其昌」。

## 按

誌主劉弘規，本名湛然，憲宗嘉其勤績，賜名弘規，京兆雲陽人，唐憲宗、穆宗、敬宗時宦官。《唐書》無傳。誌文所載劉弘規"歷職自天威軍副使監翰林，倅左右神策，兼兩街功德副使。兩監河東，一護淮南"、"位亞元侯，權侔上將"，反映了當時宦官監軍專權之現狀。從墓誌記載劉弘規之妻封"密國夫人"、有子五人的情況，可知唐代宦官亦娶妻養子並受封賜。這些都是研究唐代宦官制度的重要參考。此誌書法秀麗温婉，中規中矩，爲歐體之佳品。其孫《劉遵禮墓誌》見本書409.868條。

879

375.828　田鍈墓誌

## 説 明

唐大和二年（828）二月刻。蓋盝形，誌正方形。蓋邊長52厘米，誌邊長53厘米。蓋文3行，滿行3字，篆書“大唐故」田府君」墓誌銘」”。誌文楷書27行，滿行27字。皇甫權撰文，丘景玄書丹。蓋四殺飾四神圖案，誌四側飾蔓草紋。西安市出土，具體時、地不詳。現存中國社會科學院考古研究所西安研究室。《隋唐五代墓誌滙編》《全唐文補遺》著録。

## 釋 文

唐故朝請大夫翼王府長史充左街副使雁門田府君墓誌銘并序」

振武節度參謀朝議郎試大理評事上柱國皇甫權撰」

田氏之先，其来尚矣。封薛而權傾天下，王齊而恩洽島中。青史則丞相」顥榮，鴻儒則王孫獨步。晉魏已降，圖牒昭彰，代有忠賢，翊贊昌運，長派」遠裔，薰灼至今。公諱鉷，字公異，其先并州雁門人也。曾祖哲，皇朝議」郎、守□州別駕。名振燕趙，福流子□。祖豐，皇朝請大夫、試太子家令」。紹題興之風烈，正清宮之羽儀。与□翱翔，動爲程式。王父廣，皇朝散」大夫、守殿中省尚衣奉御。清廉視事，忠孝傳家。雍容朝行，休問昭著」。慶鍾後裔，德必有鄰。公即奉御府君第二子也。蘊積和粹，風神竦然。幼」而强學，長而剋己。節操稱於宗族，行義播於交遊。高標不群，弱齡特立」。俯拾青紫，咫尺煙霄。初，以門蔭授宣州旌德縣尉。誠信率下，勤恪奉公」。連城佐寮，慕爲準則。尋轉閬州司倉參軍。輝光六聯，流羨万庾。攻異端」以直道，折疑獄以片言。金紫指期，爪牙是務。俄遷左衛親府右郎將。鷹」揚雲路，驥騁天衢。又改左金吾衛翊府中郎將。既而才□兼茂，功績」彰明。名達天聰，聲傳台席。除翼王府長史，充左街副使。官榮」藩邸，職貳徼巡。蘊上將之雄謀，懷清邊之遠略。騰趠日域，高揖輩流。鍾」鼎勳勞，卷舒在我。嗚呼！長途未半，大運俄殂。禍福之端，茫昧何究。以大」和元年七月三日，終于長安永興里之私第，享年卌有八。公連枝表慶」，棣萼重芳。雍雍四賢，榮耀當代。嗣子載，遵奉遺訓，居喪有聞。成人之風」，著於親愛。冠年筮仕，三寺推先。奉叔唐州司馬鑄之命，用龜策之吉，以」大和二年二月十日，葬於京兆府萬年縣洪固鄉之畢原。司馬以權秉」筆之士，請爲紀述。其銘曰」：

赫赫田氏，代爲賢豪。并汾之右，節義相高。其一。穆穆府君，幼而岐嶷。瓊英」讓潔，朱絲謝直。其二。清時策名，克紹家聲。鷹鸇有用，騏驥無程。其三。曄曄四」彥，榮冠姻族。雁序翔鳴，鴒原雍穆。其四。神既冥昧，天何言哉！寂寞靈室，蒼」涼夜臺。其五。埋玉他山，藏舟巨壑。畢原松檟，精魂永託。其六」。

徵事郎守果州南充縣令丘景玄書」

## 按

誌主田鉷，史載不詳。誌所載其祖孫四輩之名諱世系、任職爲官，及誌主田鉷歷任職官等，均可補史載之闕。此誌出土地域不詳，據墓誌“葬於京兆府萬年縣洪固鄉之畢原”，則當出土于今西安市南郊長安區南李王村一帶。

376.828　文安公主墓誌

大唐故文安公主墓誌銘并序

勑撰

翰林學士朝議郎守尚書戶部郎中知制誥上柱國賜紫金魚袋臣宗申錫奉

有唐大和二年歲直戊申二月二日文安公主薨

春秋三十有六京兆府承詔監護以其年五月十

二日遷窆于萬年縣崇道鄉禮也公主諱

高祖神堯大聖大光孝皇帝九代之孫

順宗至德大聖大安孝皇帝第十七之女

今上之老姑也母曰陳氏生於貞元之歲二月

夙生明之曰霄極孕靈瑤源淑氣幻植柔惠之性長

資幽閒之德公宮舜訓既稟柞生知玆邑聯華遂榮

其徽懿內有所至永不自彰是加封魯之恩不及

配陳之禮乃宜錫以洪筭永承大慶而邊謝

昭代忽先朝露斯於以感溪宋邱悲軫

皇情窆歲有期龜舊範於宗籍垂芳猷於篆

剡近臣祖　俞謹誌貞珉銘曰

紫霄儲慶金枝捷寶弈飾室文乘鷟無廷鯤駿

昭代潛白日震悼

聖情虔嚴容物蕭挽夕咽松楸晝密唯有徽猷存之

紀述

## ▌说 明

唐大和二年（828）五月刻。蓋盝形，誌正方形。蓋邊長74厘米，誌邊長76厘米。蓋文3行，滿行3字，篆書“大唐故」文安公」主墓銘」”。誌文楷書20行，滿行20字。宋申錫撰文。蓋四殺飾四神圖案，四周飾寶相花紋；誌四側飾壺門內十二生肖圖案。1985年西安市灞橋區草灘磚廠出土。現存西安博物院。《隋唐五代墓誌滙編》《全唐文補遺》《陝西碑石精華》著錄。

## ▌釋 文

大唐故文安公主墓誌銘并序」

翰林學士朝議郎守尚書户部郎中知制誥上柱國賜紫金魚袋臣宋申錫奉」敕撰」

有唐大和二年歲直戊申二月二日，文安公主薨」，春秋三十有六。京兆尹承詔監護，以其年五月十」二日，遷窆于萬年縣崇道鄉洛女原，禮也。公主諱代宗兒」，高祖神堯大聖大光孝皇帝九代之孫」，順宗至德大聖大安孝皇帝第十七之女」，今上之老姑也。母曰陳氏。生於貞元癸酉之歲二月」哉生明之日，霄極孕靈，瑤源瀋氣。幼植柔惠之性，長」資幽閑之德。公宮彝訓，既稟於生知。疏邑聯華，遂榮」其徽數。內有所至，外不自彰。是加封魯之恩，不及」配陳之禮。所宜錫以洪算，永承大慶，而遽謝」昭代，忽先朝露。斯所以感深朱邸，悲軫」皇情。窆岁有期，龜蓍協吉。存懿範於宗籍，垂芳猷於篆」刻。近臣祗命，謹誌貞珉。銘曰」：

紫霄儲慶，金枝挺質。築館空文，乘鸞無匹。魄散」昭代，靈潛白日。震悼」聖情，虔嚴容物。簫挽夕咽，松楸晝密。唯有徽猷，存之」紀述」。

## ▌按

誌主文安公主，誌云“高祖神堯大聖大光孝皇帝九代之孫，順宗至德大聖大安孝皇帝第十七之女”，而《新唐書·諸帝公主》則載“德宗十一女”，其中文安公主排行第七，與誌文有異。宋申錫撰此誌時署“奉敕撰”，即奉皇帝之命撰寫，可見皇帝對文安公主之重視。

撰者宋申錫，字慶臣，曾官翰林學士、朝議郎、守尚書户部郎中、知制誥。兩《唐書》有傳。

377.828　董交墓誌

大唐故
董府君
墓誌銘

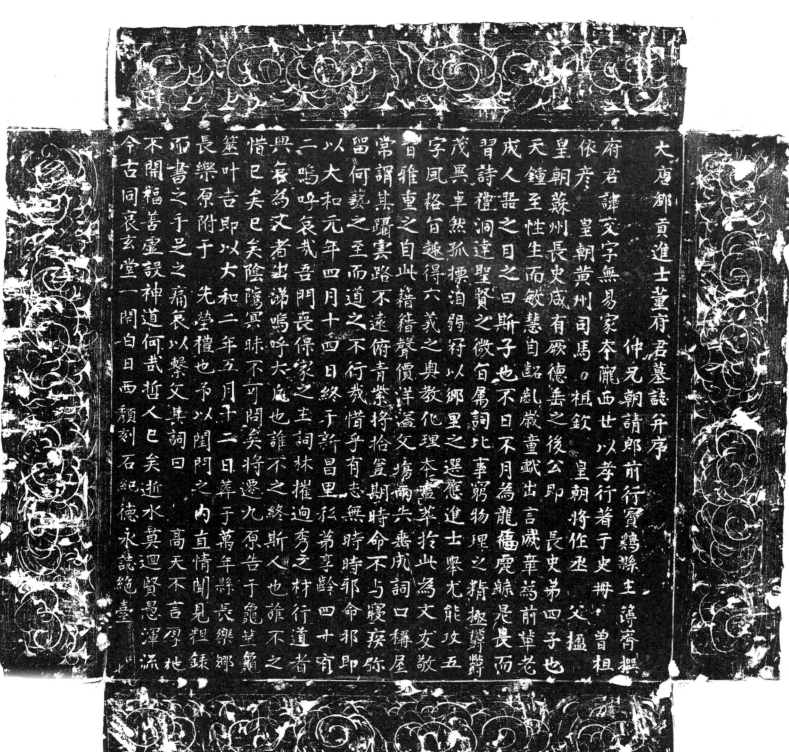

大唐鄉貢進士董府君墓誌并序

仲元朝請郎前行寶雞縣主簿齊撰

府君諱交字無易家於易家李隴西世以孝行著于史冊曾祖
彥□皇朝黃州司馬○祖欽皇朝將仕丞父□
皇朝蘇州長史咸有懿德善之後公即長史第四子也
天鐘至性生而敏慧自齠齔童武出言歲華為前輩老而
成人器之目之曰斯子也不日不月為龍為驤是晨而
習詩禮洞達聖賢之微旨屬詞比事窮物理之精擬嶷嶷
字黑卓然孤摽迫弱冠以鄉里之選應進士舉尤能攻五
茂鳳格自此籍籍聲價洋溢兩尖乘戒詞口稱交友敬屋
常謂其藝之至而道之不行裁惜乎有志無時命不與疾弥
何以留之于是之痛哀無時享齡四十有
二嗚呼哀哉吾門喪偦家之主詞林摧迥秀之材行道者
惜已矣叟呼哀哉吾門喪偦家之主詞林摧迥秀之材行道者
興已矣叟陰陰冥昧不可問矣將遷九原告于龜筮乃樂
以大和元年四月十四日終于新昌里私第
留何藝之至而道之不行裁惜乎有志無時享齡四十有
興已矣叟陰陰陰陰昧也予以閨門之內直情聞見祖鄉
以大和二年五月十二日葬于萬年縣長樂鄉高天不言厚地
長樂原附于先塋禮也予以閨門之內直情聞見祖鄉錄
而書之千是之痛哀無時設神道何武哲人已矣逝水莫迴賢恩渾流
不開福善靈設神道一間白日西顏刻石紀德永誌
今古同哀玄堂一間白日西顏刻石紀德永誌絕臺

## 説　明

唐大和二年（828）五月刻。蓋盝形，誌正方形。蓋邊長39厘米，誌邊長36厘米。蓋文3行，滿行3字，楷書"大唐故」董府君」墓誌銘"。誌文楷書22行，滿行22字。董齊撰文。蓋四殺飾四神圖案，四周飾忍冬紋；誌四側飾忍冬紋。西安市出土，具體時、地不詳。現存中國社會科學院考古研究所西安研究室。《隋唐五代墓誌滙編》《全唐文補遺》著録。

## 釋　文

大唐鄉貢進士董府君墓誌并序」

仲兄朝請郎前行寶鷄縣主簿齊撰」

府君諱交，字無易，家本隴西，世以孝行著于史册。曾祖」依彦，皇朝黄州司馬。祖欽，皇朝將作丞。父楹」，皇朝蘇州長史。咸有厥德垂之後。公即長史弟四子也」。天鍾至性，生而敏慧。自韶齔歲童戲，出言成章，爲前輩老」成人器之。目之曰：斯子也，不日不月，爲龍□虎。繇是長而」習詩禮，洞達聖賢之微旨。屬詞比事，窮物理之精極。鬱鬱」茂異，卓然孤標。洎弱冠，以鄉里之選，應進士舉。尤能攻五」字，風格旨趣，得六義之奥。教化理本，盡萃於此。爲文友敬」，習雅重之。自此籍籍聲價，洋溢文場。兩失垂成，詞口稱□」。常謂其躡雲路不遠，俯青紫將拾。豈期時命不与，寢疾弥」留。何藝之至而道之不行哉！惜乎！有志無時，時邪命邪！即」以大和元年四月十四日，終于新昌里私第，享齡四十有」二。嗚呼哀哉！吾門喪保家之主，詞林摧迥秀之材。行道者」興哀，爲文者出涕。嗚呼！大凡也，誰不之終；斯人也，誰不之」惜。已矣已矣！陰騭冥昧，不可問矣！將遷九原，告于龜筮，龜」筮叶吉。即以大和二年五月十二日，葬于萬年縣長樂鄉」長樂原，附于先塋，禮也。予以閨門之内，直情聞見，粗録」而書之。手足之痛，哀以繫文。其詞曰：

高天不言，厚地」不聞。福善虚設，神道何哉！哲人已矣，逝水莫迴。賢愚渾流」，今古同哀。玄堂一閉，白日西頽。刻石紀德，永誌絶臺」。

## 按

誌主董交，史載不詳。其父《董楹墓誌》見本書354.807條。董楹墓誌載"曾祖依，贈將作少監。祖欽，青州司馬"，此誌載"曾祖依彦，皇朝黄州司馬。祖欽，皇朝將作丞。父楹，皇朝蘇州長史"，董楹墓誌爲鄉貢進士朱謙言撰，董交墓誌爲其兄董齊撰，當以董交墓誌所載爲確。

378.828　楊士真墓誌

## 説 明

唐大和二年（828）八月刻。蓋盝形，誌正方形。蓋邊長52厘米，誌邊長54厘米。蓋文3行，滿行3字，篆書"大唐故」楊府君」墓誌銘"。誌文楷書28行，滿行26字。頓鴻之撰文，陳少儒書丹。蓋四殺飾四神圖案，四周飾寶相花紋；誌四側飾壺門內十二生肖圖案。西安市出土，具體時、地不詳。現存西安博物院。《隋唐五代墓誌滙編》《全唐文補遺》《陝西碑石精華》著録。

## 釋 文

大唐故奉義郎行洪州南昌縣丞楊府君墓誌銘并序」

處士頓鴻之撰

朝散大夫檢校太子左諭德上柱國陳少儒書」

夫君子匪以爵位崇極、乘時超拔而稱之諒，實有仁人之德，履道居」貞，歲寒能一其心，盛衰不二其節，可得而名焉。公雖官秩未顯，德行」彰聞，怡然謙冲，雅得君子之操。公諱士真，字弘諒。其先漢太尉震公」之裔也，望弘農郡。厥後支派分流，因官寓寄，今即京兆人。曾祖建禮」，守道丘園，志安林藪。樂天知命，高尚自全。祖勛，皇任潭州長史。匡佐」專城，政聞行路。功及畎庶，恩感馴罿。父嶧，皇任朝議郎、行衛尉寺丞」、上柱國。不器之材，上善比德。剸劇無滯，理煩有聲。太夫人梁氏，關雎」之美，曹氏之風。儀範著於外聞，淑慎垂於中饋。公即衛尉之長子也」。神宇瑰奇，風彩輝映。學通經籍，詞術清華。孝悌冠於人倫，聲猷著於」朋執。事上以直道，接下以平心。貞元中，司計以公通明錢穀，籍其端」詳。署職領繁，尤著能妙。承優選授登仕郎、連州連山縣丞，直度支。歲」周課最，條貫無遺。又選授虔州司戶參軍，依前職事。丁父憂，去職。服」闋，選授奉義郎、洪州南昌縣丞。寶曆元年，地官委公慎直，置之腹」心，特表請留，兼官署職。會任土之貢，纖毫不差；詳戶口之名，課入無」墜。驥足纔展，長途方登。奈何享年不永，寒暑邁疾。以大和二年後三」月十八日，奄終于萬年縣平康里私第，春秋五十有五。嗚呼！天道茫」昧，哲人其萎。命促道長，神理奚問。令弟士興端敏居心，事兄恭肅。哀」纏支氣，痛喪天倫。葬禮之儀，悉心營奉。長子孟武、次子孟周等，皆孝」睦內著，禮節外修。柴毀茹荼，泣血罔極。即以其年八月十九日，祔葬」公于崇義鄉南姚村先塋，禮也。木已拱矣，墳壟歸然。森森列松楸之」行，鬱鬱抱崗原之氣。夫人太原王氏，不幸早終。蓍龜所占，合祔未便」。同塋異穴，以俟通時。慮陵谷之遷變，翳没遺休；憑金之永存，紀芳幽」礎。執筆陳述，愧其直書。銘曰」：

鬱哉明敏，茂德焕然。源流前史，挺生後賢。和如春景，行若秋天。思含鳳藻」，識比龍泉。司計領劇，民部再揚。神理莫測，殲我貞良。道長運短，遠迩悲傷」。藏幽石兮不朽，紀盛績兮永芳。

刻字人邢公素」

## 按

誌主楊士真，《唐書》不載。墓誌所載其郡望世系、生平事迹，及其主民戶、理財賦等，對于研究唐代財政職官等，有一定的資料價值。此誌書法端莊遒麗，工整渾厚，是唐代楷書之佳品。另此誌出土地域不詳，據墓誌"葬公于崇義鄉南姚村"，則當出土于今西安市南郊長安區南窑村一帶。

379.829　李晟碑

## 説 明

唐大和三年（829）四月刻。碑螭首龜趺。通高437厘米，寬144厘米。額文5行，滿行4字，篆書“唐故太尉|兼中書令|西平郡王|贈太師李|公神道碑”。正文楷書34行，滿行61字。裴度撰文，柳公權書丹並篆額。碑原立于高陵縣榆楚鄉渭橋村，1994年移高陵縣文化館。現存西安市高陵區一中碑亭内。《金石録》《石墨鎸華》《金石萃編》《高陵碑石》等著録。

## 釋 文

唐故太尉兼中書令西平郡王贈太師李公神道碑銘并序」

特進爵司空兼門下侍郎同中書門下平章事充集賢殿大學士上柱國晉國公臣裴度奉敕撰」

朝散大夫守尚書庫部郎中翰林侍書學士上柱國賜紫金魚袋臣柳公權奉敕書并篆額」

惟天錫成，命於」我唐，保兹國祚，生此人傑，則西平王李公其是乎！不然，何覆暴如風振槁葉，戴君若鼇冠靈山。橫流之中，一匡而定。公諱晟，字良器。其先隴西人」也，後徙京兆。曾祖嵩，皇岷州刺史，贈洮州刺史。祖思恭，皇洮州刺史，贈幽州大都督。考欽，皇左金吾衛大將軍、隴右節度經略副使，贈太子太保。代有名」迹，雄于西土。公幼好學，學不爲人。及讀吕、張、孫、吴之書，慨然有經邦濟物之志。未弱冠，遊秦、涼間，元侯宿將見者咸器異之。乾元初，嘗客武都，值酋豪以缺守邅」亂，殺掠平人。公與所從十數馳而射之，殪其爲魁者，餘黨遂逋。寇所虜獲，積如丘山，公一無所取，惟椎牛釃酒享士而去。邦人咸服，具以狀以聞，特拜左清道率」，飾以金紫。將朝京師，自獻方略。屬裔夷紛擾，有土急賢，河、隴將帥，相繼表用。歷二府右職，所至常以才謀爲其委重。累遷至光禄太常卿，階爵在第一品，涇原」四鎮北庭節度都知兵馬使、四面都遊弈使。懸識虜態，周知地形，應變不窮，有奪有待。驥騄庭而莫展，雲出岫而斯飛」。代宗徵之以左金吾衛將軍，爲神策軍兵馬使。屬羌蠻犯蜀，朝廷濟師，命公督禁旅，絕棧道，而往救焉。公銜枚過險，出賊不意，連下堅壁，遂誅首惡。還，授」檢校太子賓客，且復舊職。建中二年，田悦以魏叛」，德宗極意致討，悉起徂征，以公爲神策先鋒都知兵馬使，加御史中丞，與河東、河南等道諸軍合擊。公濟河而行，能以衆整。及破洹水陣，解臨洺圍，轢魏屬城，抵」燕通邑，其摧鋒衄鋭，皆先群帥而置力焉。遥拜左散騎常侍、兼御史大夫。厥功未成，聞賊泚肆逆，皇居失守，西向慟哭，載馳載驅。行及代北，授檢校工部」尚書，充神策行營節度。公提孤軍，募散卒，拊循訓勵，以達行在。值懷光中叛，大駕再遷，加檢校右僕射，餘如故。尋轉左僕射，同平章事，兼京兆尹，神策軍京」畿鄜坊節度觀察等使、管内及商華等州副元帥。公固守渭城，决平秦壘。調食制用，先發我私；捐甘攻苦，皆自我始。每一言一誓，聲淚俱發。勇夫義士，感而使之」，蔑不濟矣！時自雍而東，延于汝、洛，震于河、汴，所在征鎮，亂略相從。公介巨盜之間，使聲援斷絕；立成師之法，致號令肅嚴。蒐捕十旬，指揮一舉。乘埤墾如通道，笞」梟獍以清宫。而九市三條，無輙肆之驚，無秋毫之犯。羽書速告，欒絡爰歸。廓氛祲爲祥光，攄憂慎爲喜氣。《詩》曰：“允矣君子，展也大成。”斯之謂歟！考古視」今，論功稱忠者多矣。若至危而安，至難而易，卓犖跨邁，如公莫儔。拜司徒、兼中書令。俄以凶孽甫寧，邊防猶警，岐下任重，乃以本官兼鳳翔尹、鳳翔隴右節度觀」察等使，及四鎮、北庭、涇原等州副元帥，改封西平郡王，加食實封至一千五百户。公名憺戎王，政和藩部。始至而生植，少安而訓齊。逮四載，賦興十倍其初。會課」入輔，拜太尉，中樞如故。人或謂公：勳望已高，寵渥已極，宜從容頤養，稍稍遜避。公曰：“不然。人臣外則盡力，内則盡心。若止偷榮，孰爲且哲？”故每承帷幄之問」，則言咈無隱，理奪不回。大指以東夏可平，西陲可復。或已行而事終不顯，或未用而身遽不遺。以貞元九年八月四日薨于位，春秋六十七」。德宗撫几，哭於別次。自都邑達關畿，無士庶，無老幼，皆發哀相吊。則曩時戢兵安人之德，可謂浹於元元之骨髓矣！册贈太師，遠賵加等。以其年十二月十六日」，葬于高陵縣奉正原，鄭國夫人杜氏祔焉。自捐寢至安宅，皆所司辦護，中貴反覆，萬情所奉，如不及焉。嗚呼！以公之静難扶傾，不言所利，雖存殁極位，始終殊禮」。而天意若曰其福享未至，故迤邐於後。有子曰愿，故檢校司空、河中節度等使，贈司徒。五列雄鎮，三爲上公。曰聰，故光禄寺主簿。曰總，故太子中允，贈兵部郎中」。曰慇，左神武軍大將軍，兼御史大夫。曰憑，故右威衛大將軍，兼御史中丞，贈洪州都督。曰恕，故光禄卿，贈右散騎常侍。曰憲，檢校左散騎常侍、嶺南節度觀察等」使，兼御史大夫。進因貴胄，達以善政。曰愻，故檢校左僕射、同平章事，贈太尉。克廣前脩，仍執醜虜。曰懿，故渭南縣尉。曰聽，檢校司徒、義成軍節度觀察等使。統戎」按俗，是以似之。曰惎，右羽林軍將軍。曰愿，嵐州刺史。並地勢吏用，兼而有焉。粤太和元年秋七月，聽拜疏上言：以公之徽烈，則御製碑文於渭川矣！公之」風度，則詔命圖形於雲臺矣！唯大其丘壟，鬱彼松檟，望有祁山之象，拜無峴首之

局部

碑。將刊貞石，式表幽隧，乃命臣度稱伐言時。其詞曰」：

建中季年，大盜忽焉。皇輿避狄，狩于梁川。顧謂太師，汝才汝略。將威致討，必殄寇虐。太師泣奉，捐軀誓衆。度其成城，可以利用。赫矣鋪敦，傅于牆垣。手搏」足踦，如衝如掝。一鼓而破，一麾而奔。掃清宮闈，刷蕩妖昏。我師薄止，我令行矣。都人不知，已事方喜。飛章告慶，飭駕言旋。鴻烈耀古，歡聲動天。車服之錫」，河山之誓。九命而俯，一心若厲。俾侯于歧，阜安邊陲。藩政既成，袞職攸宜。嶽降帝賚，矢言詭辭。我后嘉猷，我躬何爲。道直氣和，勞謙終吉。福履所綏，未享」萬一。上天不惠，厚夌遄歸。垂裕流光，用延恩暉。翼子肥家，將壇台席。繼立奇功，代傳休績。聽與伯仲，永懷高蹤。請于朝廷，表是丘封」。帝曰孝哉，胡可不從。宣我祖之丕業，繄爾父之嘉庸。乃詔作銘，以觀億齡。

太和三年歲次己酉四月庚戌朔六日乙卯建」

## 按

李晟，字良器，洮州臨潭（今甘肅臨潭）人。唐代大將。十八歲從河西節度使王忠嗣，後因擊羌、党項、吐蕃屢有功，累遷太常卿、涇原四鎮北庭節度都知兵馬使，封合川郡王。德宗時，朱泚叛，李晟回師討伐，收復京師。以功拜司徒兼中書令，改封西平郡王。李晟好善嫉惡，治家嚴謹，卒諡忠武。兩《唐書》有傳，碑文與之可互證互補。由于此碑主爲功績卓著的李晟，撰者爲中唐名相裴度，書者爲中唐著名書法家柳公權，故世人推稱此碑爲"三絶碑"。是碑爲柳公權知天命之年所書，書法技藝日臻嫻熟，故爲歷代書家所重。此碑書體結構嚴謹，重心穩定，顯示了柳體書法舒展灑脱的風度。

撰者裴度，河東聞喜（今山西聞喜）人，字中立，德宗貞元五年進士。憲宗元和時，歷遷司封員外郎、中書舍人、御史中丞，力主削平藩鎮。穆宗時數出鎮入相，與白居易、劉禹錫酬詩唱和。

書者柳公權，唐京兆華原（今陝西銅川市耀州區）人，字誠懸。憲宗元和進士，穆宗時遷司封員外郎，文宗時爲中書舍人，武宗時累封河東郡公，官至太子少師。以正楷知名天下，與顔真卿並稱"顔柳"。

891

380.829　田元素玄室銘

## 説　明

唐大和三年（829）七月刻。誌正方形。邊長52厘米。誌文楷書30行，滿行30字。宋若憲撰文，郗玄表書丹。誌四側飾壼門內十二生肖圖案。誌文上部泐蝕嚴重，個別字有損。西安市出土，具體時、地不詳。現存西安博物院。《隋唐五代墓誌滙編》《全唐文補遺》《長安碑刻》著録。

## 釋　文

唐大明宮玉晨觀故上清大洞三景弟子東嶽青帝真人田法師玄室銘并叙」

從母內學士宋若憲撰」

太清宮內供奉三教講論大德兼左街道門威儀賜紫郗玄表書」

叙曰：道尊德貴而常自然，唯老氏乎？天生哲人，懷道抱德，闡無爲之教」，人莫測其深淺者，其唯我仙師乎？仙師姓田氏，諱元素，字知白，其先京兆」□原人也。曾祖茂宣，皇任同州長史。祖淮，皇韓城縣大夫。父歸道，高道不仕。幼」慕黃老，參授上法，号玄靖先生。探希微之妙旨，得河上之真宗。所著疏義，玄之」□也。仙師幼而聰辯，仁孝自天。宿合道真，辭榮弃俗。玄冠黃褐，志溢煙霞」。元和九年夏五月詣開元觀，依三洞法主吳君，授上清真訣。遂研精秘奧，無不」通。內事典墳，遍皆披覽。演五千之玄妙，聽者盈堂；登法座而敷揚，觀者如堵」。元和己亥歲，有詔召入宮」。憲宗一見，甚器異之，於玉晨觀特爲修院居止焉。夏六月，講次」□觀德□，一聞法音，再三加歎。遂賜章服、玳瑁冠、玉簪等。錫賚重疊，輝映法徒」，□爲一時之盛也。每一講説，妃嬪已下，相率而聽者，僅數千人。或捨名衣，或捨」□寶，願爲師弟升堂入室者，不可數焉。長慶末甲辰歲，遂絶粒茹芝，餐霞咽液」。□色皎潔，逾於昔時。入靖修持，則与真仙爲侶；登齋講贊，則有靈鶴徘徊。志願」居山，以尋靈迹。有詔賜許，遂其本心。而太后惜其德能，遽違不聽。乃從」容於道德之場，栖心於白雲之表。夏五月，忽染微疾。天醫御藥，道路相望」。太后親問，給侍醫藥等物焉。以大和三年五月廿九日，終於玉晨觀私院，享年」□三。太后哀慟」，□上興悲。如何上天，殲我明哲。賻絹三百匹，錢百萬，以充喪事，禮也。門生擗踊」，□侶號咷。千有餘人，崩心灑血。師之存也，不以財利爲榮。及終亡也，家無餘財」，□有樂器十數事而已，所爲淡泊清廉者矣。所殯殮之具，皆出法侶門生之賻」□焉。粵以其年七月七日，葬於萬年縣洪固鄉畢原之禮也。哀哀慈母，痛切肝」□；叫叫同生，摧心泣血。筮兆叶吉，窀穸有期。懼陵谷之有遷，刊貞石而爲誌。其」□曰：

□嶽降靈，仙師誕生。志行高潔，不慕時榮。□服黃冠，晦迹藏名。闡三玄之妙」旨，演道德之玄經。漱咽靈液，咀嚼芝英。乘彼白雲，上朝玉京。吾師去矣，法侶何」□。銜酸茹痛，泣血漣洏。書仙師之德行，述仙師之令儀。庶千載之不朽，刊」□石而記之」。

## 按

誌主田元素，道教大法師，居止于皇室玉晨觀，爲皇上及皇室成員講解道教法典。從此墓誌可見當時皇室重視道教及道教興盛之況，如"演五千之玄妙，聽者盈堂；登法座而敷揚，觀者如堵"，"每一講説，妃嬪已下，相率而聽者，僅數千人。或捨名衣，或捨□寶，願爲師弟升堂入室者，不可數焉"，雖有夸大之嫌，但亦反映了道教在中唐成爲顯教之盛況。

381.829　張寧墓誌

## 説　明

唐大和三年（829）九月刻。誌、蓋均爲砂石質。蓋盝形，誌方形。蓋邊長38厘米；誌高47厘米，寬48厘米。蓋文2行，滿行2字，篆書“張公」墓誌”。誌文楷書25行，行字不等。許道敬撰文。蓋四殺飾八卦符號。誌輕度剥蝕，部分誌文漫漶不清。又标题下有“至丁亥年二月合祔”字樣。1995年靖邊縣紅墩界鄉圪坨河村出土。現存榆林市文物保護研究所。《榆林碑石》《新中國出土墓誌（陝西叁）》著録。

## 釋　文

唐故夏州節度衙厢馬步兼四州蕃落都知兵馬使銀青光禄大夫檢校國子祭」酒兼殿中侍御史上柱國清河張寧墓誌銘有序」

攝夏州節度掌書記前鄉貢進士許道敬撰」

党項日橫，廷議罪不赦。二年，詔邊帥四面舉兵以窘之。時祭酒□」以膽氣自負，儕列憚服，而士卒樂爲用。討賊節帥李常侍初奉」詔，乘賊不備，遣軍候李茂曾領兵襲榆平。祭酒爲監城使，亦以六州蕃」部与所主兵士五千人，自德静鎮走數百里爲外應。茂曾望見賊，怯不敢鬬，引」兵還，賊亦解去。嗟恨頗久，由始不用其謀也。及李常侍率鹽、夏兵屯洪門砦，方」與南山賊族決勝負。守城壁皆被創，贏餓之士不滿千人，城之門晝不」敢啓。食既盡，爨無樵蘇。賊聲喈喈，出必掠去。時選河中主將領步」騎五百人，援軍食於銀州，迴及蛇谷，再遇賊而再爲邀奪，以是」人心益恟。監軍使自監城，吐誠以召，且以旦暮危亡爲託。因授河」中步騎。抵銀州，率營田耕牛運數千斛，每至則與牛并食之，去」復者四。賊懼其指畫有倫，愕不敢近。孤軍稍震，莫不賴之。至於主掌」他郡，秉公立事，皆在人口，故略而不書。祭酒諱寧，京兆人也。父諱崇，有定」難功。以材力顯。初效力禁衛，李寰僕射愛其語直有勇，因以拔距一將」廮之。五歷職，授國子祭酒；又至五歷職，再遷監察御史；又七居顯職，奏授」殿中侍御史。敕書至，而已歿於德静鎮，享年六十六。噫！才最優而厄」於晚遇，功甚著而屈於無時。官未高，名不赫赫，豈非命乎？君娶安氏」女，生子七人：長曰重遷，衙前兵馬使；次重穎，義勇軍使；次重慶，衙前虞候」；次重邁，衙前兵馬使，初，李常侍戰於長城，爲賊所窘，二人控馬突重圍而出，其於」氣類乃父風；次重圭，子弟虞候；幼曰重會、重貴。女三人，長適前太常寺録事東」鄉淵。以其年九月廿一日，權葬于夏州朔方西平烽下。掌書記許道敬訪其實以誌之。其」□曰：

自古名將數亦奇，血力用盡功難期。祭酒勇氣高邊陲，推挽上道獨不時」。□□節制尚書知，□□□□□可悲。朔方縣西西平烽，石刻壯勇存其中。孫孫子子多□功，立石乃□□漠城」。

## 按

誌主張寧，京兆人，《唐書》無載。誌云“党項日橫，廷議罪不赦。二年，詔邊帥四面舉兵以窘之。……祭酒爲監城使，亦以六州蕃部与所主兵士五千人，自德静鎮走數百里爲外應”，記載了當時唐朝對党項的一次戰爭，描述細緻，可補史闕。“監城使”一職，《唐書》無載。

382.829　娥冲虚墓誌

## 説 明

唐大和三年（829）十月刻。誌爲砂石質。長54厘米，寬52厘米。誌文楷書20行，行字不等。楊敬儒撰文。20世紀90年代後橫山縣雷龍灣鄉沙梁村廟梁北出土。現存榆林市文物保護研究所。《全唐文補遺》《榆林碑石》著録。

## 釋 文

大唐故游擊將軍涇州四門府折衝上柱國賜紫金魚袋河東娥」府君墓誌銘并序
前攝荆州司馬試左武衛兵曹參軍楊敬儒撰」
氣象中邈，英靈間生。所以嵩岳出雲，荆岑孕玉，稱之久矣」，覿之罕矣，則公儔之矣。娥氏者，自軒轅配天，由是得姓。公諱冲虛」，貫夏州朔方縣彰善鄉道泰里」。曾授太原竹馬府折衝諱欽盛，皇太原王氏。祖處道不事諱」玄貞，皇河南潘氏。父授定遠將軍、左衛翊府中郎、上柱國、賜紫」金魚袋諱遊俊，皇洪同許氏。咸爲時傑，共守廉直。文房既啓」，武庫復列。志若殊功異迹，胡可具載。公門傳朔漠，藝映孫吳，遂」抗志從軍，推誠奉國。或北征獫狁，或西伐昆夷，挺一劍於黃沙，振高」名於青史。何圖驚風折木，逝水激波，二豎成灾，兩楹妖夢。則大和三」年三」月廿五日寢疾終於私第，春秋七十有六。夫人清河孟氏，天資令淑，儀」範雍雍。柔和著中饋之名，旦夕有齊眉之敬。謂其偕老，何乃忽睽。哀」纏總緯，晝哭知禮。嗣子獻誠，次獻榮、獻文、獻武，夙承嚴訓，詩書在」躬。泣血繼以高柴，絶漿方其顧悌。時以大和三年己酉歲乙亥月戊」申朔十四日辛酉，扶護安厝于朔方縣東肆拾里橫水西原」之禮也。誌由記也，勒于貞石，用旌不朽。乃爲銘曰」：
黍稷非馨，仁人是聽。長歸蒿里，永謝公庭。其一」。令子哀哀，涕零胸臆。違養之心，昊天罔極。其二」。穹崇古原，浩汗平沙。新墳寂寥，孰不傷嗟？其三」。

## 按

誌主娥冲虛，誌云"娥氏者，自軒轅配天，由是得姓"，又云"貫夏州朔方縣彰善鄉道泰里"，"門傳朔漠"，據姚薇元考證，代郡娥氏本姓拓跋，因事被黜，以名爲氏。

383.830　何文悊墓誌

## 説 明

唐大和四年（830）十月刻。蓋盝形，誌方形。蓋邊長91厘米；誌長90厘米，寬86厘米。蓋文5行，滿行4字，篆書"大唐故右」領軍衛上」將軍贈泰」子少保何」公墓誌銘"。誌文楷書60行，滿行57字。盧諫卿撰文，李銖書丹。蓋四殺飾四神圖案，四周飾寶相花紋；誌四側飾壺門內十二生肖圖案。誌左上角殘，個別字有損。1966年西安市西郊出土。現存陝西省考古研究院。《隋唐五代墓誌滙編》《全唐文補遺》著録。

## 釋 文

唐故銀青光禄大夫檢校工部尚書守右領軍衛上將軍兼御史大夫上柱國廬江郡開國公食邑二千户贈太子少保何公墓誌銘

并序」

故吏前鄜坊節度判官朝議郎殿中侍御史内供奉上柱國盧諫卿撰」

故吏前鄜坊節度巡官通直郎試大理評事李銖書」

葱嶺崛秀於西陲，歸邪耀芒於北極。應圖而梯航委質，誕粹而英髦特生。其非社稷長齡，家聲兆慶，則雄才驍帥，焉契於聖期；妙筭臧謀，詎」生於厄運。徵其否泰之際，求夫危急之秋。鷹揚挺匡復之勳，龍戰有克寧之捷者，其唯我公之胄歟。公諱文悊，字子洪，世爲靈武人焉。洎根彼」長源，窮其發地，則又輝於我門矣。公本何國王丕之五代孫，前祖以永徽初款塞来質，附于王庭。簪纓因盛於本朝，爵賞由光於中土。曾」祖懷昌，皇中大夫、守殿中少監，賜紫金魚袋。權兼六局，職備大朝。肴膳無廢於供儲，勞績共多於修舉。祖彦詮，皇正議大夫、行丹州別駕、上柱國」。王祥屈居別乘，諸葛攸展良材。稽功尚襲於遺芳，積善果徵於餘慶。列考遊仙，皇寶應元從功臣、開府儀同三司、行靈州大都督府長史、上柱國、贈尚」書右僕射。禄山僭盜，肅宗幸邊。毒志方肆於狼心，義勇共殲於梟帥。功均正始，褒典自頒於夏書；光被承家，追級尋高於漢曆。公即僕」射之第三子也。孩笑尚掃除之志，弱冠通戰伐之經。雄圖未展於戎場，俠氣尋高於附黨。貞元初，德宗追惟舊勳，悉求其後。乃下詔兩廣，即」令搜揚。時開府護軍中尉寶公文場，以公名聞，旋補左軍馬軍副將。又四年，加忠武將軍，仍試授光禄。楚王懼子文無後，韓厥惜宣孟之忠。年」代寂寥，疇庸間起。功既銘於剪伐，恩遂及於興亡。十五年，皇帝獻歲會朝，執珪御殿。公魁岸長鬐，穎脱軍前。德宗目而偉之」，退朝敕左右圖形録進。既而詠歎無歎，錫賚甚繁。尋許轉主兵正將。王商鴻大，威棱實憚於北庭；田奉言容，褒異遂隆於南面。憲宗纂」位，制加雲麾將軍、試鴻臚卿、兼上柱國。二年，充馬軍廂虞候知將事，累授散兵馬使。五年，制封廬江縣開國子，仍食邑五百户。十年乙未，進階銀」青，俄改賓客、兼監察御史。丙申，又轉廂使兼押衙。丁酉夏，改正兵馬使，舊職如故。庚子建戊寅，憲宗厭代，神馭不留。明月閏三月，穆」宗立，公有册勳焉。不日觀稼昇陽殿，有頃，召公與語。宸睠褒美，獨奉恩需。即於行在，賜物有差。或名傳洰水，或價重齊紈。恩自九天，榮於」一代。越月，授雲麾將軍、兼左神策軍將軍知軍事、充步軍都虞候。明年，長慶建号。二月，加殿中。其日，詣銀臺奏謝，敕令前殿對来。就列之時，顧遇」尤異。帝謂公曰："卿翊衛心膂，爲朕爪牙。"即令宰臣別議超獎。是月，特加御史中丞。易稱三接，史贊九遷。求之我公，盡得於此。壬寅三月，遷雲麾」將軍、守左神策大將軍、兼御史中丞。公儀範磊落，氣概孤邁。兵符參於六甲，戎政美於兩軍。若非河圖降祥，岳靈鍾秀，則偉度奇質，神骨天姿，焉能」標準寰區，儀形上國哉。公控制十萬，祇奉六朝，勳績屢彰，渥澤弥篤。洎皇帝坐朝百越，祈福六宗，或登壇禮天，或端扆納貢。公出入通」籍，申宮外藩，交戟百重，軍衛千列。指揮而風雲變色，顧眄而夷狄喪精。及綵仗還宮，虹旌徹警，深恩厚賞，唯公加焉。漢主重於解衣，嘗頒御」府；曹皇多於綈帶，必降王人。嘉柔羅列於八珍，篋笥交輝於五色。雖光武之多於馬援，晉朝之遇於羊祜，以此而言，何足方也。公幼閑武藝，生知」將謀。自效試此軍，更踐繁劇。幹用無比，馨香不凋。制變洞星圖火陣之機，攻取得乘危擊虛之便。属軍号強悍，人稱雄豪。臨之以法懼不安，待之以寬」輒難理。唯公水火兼濟，恩威並驅，步伍車徒，無不畏服。絶甘分少之德，高視於寬饒；長孤問疾之勤，齊芳於勾踐矣。明年正月，穆宗昇遐」，神器有歸，敬宗嗣位。夏四月，賊臣張韶乘間竊發，敬宗失御。越在左軍，公領敢死七千人，或攔甲重門，嚴其環衛；或荷戈討乱，誅剪」群兇。社稷之慶素長，反正之功旋著。凡曰昏狡，無不梟夷。獲醜執俘，八十餘數。其夜，敬宗召見與語，公歃血誓志，期於掃除。且云："今日投」卿，安危斯在。還宮之後，必議甄酬。"公願拯橫流，受命嗚咽。翌日，車駕刻復，再恢皇網。帝感其忠貞，嘉乃勳績，約賜金銀器及錦綵等五」百餘事，尋遷御史大夫。乙巳之歲，帝始南郊。皇極惟新，改元寶曆。甲辰三月，復降新恩，特加左散騎常侍，依前神策大將軍事。其年月建丁」丑，宦者劉克明構釁蕭墙，賊乱宗社，毒肆渠逆，禍及敬宗。其時寇害暴興，王業幽辱，臣妾波蕩，人鬼風號。雖有嗣立之名，未是適

局部

從之」主。公領神策勇士万餘人，與故開府中尉魏公弘簡，創議協心，掎角相應，誓清逆黨，佇開天衢。又選驍勇數百人入內搜斬，自辰及酉，氛浸悉平。掃」豺狼於談笑之間，前無强敵；剪鯨鯢於波瀾之上，靡有孑遺。然後與開府右軍中尉梁公守謙，同謀義始，選練精兵，册建我皇，匡合文物。公以忠」□扶四大，以義脉貫百骸，研朱比心，礪石爲節，故能立功鵲起之際，植志梟據之時。昔二虢享於周封，勳高史筆；旦奭榮於燕魯，業銘景鍾。公之績」用，庶並於此。其月，詔加檢校工部尚書，旌其勞也」。今上統極之明年，改号大和。春三月幸昇陽殿，獨召公入語曰：“卿有莫大之功。社稷今存，是卿之力。即令宰臣与卿土地。”其年月建庚戌，遷鄜州」刺史、充鄜坊丹延等州節度觀察處置等使。公素有吏才，又閑軍政。至止之後，務勤葺綏。一之日決冤滯，議刑獄。二之日問人疾苦，闢田勸農。三之」日謹關防，訓兵習馬。四之日進善黜惡，犒有德，録有功。五之日訪粮儲，閱戈甲。暨初臨而三軍畢喜，一月而百姓獲安。二月而刑獄平，冤滯釋。三月而」田疇墾闢，疾苦不作。四月而兵士訓實，器甲完備。五月而關防静謐，烽燧不驚。公杖節三年，終始一致。而人樂其善，軍不懈嚴。其爲官理戎之績，得」悉數焉。明年己酉正月，策勳進封廬江郡開國公，食邑二千户。庚戌春正月，詔追還京。二月，授右領軍衛上將軍。方期領袖天庭，准繩風俗，更膺」廉問之寄，歷踐斧鉞之榮，不幸寢疾，享年六十七，以其年四月一日薨于長安縣義寧里之私第。寮吏流涕，士林改色。皇情震悼，特加褒崇，詔」贈太子少保，輟正朝一日。哀榮之典既備，竆爹之魂有光。其非德及生人，恩深軫慟，曾何以加焉。惟公天質爽俊，風韻蕭灑。凝眸而暮壑蹲虎」，顧眄而秋空擊雕。天下之人，謂公爲堂堂男子、落落丈夫矣。惟公武藝絕倫，妙略神假。制敵而墨子縈帶，臨難而終軍請纓。義敦在三，功最第一」。天下之人，謂公爲忠矣。惟公堂有媚姊，坐有孤甥。慈惠及於六親，仁義鍾於九族。燔炰之貴，廩給自豐。啜菽之歡，退食斯在。天下之人，謂公爲」孝矣。惟公入典禁戎，出建旗鼓，身曳紫綬，腰橫黃金。怒可以困人於沉塹，喜可以拔士於雲霄。而公益尚謙冲，卑以自牧。天下之人，謂公爲能」守位矣。惟公富而有疆土，稚總兵權，被服可以窮輕纖，飲食可以殫滋味。燕趙可以溺心意，娛宴可以列歌鍾，馳騁可以縱佃獵。而公端居自檢」，非禮不動。天下之人，謂公爲賢矣。惟公清爲廉問，寄重塞垣。苟一壟不耕，必勸之；一田不稔，必復之。一兵不勵，必柣之；一矢不中，必罰之。天下之」人，謂公能理人統軍矣。噫。天爵有五，公能得之；中壽滿百，公宜履之。何垂天之逸翮，忽厚地而曝鬐。嗚呼嗚呼！已而已而！夫人康氏，皇奉天定」難功臣、試光禄卿普金之女。有子兩人。以貞元十三年六月十九日，終于延壽里之私第。公追惟前好，猶乞嘉姻。爰以其年，復就親迎，即前夫人之第」三妹也。有子四人，女四人。夫人從公之爵，封於會稽郡，爲郡夫人焉。長慶四年十二月，享年卌六，疾恙不世，終於左神策之公館。長子公賁，皇瓊王府」參軍、廬江郡開國公、食邑二千户。次子公質，朔方節度押衙、兼節院兵馬使、兼監察御史。家承義勇，世襲疇勞。嘗在五原，扞禦蕃宼。決機料敵，勢比風驅」。論公舉勞，近若天啓。次子公貞，前行和王府參軍。氣禀清明，學參鄒魯。忠信是寶，迹已造於孔門；篇詠自娱，志尋棲於文苑。次子公賞，左神策軍押」衙知將事、銀青光禄大夫、檢校太子賓客、兼監察御史。瑰姿奇狀，得鳳凰之一毛；妙筭軍機，噬孫吳之七略。雄情始侔於鴻漸，徽烈攸冀於鵬圖。次」□試太常寺協律郎公實。秀而不稔，已興歎於宣尼；逝者如斯，奄徵文於魯語。次子公贊，行安王府參軍。年方嗜學，卓爾生芻。志尚雲霄，佇爲貞幹。並」□喪殘毀，泣血增哀。顧日月而有時，考休貞而是卜。以其年十月八日，啓二夫人而祔葬于長安縣布政鄉大郭村龍首原，從權也。嗚呼！曉霜皚皚兮」□日流光，輀輿緫帶兮奠別高堂。挽緋悲歌兮將辭帝鄉，寒風切切兮賓御浪浪。山河寂落兮松柏莽蒼。笳簫嗚咽兮嘶馬蹢躅，車乘儼列兮」□旐飄揚。黃泉閉兮青燈熱，素軸反兮玄夜長。銘曰」：

　　□瀆流精，河圖誕靈。持顛而誰，惟良挺生。貴相標拔，義概崢嶸。容止不群，帝命圖形。沉沉禁署，硌硌環列。匡衛是重，陛戟攸設。惟公統之，惟」□賴之。明宵有程，警蹕無疑。帝運中否，陰謀竊發。勾陳失守，乘輿播越。環衛振旅，櫑槍撲滅。惟公勷力，銘於有截。寇害猇狂，篡毒」□□。血污行殿，虜中御床。王師既列，我矢亦張。惟公芟剪，社稷用康。僞孽已平，論公策名。登壇授鉞，有土專征。六師既理，雙旌啓行。虜」□□□，人安北局。雄圖方壯，朝露旋晞。良木既壞，蕙蘭亦萎。皇情震悼，褒崇異之。車徒惨澹以無色，賓從涕集而交頤。青鳥已笯，素車在門。辭」□□□□度，望漢陵之近村。榮華熏灼兮光儀永閟，功名輝赫兮竹帛空存。松櫃認將軍之樹，文字旌忠烈之魂」。

**按**

誌主何文哲，其先源自昭武九姓何國，唐高宗時東遷歸附于唐。曾祖懷昌、祖彥詮、父遊仙皆仕于唐。《舊唐書·文宗紀》云“（大和元年九月）癸亥，以左神策將軍、知軍事何文哲爲鄜坊丹延節度使”，與誌文相合。本誌篇幅較長，記述墓主事迹頗富細節，可補正史之闕。

## 説 明

唐開成元年（836）四月刻立。碑青石質，長方形。長124厘米，寬60厘米。銘文楷書41行，滿行20字。令狐楚撰文，柳公權書丹。1986年西安市太乙路北段出土。現存西安碑林博物館。《全唐文補遺》《西安碑林全集》等著録。

## 釋 文

大唐迴元觀鐘樓銘并序」

銀青光禄大夫守尚書左僕射上柱國彭陽郡開國公食邑二千户令狐楚撰」

翰林學士兼侍書朝議大夫行尚書兵部郎中知制誥上柱國賜紫金魚袋柳公權書」

《禮》之《樂記》云：“鐘聲鏗，鏗以立號，號以立橫。”言號令之」發，充滿其氣也。《春秋》之義，有鐘鼓曰伐，言聲其罪以」責之也。而道人桑門師亦謂爲信鼓，盖以其警齋戒」勤惰之心，時朝礼蚤暮之節。故雖幽巖絶壑，精廬静」室，随其願力，靡不施設。京師萬年縣所置迴元觀者」，按乎其地，在親仁里之巽維；考乎其時，當至德元年」之正月。前此天寶初」，玄宗皇帝創開甲第，寵錫燕戎。無何，貪狼睢盱，獟豕」唐突。亦既梟戮，將爲汙潴」。肅宗皇帝若曰：其人是惡，其地何罪。改作洞宫，謚曰」迴元。乃範真容，以據正殿，即太一天尊之座，其分」身歟！貞元十九年，規爲名園，用植珍木，敕以」像設，遷於蕭明觀名。輦輿既陳，組綍將引。連牛胸喘而」不動，群夫股慄以相視。俄而或紫或黑，非煙非雲，蓬」勃窗牖之間，絪緼階砌之上。主者惶恐，即以狀聞」。德宗皇帝駭之，遽詔如舊，而廊廡未立，鼓鐘未鳴」。入者不得其門，遊者不知其方。大和初」，今上以慈修身，以儉莅物。永惟」聖祖玄元清静之教，吾當率天下以行之。由是道門」威儀麟德殿講論大德賜紫郤玄，表冲用希聲，爲玄」門領袖，抗疏上論，請加崇飾。其明日，内錫銅鐘」一口，不侈不掜，有銑有于，而帶篆之間，元無款識。今」之人其罔聞，後之人其罔知。四年夏，有詔女道士」侯瓊珎等同於大明宫之玉晨觀設壇進籙，遂以鎮」信金帛刀鏡之直，并中朝大僚、外舍信士之所施」捨，合七十万，於大殿之前少東創建層樓。樂櫨既構」，簨簴既設，合大力者扛而登于懸間。鯨魚一發，坑谷」皆滿。初拗然而怒，徐寥然而清。沉伏既揚，散越皆黜」。終峰巖以振動，觀臺廓而開爽。聞其聲者，寢斯興，行」斯歸，貪淫由是衰息，昏醉以之醒寤。雖三塗六趣之」中，亦當湯火滄寒，葦桔解脱。鐘之功德，可思量乎！余」與威儀有重世之舊，聞其所立，悦而銘之。其詞曰」：

鐘憑樓以發聲，樓託鐘以垂名。鐘乎樓乎，相須乃成」。盤龍在旋，蹲熊在衡。百千斯年，吾知其不鑠而不傾」。

觀主太清宫供奉趙冬陽、上座韓諒」、監齋任太和、前上座王辯超、大德郭嘉真」、道士田令真、直歲田令德」

開成元年四月廿日立

邵建和刻」

## 按

碑文前半部分記述了唐代迴元觀的歷史沿革，其中提到迴元觀舊址原是唐玄宗賞賜給安禄山的宅第。碑文的後半部分講述了唐文宗給迴元觀賞賜銅鐘的經過，並贊揚鐘聲的美妙。此碑是柳公權五十八歲時所書，是現存柳碑中最完整者。其用筆骨力突出，清勁爽利，是研究柳體的重要資料。

撰者令狐楚，唐宜州華原（今陝西銅川耀州區）人。唐朝宰相。唐德宗貞元七年（791）進士。唐憲宗時累擢職方員外郎、翰林學士、華州刺史、河陽節度使，進至入朝拜相。富于文采，尤善四六駢文，尤以此《迴元觀鐘樓銘》聞世。《舊唐書》有傳。

386.837　李万林墓誌

大唐故右神策軍正將隴西郡永安府君墓誌銘并序
通直郎試左衛兵曹叅軍上柱國李易從撰
公諱万林字玄之隴西狄道人也　祖朝散大夫魏州大
都督府士曹叅軍上柱國賜緋魚袋法諱禕　父昭義軍
節度討擊副使太中大夫撿校秘書監上柱國諱及世
皆合章可貞職從王事忠孝内蕭正與外聞可以沈忠烈
孫承慶業之基功名久而不墜　公出身入仕祗奉六朝
可以貳催旋奉上無遠勤勞有效芳音水固未聞
湖衛惟　皇宮警諱　清禁式搜妖柞　豈有式遂襲柞
丹堰惟帝念功普垂　慶澤累加銀青光禄大夫撿校
太子賔客上柱國隴西縣開國子食邑五百戶用埒芳也
嗚呼梁木斯壞悲人其萎四氣忽乘復疾于室以開成一
夫人宋氏冰玉合德松筠此貞穆禮溫容來適　君字余
何不壽先公之終有子二人長曰懷峯次寧萬度傒前
兵馬使撿校太子詹事次曰懷發不逾一月隨文身亡
有女二人長適張氏婿居在家次適羅氏並孝友承家宸
殿過禮成盡痛思絕漿匪食欲備踽短之不常遂速營葬以
其年五月廿八日癸于長安縣就首百之禮也恕陵谷渝
改紀石泉扃銘曰
可嘆嘒芳隴樹蒼蒼　悲人其萎芳書劍兩亡
功名不隊芳魂堁故郷　貞珉雕誌芳萬古垂芳

## 説　明

唐開成二年（837）五月刻。蓋盝形，誌正方形。誌、蓋尺寸相同，邊長均40厘米。蓋文3行，滿行3字，篆書"大唐故」李府君」墓誌銘」"。誌文行楷22行，滿行22字。李易從撰文。蓋四殺、四周及誌四側均飾寶相花紋。西安市出土，具體時、地不詳。現存西安博物院。《隋唐五代墓誌滙編》《全唐文補遺》著録。

## 釋　文

大唐故右神策軍正將隴西郡李府君墓誌銘并序」

通直郎試左衛兵曹參軍上柱國李易從撰」

公諱万林，字玄之，隴西狄道人也。祖，朝散大夫、魏州大」都督府士曹參軍、上柱國、賜緋魚袋諱濟。父，昭義軍」節度討擊副使、太中大夫、檢校秘書監、上柱國諱令芝」。皆含章可貞，職從王事。忠孝内肅，正譽外聞。可以佐忠烈」，可以貳旌旄。奉上無違，勤勞有效。芳音永固，朱綬彰勳。子」孫承慶業之基，功名久而不墜。公出身入仕，祇奉六朝」。翊衛皇宫，警護清禁。或搜妖於紫府，或逐孽於」丹墀。惟帝念功，普垂慶澤。累加銀青光禄大夫、檢校」太子賓客、上柱國、隴西縣開國子、食邑五百户，用獎勞也」。嗚呼！梁木斯壞，哲人其萎。四氣忽乖，寢疾于室。以開成二」年夏四月六日，終于安定里之私第，享年七十有二」。夫人宋氏，冰玉含德，松筠比貞。穆穆温容，来適君子。奈」何不壽，先公之終。有子二人：長曰懷峯，邠寧節度衙前」兵馬使、檢校太子詹事。次曰懷岌，不逾一月，隨父身亡」。有女二人：長適張氏，孀居在家。次適羅氏。並孝友承家，哀」毀過禮。咸盡痛思，絕漿匪食。欺脩短之不常，遂速營葬。以」其年五月廿八日，葬于長安縣龍首原之禮也。恐陵谷渝」改，紀石泉扃。銘曰」：

山河鬱鬱兮，隴樹蒼蒼。哲人其萎兮，書劍兩亡」。功名不墜兮，魂歸故鄉。貞珉雕誌兮，萬古垂芳」。

387.839　唐三藏法師塔銘

## 説　明

唐開成四年（839）五月刻。碑長方形。長162厘米，寬79厘米。正文行書76行，滿行42字。劉軻撰文，沙門建初書丹。正文
倒數第二行有明人俞安期楷書"震維俞安期禮塔至因觀"題記。現存西安市長安區興教寺。《石墨鐫華》《全唐文》《金石萃
編》《陝西碑石精華》《長安碑刻》等著録。

## 釋　文

大唐三藏大遍覺法師塔銘并序」
朝議郎檢校尚書屯田郎中使持節洺州諸軍事守洺州刺史兼侍御史上柱國賜緋魚袋劉軻撰」

　　歲丁巳，開成紀元之明年，有具壽沙門曰令檢，自上京抵洛師，以縹囊盛三藏遺文傳記，訪余柴門于行修里」，且曰：聞夫子斧藻群言舊矣，詎直專聲於班馬，能不爲釋氏董狐耶！抑豈不聞貞觀初慈恩三藏之事乎！敢矢」厥來旨云。三藏事迹，載國史及《慈恩傳》。今塔在長安城南三十里。初，高宗塔於白鹿原，後徙于此。中宗」製影贊，謚大遍覺。肅宗賜塔額曰興教，因爲興教寺。寺在少陵原之陽，年歲寖遠，塔無主，寺無僧，荒涼殘委」，游者傷目。長慶初，有納衣僧曇景始葺之。大和二年，安國寺三教談論大德、內供奉賜紫義林修三藏忌齋」于寺，齋衆方食，見塔上有光，圓如覆鏡，道俗異之，林乃上聞，乃與兩街三學人共修身塔，兼礱一石於塔。至」三年修畢，林乃化，遺言於門人令檢曰：尔必求文士銘之。檢泣奉遺教，直以銘爲請。非法胤之冢嫡，誰何至此」乎。軻三讓不可，乃略而銘之。

　　三藏諱玄奘，俗陳姓，河南緱氏人。曾父欽，後魏上黨太守。祖康，北齊國子博士」。父惠英，長八尺，美鬚眉，魁岸沉厚，号通儒，時人方漢郭林宗。有子四人，奘其季也。年十三，依兄捷出家於洛。屬」隋季失御，乃從高祖神堯於晉陽。俄又入蜀，學《攝論》《毗曇》於基、暹二法師。武德五年，受具於成都，精究篇聚」。又學《成實》於趙州深，學《俱舍》於長安岳。於是西經前来者，無不貫綜矣。初，中國學者多以實相性空通貫群説」，俾象象蹄筌，往往失魚兔於得意之路。至於星羅棋布五法三性，析秋毫，以矢名相界，地生彙，各有攸處，曾未」暇也。大遍覺乃興言曰：佛理圓極，片言支説，未足師決。固是經来未盡，吾當求所未聞，俾跋眇兒視履，必使解」行如函蓋，始可爲具人矣。且法顯、智嚴何人也，猶能孤遊天竺，而我安能坐致耶。初，三藏之生母氏夢法師白」衣西去，母曰：何去。曰：求法。貞觀三年，忽夢海中蘇迷盧山，遽凌波而入，乃見石蓮波外承足，山險不可上，試踴」身騰踔，颯然飆舉升中，四望廓澈無際。覺而自占曰：我西行決矣。至涼州，都督李大亮防禁特切，逼法師還京」。法師乃宵遁，渡瓠蘆河，出玉門，經莫賀延磧，艱難險阻，仆而復起者，何止百十耶。自尔涉流沙，次伊吾，高昌王」麴文泰遣貴臣以駝馬迓法師於白力城，王与太妃及統師大臣等尊以師禮。王親跪於座側，俾法師躡足而」上，資贈甚厚，送至葉護可汗衙。又以廿四封書通屈支等廿四國，獻花繒五百匹於可汗，稱法師是奴第，欲求」大法於婆羅門國，願可汗憐師如憐奴。其所歷諸國，爲其王禮重多此類也。自尔支提梵刹，神奇靈迹，往往而」有，法師皆瀝誠盡敬。耳目所得，孕成多聞，与夫世稱博物者何相萬耶。詳載如傳。唯至中印度那爛陀寺，寺遣」下座廿人明詳儀注者，引參正法藏，即戒賢法師也。既入謁，肘膝著地，鳴足已，然後起。法藏訊所從來。曰：自支」那，欲依師學《瑜伽論》。法藏聞，則涕泗曰：解我三年前夢金人之説。佇尔久矣。遂館於幼日王院覺賢房第四重」閣，日供擔步羅菓一百廿枚，大人米等稱是，其尊敬如此。法師既名流五印，三學之士仰之如天，故大乘師号」法師爲摩訶天，小乘師号解脱天，乃白大法藏，請留之。法師曰：師等豈不欲支那之人開佛惠眼耶。不數日，東」印度王拘摩迎法師。戒日王聞法師在拘摩處，遣使謂拘摩曰：急送支那僧来。拘摩曰：我頭可得，僧不可得。戒」日神武雄勇，名震諸國，乃怒曰：尔言頭可得，可將頭來。拘摩懼，乃嚴象軍二萬、船三萬，与法師同溯殑伽河，築」行宮於河北。拘摩自迎戒日于河南，戒日曰：支那何不来。拘摩曰：大王可屈就。王既見法師，接足盡敬，且曰：弟」子聞支那國有秦王破陣樂。乃問秦王是何人。法師盛談太宗應天順人事。王曰：不如此，何以爲支那主。因」令法師出《制惡見論》。然小乘外道未即推伏，請於曲女城集五印沙門婆羅門等，兼十八國王，觀支那法師之」論，凡十八日，無敢當其鋒者。戒日知法師無留意，厚以象馬囊裝餞法師，又以素疊印書，使達官送法師所經」諸國，令兵衛達漢境。法師却次于闐，因高昌商胡入朝附表奏自西域還。太宗特降天使迎勞，仍制于闐等」道送法師，令燉煌迎于流沙，鄯鄯迎于沮沫。時帝在洛陽，敕西京留守梁國公玄齡備有司迎待。是日，宿」于漕上。十九年春正月景子，留守自漕奉迎于都亭，有司頒諸寺帳輿花幡，送經于弘福。翌日，大會於朱雀街」之南，陳列法師於西域所得經像舍利等。其梵文凡五百廿夾、六百五十七部，以廿馬負而至。自朱雀至弘福」十餘里，傾都士女夾道鱗次，若人非人，曾不知幾俱胝矣。壬辰，法師謁文武聖皇帝於洛陽宮。二月己亥，對」於儀鸞殿，因廣問雪嶺已西諸國風俗，法師皆備陳所歷，若指諸掌。太宗大悦，謂趙公無忌曰：昔苻堅稱道」安爲神器，今法師出之更遠。時帝將征遼，法師請於嵩之少林翻譯，太宗曰：師西去後，朕爲穆太后於」西京造弘福寺，寺有禪院，可就翻譯。三月己巳，徙弘福。夏五月丁卯，法師方開貝葉。廿年秋七月，法師進新譯」經論，仍請製經序，并進奉敕撰《西域記》十二卷。太宗美法師風儀，又有公輔才，俾法師褐緇褐，襲金紫。法」師因以五義襃揚聖德，乞不奪其志。遂問《瑜伽十七地》義。太宗謂侍臣曰：朕觀佛經，猶瞻天望海。法師能」於異域得是深法，非唯法師願力，亦朕与公等宿殖所會。及《三藏聖教序》成，神筆自寫。太宗居慶福殿，百」寮陪位，坐法師，命弘文館學士上官儀對群寮讀之。廿二年夏六月，天皇大帝居春宮，又製《述聖記》及《菩薩」藏經後序》。太宗因問功德何最，法師對以度人。自隋季天下祠宇殘毀，緇伍殆絕。太宗自此敕天下諸」州寺，宜各度五人，弘福寺度五十人。戊申，皇太子宣令請法師爲慈恩上座，仍造翻經院，備儀禮。自弘福迎」法師，太宗与皇太子後宮等於安福門執香爐，目而送之。至寺門，敕趙公英、中書令褚引入于殿内，奏九」

部樂、破陣舞及百戲于庭而還。廿三年夏四月，法師随駕于翠微宮，談賞終日。太宗前席攘袂曰：恨相逢」已晚。翌日，太宗崩於含風殿。高宗即位，法師還慈恩，專務翻譯。永徽三年春三月，法師於寺端門之陽造」石浮圖。高宗恐功大難成，令改用磚。塔有七級，凡一百八十尺，層層中心皆有舍利。冬十月，中宮方姙，請」法師加祐。既誕，神光滿院，則中宗孝和皇帝也，請号爲佛光王，受三歸，服袈裟，度七人。請法師爲王剃髮。及」滿月，法師進金字《般若心經》及道具等。顯慶二年春二月，駕幸洛陽，法師与佛光王發於駕前。既到，館于」積翠宮，終譯《發智婆沙》。法師早喪所天，因扈從，還訪故里，得張氏姊，問塋壟，已平矣。乃捧遺柩，改葬于西原」。高宗敕所司，公給備喪禮，盡飾終之道。洛下道俗赴者萬餘人，釋氏榮之。三年正月，駕還西京，敕法師徙」居西明寺。高宗以法師先朝所重，禮敬弥厚，中使旁午，朝臣慰問及錫賚無虛日，法師随得随散。中國重」於《般若》，前代雖翻譯，猶未備，衆請翻焉。法師以功大恐難就，乃請於玉華宮翻譯。四年十月，法師如玉華，館於」肅成院。五年春正月一日，始翻梵本，總廿萬偈。法師汲汲然，常恐不得卒業，每屬譯徒，必當人百其心。至龍朔」三年，方絶筆。法師翻《般若》後，精力刓耗，謂門人曰：吾所事畢矣。吾瞑目後，可以蘧蒢爲親身物。門人雨泣，且曰」：和上何遽發此言。法師曰：吾知之矣。麟德元年春正月八日，門人玄覺夢一大浮圖倒。法師曰：此吾滅度之兆」。遂命嘉尚法師具録所翻經論，合七十四部，總一千三百卅八卷。又造俱胝畫像、弥勒像各一千幀。又造素像」十俱胝，供養悲、敬二田各萬人。燒百千燈，贖數万生。乃与寺衆辭。三稱慈尊，願生内眷。至二月五日夜，弟子光」等問云：和上決定得生弥勒内衆否？頷云：得生。俄而去，春秋六十九矣。初，高宗聞法師疾作，御醫相望於道」。及坊州奏至，帝哀慟，爲之罷朝三日，敕坊州刺史竇師倫，令官給葬事。又敕宜聽京城僧尼送至塔」所。門人奉柩於慈恩翻經堂，道俗奔赴者日盈千万。以四月十四日，葬于滻東京畿五百里内，送者百餘萬」人。至總章二年四月八日，有敕徙於樊川北原，傷聖情也。法師長七尺，眉目若畫，直視不顧，端嚴若神。自」大教東流，翻譯之盛，未有如法師者，雖滕蘭澄什康會竺護之流，無等級以寄言。其彬彬郁郁，已布唐梵新經」矣。自示疾至于昇神，奇應不可殫紀，蓋莫詳位次，非上地，其孰能如此乎！文曰」：

三藏之生，本乘願來。入自聖胎，出于鳳堆。大業之季，龍潛于并。孺子謁帝，与兄偕行。神堯奇之，善果度之」。不爲人臣，必爲人師。師法未足，自洛徂蜀。學無常師，鳥必擇木。迹窮夷夏，更討身毒。寺入爛陀，師遇尸羅。王逢」戒日，論得《瑜伽》。《瑜伽師地》，藏教泉府。蜎蠉名數，璽抽聖緒。我握其樞，赤幡仍豎。名高曲女，歸我真主。主當」文皇，臣當蔡梁。天下貞觀，佛氏以光。光光三藏，是護是付。付得其人，經論彬彬。梵語華言，胡漢相宣。台臣筆受」，御膝前席。積翠飛花，恩光奕奕。太宗序教，天皇述聖。揚于王庭，百辟流詠。三藏慰喜，靈祇介祉。蔑彼滕什」，曾無此事。我功成矣，我名遂矣。脱屣玉華，昇神睹史。發棺開殯，天香馥馥。地位孰分，神人是卜。中南地高，樊川」氣清。修塔者誰，林公是營。門人令檢，實尸其事。銘勒塔旁，檢真法子」。

安國寺内供奉講論沙門建初書
開成四年五月十六日馮翊沙門令檢修建
廣平宋弘度刻字」

---

## 按

大唐三藏大遍覺法師，即玄奘，俗姓陳，河南緱氏人。關于玄奘西行求法的經歷及歸唐後翻譯佛經諸事，塔銘敘述甚詳，可參考《大慈恩寺三藏法師傳》《續高僧傳》《大唐故三藏玄奘法師行狀》等文獻綜合考證。該塔銘爲中國佛教史上一份珍貴的歷史資料。此碑書法疏朗流暢，秀勁有章，與《基公塔銘》書法同爲唐代行書之佳品。

撰者劉軻，字希仁，元和末進士，文宗時爲弘文館學士，出爲洛州刺史。

書者建初，史載不詳。書此銘時署“安國寺内供奉講論沙門”。

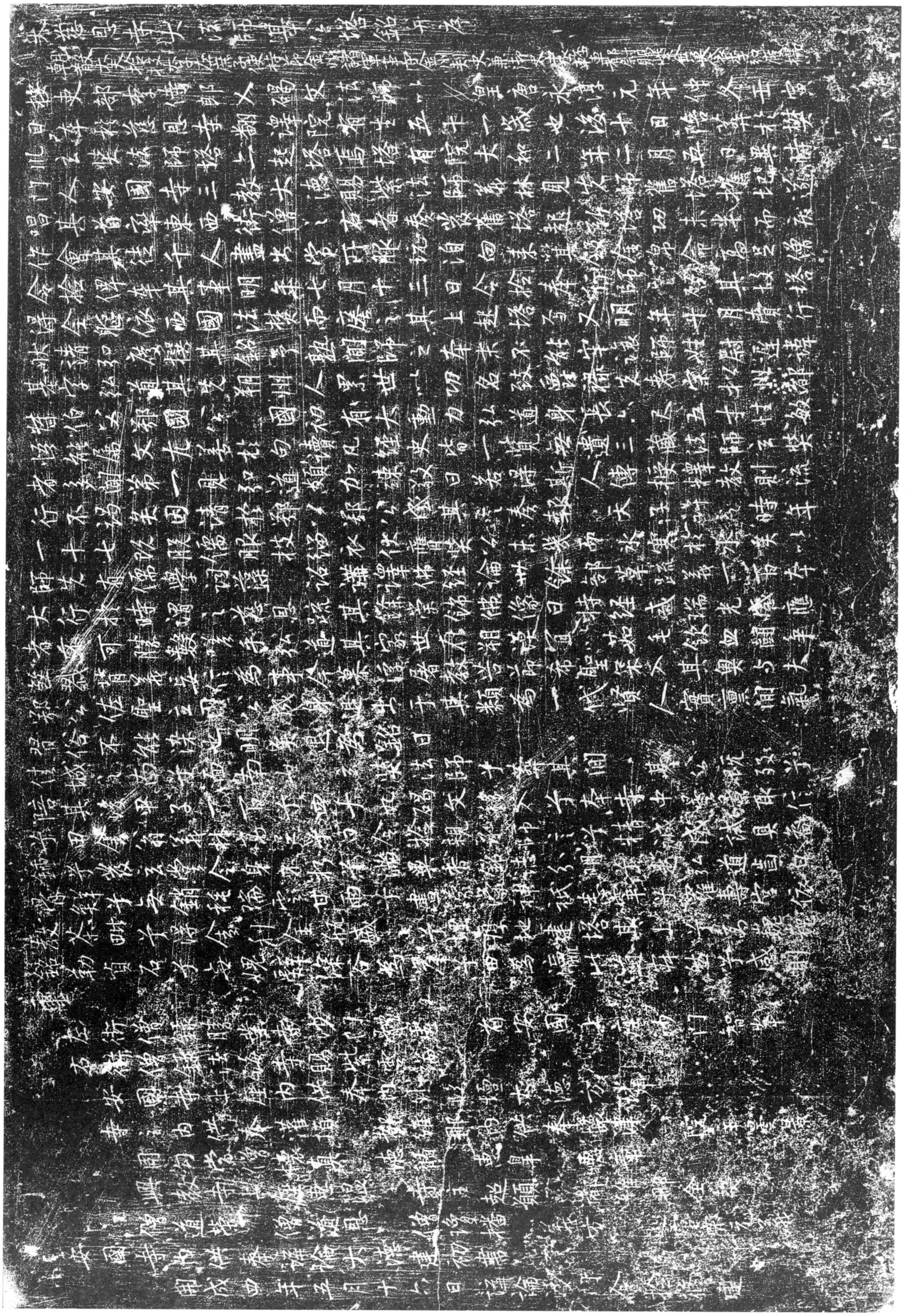

388.839 唐基公塔銘

## 説 明

唐開成四年（839）五月刻。碑長方形。長83厘米，寬53厘米。正文行書40行，滿行23字。李弘慶撰文，沙門建初書丹。現存西安市長安區興教寺。《石墨鐫華》《全唐文》《金石萃編》《陝西碑石精華》《長安碑刻》等著録。

## 釋 文

大慈恩寺大法師基公塔銘并序」

朝散大夫檢校太子左庶子使持節金州諸軍事守金州刺史兼御史中丞輕車都尉賜紫金魚袋李弘慶撰」

按吏部李侍郎乂碣文，法師以皇唐永淳元年仲冬壬寅」日，卒於慈恩寺翻譯院，有生五十一歲也。後十日，陪葬於樊」川玄奘法師塔，亦起塔焉，塔有院。大和二年二月五日異時」，門人安國寺三教大德賜紫法師義林，見先師舊塔摧圮，遂」唱其首，率東西街僧之右者，奏發舊塔，起新塔。功未半而疾」作，會其徒千人盡出常所服玩，泊向來箕斂金帛，命高足僧」令檢俾卒其事。明年七月十三日，令檢奉行師言，啓其故塔」，得全軀。依西國法，焚而瘞之，其上起塔焉。又明年十月，賚行」狀，請弘慶撰其銘。予熟聞師之本末，不能牢讓。師姓尉遲，諱」基，字弘道，其先朔州人，累世以功名致爵禄。先考宗，松州都」督。伯父鄂國公，國初有大勳力。弘道身長六尺五寸，性敏」悟，能属文，尤善於句讀。凡經史，皆一覽無遺。三藏法師玄奘」者，多聞第一，見弘道，頗加竦敬，曰：若得斯人傳授釋教，則流」行不竭矣。因請於鄂公。鄂公感其言，奏報天子，許之，時年」一十七。既脱儒服，披緇衣，伏膺奘公，未幾而冰寒於水矣。以」師先有儒學詞藻，詔講譯佛經論卅餘部，草疏義一百本」，大行於時，謂之"慈恩疏"。其餘崇飾佛像、日持經戒、瑞光感應」者，不可勝數。嗟乎弘道，其家世在朔漠，宜以茹毛飲血、鬪爭」煞戮、背義妄信爲事。今慕浮屠教，苦節希聖，罙入其奥，与夫」鄂公佐聖立國，公成身退，出于其類，爲一代賢人，實稟間氣」，習俗不能染也明矣。退爲銘曰」：

佳城之南兮面南山，玄奘法師兮葬其間。基公既歿兮」陪其後，甲子一百兮四十九。碣文移入兮本寺中，曇景取信」兮田舍翁。義林高足兮曰令檢，親承師言兮精誠感。試具畚」鍤兮發玄堂，全身不朽兮滿異香。銘誌分明兮是弘道，齒白」骨鮮兮無銷耗。瑞雲甘雨兮晝濛濛，神祇悉崒兮羅壽宮。依」教荼毗兮得舍利，金瓶盛之兮埋厚地。建塔其上兮高巍巍」，銘勒貞石兮無愧辭。深谷爲岸兮田爲瀛，此道寂然兮感則」靈」。

左街僧録勝業寺沙門體虚、前安國上座沙門智峰」，右街僧録法海寺賜紫雲端」，安國寺上座内供奉内外臨壇大德方璘」、寺主内供奉灌頂、都維那内供奉懷津、院主曇景」，同勾當僧懷真、德脩、惠皋、惠章」，興教寺上座惠温、寺主超願、都維那全契」、僧道榮、僧道恩、僧瓊播、義方，巡官宋元義」

安國寺内供奉講論大德建初書」

開成四年五月十六日講論沙門令檢修建」

## 按

基公，俗姓尉遲，字弘道，京兆長安（今陝西西安市）人。父尉遲宗，松州都督。伯父鄂國公尉遲敬德，"國初有大勳力"。基公乃玄奘弟子，助玄奘譯經，誌云"詔講譯佛經論卅餘部，草疏義一百本，大行於時，謂之'慈恩疏'"，可謂功績甚偉。爲佛教唯識宗創始人之一。該塔銘是研究中國古代佛教特別是唐代佛教的珍貴資料。

撰者李弘慶，撰此銘時署"朝散大夫、檢校太子左庶子、使持節金州諸軍事、守金州刺史、兼御史中丞、輕車都尉、賜紫金魚袋"。

389.841　武自和墓誌

## 説 明

唐會昌元年（841）十月刻。誌正方形。邊長62厘米。誌文行書31行，滿行27字。張摸撰文並書丹。誌四側飾壺門内十二生肖圖案。西安市出土，具體時、地不詳。現存西安博物院。《隋唐五代墓誌滙編》《全唐文補遺》著録。

## 釋 文

唐故朝議大夫内侍省内府局丞員外置同正員上柱國武府君墓誌銘并序」

將仕郎試太子通事舍人張摸述并書」

於戲！天假其氣，不与其壽；天假其禄，不終其榮。府君之謂歟？公諱自和」，字邕睦。望本新野，今爲京兆人焉。曾祖情厭趨負，傲放不仕。父諱温，累」有官秩，不顯於位。公即先府君之季子也。公禀衡嶺之秀氣，紹義方之」遺訓。故耿介剛直，不附於權豪；儉約矜嚴，不尚於華好。遠聲色而親持」論，厭諧謔而聽雅言。願趨風慕德者，數不可紀。公勝衣之歲，委質」玉階。所領云爲，悉聞成務。自憲宗朝授職軍器使監作，不更」歲遷監右神策軍征馬使。歷福建監軍判官，再遷殿前内養。至十五年」，穆宗纂位之初，賜緑衣，官授登仕郎、内侍省内府局丞。有」詔於陳許押領兵馬，同討鎮州。皆勞形畢力，徇節忘軀。内贊皇猷，外」護方岳。又奉詔充新羅宣慰告哀等使。公捧天書，渡滄海，經艱險」，阻風波，勤勞王家，銜命宣撫。故得夷狄稽顙，跪授哀詔之儀；絶域」從風，感國恩而向化。此公之智識也。至寶曆三年」，文宗嗣位，選充山陵修築判官。至寶曆三年，詔使於幽州宣慰。時」朱玄嗣勃亂軍城，王師問罪。公与司徒李載義及監軍元順通，同討兇」醜，攘遏寇難，公有力焉。至四年，詔除左神策軍美原鎮監軍使。公以」禮讓和諸侯，以仁愛恤士伍。片言之信，萬衆莫疑。至八年，入」覲，留充殿前内養。不更歲，除邠寧慶等州別敕兵馬判官。公自初有」終，非益國之道不行，非在公之事不言。常以直道取榮貴，亦以至理順」元化。知進退存亡者，其惟我公乎！奈何疾起軍州，隨表歸闕。以會昌」元年閏九月十九日，終於修德里之私宅，享壽六十有三」。皇上聞而嗟悼焉。公夫人姚氏，衣冠盛族，不幸先公而終，歸同穴也。即」以其年十月十八日，將葬于京兆府龍首原石井墅之禮也。於戲！嗟兩」劍之雙沉，悲鳳桐之半死。古之偕老，今則同途。有子一人，登仕郎、行内」侍省宫教博仕曰宗禮。恩深賜緑，幼習儒風。奉上之心，職參」宫禁。自遭凶苦，絶漿逾禮，陟岵增哀。畫哭之儀，孝過曾子。摸響公勳績」，握管因人。見託斯文，發揚前烈。銘曰」：

龍首原崗何盤縈，青烏相地坦然平。行楸植柏擁佳城，新野武公心所」營。孝子奉之不敢違，楚挽虞歌聲自悲。墓門書石紀勳績，日往月」来年代移」。

## 按

誌主武自和，史載不詳。此誌所載武自和“奉詔充新羅宣慰告哀等使。公捧天書，渡滄海，經艱險，阻風波，勤勞王家，銜命宣撫。故得夷狄稽顙，跪授哀詔之儀；絶域從風，感國恩而向化”，對于研究唐代與新羅的關係史及唐代的外交史，都有一定的資料價值。又誌載“至寶曆三年，詔使於幽州宣慰。時朱玄嗣勃亂軍城，王師問罪。公与司徒李載義及監軍元順通同討兇醜，攘遏寇難”，對于研究此時幽州的時局，亦有一定有價值。又“朱玄嗣”，兩《唐書》均作“朱延嗣”。

390.841　唐玄秘塔碑

唐故左街僧錄大達法師塔碑銘

唐故左街僧錄內供奉三教談論引駕大德安國寺上座賜紫大達法師玄秘塔碑銘并序

江南西道都團練觀察處置等使朝散大夫兼御史中丞上柱國賜紫金魚袋裴休撰

正議大夫守右散騎常侍充集賢殿學士兼判院事上柱國賜紫金魚袋柳公權書并篆額

玄秘塔者，大法師端甫靈骨之所歸也。於戲！為丈夫者，在家則張仁義禮樂，輔天子以扶世導俗；出家則運慈悲定慧，佐如來以闡教利生，捨此無以為丈夫也，背此無以為達道也。和尚其出家之雄乎！天水趙氏，世為秦人，初，母張夫人夢梵僧謂曰：當生貴子。即出囊中舍利使吞之。及誕，所夢僧白晝入其室，摩其頂曰：必當大弘法教。言訖而滅。既成人，高顙深目，大頤方口，長六尺五寸，其音如鐘。夫將欲荷如來之菩提，鼓無上之法雷，張大教之綱，導生靈之歸，必有奇相異表歟！始十歲，依崇福寺道悟禪師為沙彌，十七正度為比丘，隸安國寺。具威儀於西明寺照律師，稟持犯於崇福寺昇律師，傳唯識大義於安國寺素法師，通涅槃大旨於福林寺崟法師。復夢梵僧以舍利滿琉璃器使吞之，且曰：三藏大教，盡貯汝腹矣。自是經、律、論無敵於天下，囊括川注，逢源會委，滔滔然莫能濟其畔岸矣。

夫將欲伐株杌於情田，雨甘露於法種者，固必有勇智宏辯歟！無何，謁文殊於清涼，眾聖皆現；演大經於太原，傾都畢會。德宗皇帝聞其名，徵之，一見大悅。常出入禁中，與儒道議論。賜紫方袍，歲時錫施，異於他等。復詔侍皇太子於東朝。順宗皇帝深仰其風，親之若昆弟，相與臥起，恩禮特隆。憲宗皇帝數幸其寺，待之若賓友，常承顧問，注納偏厚。而和尚符彩超邁，詞理響捷，迎合上旨，皆契真乘。雖造次應對，未嘗不以闡揚為務。繇是，天子益知佛為大聖人，其教有大不思議事。當是時，朝廷方削平區夏，縛吳斡蜀，潴蔡蕩鄆，而天子端拱無事。詔和尚率緇屬，迎真骨於靈山，開法場於秘殿，為人請福，親奉香燈。既而刻石於寺，載德於眾，可謂不世之遇矣。

和尚即安國寺上座也。方丈之室，一床而已。當大法師之任，為人師範。以開成元年六月一日，西向右脅而滅。當暑而尊容若生，竟夕而異香猶鬱。其年七月六日，遷於長樂之南原，遵遺命也。

至德殊祥，輝映今昔。而和尚即世，春秋六十七，僧臘若干。門弟子比丘、比丘尼約千餘輩，或講論玄言，或紀傳遺事，俾世世弟子，不知其苦。噫！和尚果出家之雄乎！不然，何至德殊祥如此其盛也！承恩顧問，重疊累朝；自為浮屠之師久矣。

銘曰：賢劫千佛，第四能仁。哀我生靈，出經破塵。教綱高張，孰辯孰分。有大法師，如從親聞。奉持如來，全體而興。業淨六根，深信一心。大雄垂教，千載之下，法雷輟音。賢劫千佛，大法師俾後學瞻仰俳徊。

會昌元年十二月廿八日建。

刻玉冊官邵建和并弟建初鐫。

## 説　明

唐會昌元年（841）十二月刻。碑螭首方座。通高386厘米，寬130厘米。額文3行，滿行4字，篆書“唐故左街」僧録大達」法師碑銘」”。正文楷書28行，滿行54字。裴休撰文，柳公權書丹並篆額。碑身上部在明嘉靖三十四年（1555）關中大地震中斷裂，字有殘損。正文倒數第二行有明人曹仲經“秀州曹仲經觀”楷書題記和清道光四年（1824）“道光四年仲秋，長白聯輝、聯芳，會稽趙樞，錢江謝應選同觀”隸書題記。原在長安興寧坊安國寺，宋初移至文廟。現存西安碑林博物館。《石墨鐫華》《金石萃編》《關中金石記》《西安碑林全集》等著録。

## 釋　文

唐故左街僧録内供奉三教談論引駕大德安國寺上座賜紫大達法師玄秘塔碑銘并序」

江①南西道都團練觀察處置等使朝散大夫兼御史中丞上柱國賜紫金魚袋裴休撰」

正議大夫守右散騎常侍充集賢殿學士兼判院事上柱國賜紫金魚袋柳公權書并篆額」

玄秘塔者，大法師端甫□骨之所歸也。於戲！爲丈夫者，在家則張仁義禮樂，輔天子以扶世導俗；出家則運慈悲定慧，佐」如來以闡教利生。捨此□以爲丈夫也，背此無以爲達道也。和尚其出家之雄乎！天水趙氏，世爲秦人。初，母張夫人夢梵僧謂曰：當生貴子」。即出囊中舍利使吞之。□誕，所夢僧白晝入其室，摩其頂曰：必當大弘法教。言訖而滅。既成人，高顙深目，大頤方口，長六尺五寸，其音如鍾。夫」將欲荷如來之菩提，□生靈之耳目，固必有殊祥奇表歟！始十歲，依崇福寺道悟禪師爲沙彌。十七正度爲比丘，隸安國寺。具威儀於西明」寺照律師，稟持犯於崇□寺昇律師，傳唯識大義於安國寺素法師，通涅槃大旨於福林寺崟法師。復夢梵僧以舍利滿琉璃器使吞之，且曰」：三藏大教盡貯汝腹矣。□□經、律、論無敵於天下，囊括川注，逢源會委，滔滔然莫能濟其畔岸矣。夫將欲伐株杌於情田，雨甘露於法種者，固」必有勇智宏辯歟！無何，□文殊於清涼，衆聖皆現；演大經於太原，傾都畢會。德宗皇帝聞其名，徵之，一見大悦。常出入禁中，與」儒、道議論，賜紫方袍，歲時錫施，異於他等。復詔侍皇太子於東朝。順宗皇帝深仰其風，親之若昆弟，相與卧起，恩禮特隆」。憲宗皇帝數幸其寺，待之若賓友。常承顧問，注納偏厚。而和尚符彩超邁，詞理響捷，迎合上旨，皆契真乘。雖造次應對，未嘗不以」闡揚爲務，繇是天子益知佛爲大聖人，其教有大不思議事。當是時，朝廷方削平區夏，縛吳斡蜀，潴蔡蕩鄆。而」天子端拱無事，詔和□□緇屬迎真骨於靈山，開法場於秘殿，爲人請福，親奉香燈。既而刑不殘，兵不黷，赤子無愁聲，蒼海無」驚浪，蓋參用真宗以毗□□政之明效也。夫將欲顯大不思議之道，輔大有爲之君，固必有冥符玄契歟？掌内殿法儀，録左街僧事，以標表」净衆者，凡一十年。講涅槃□識經論，處當仁傳授宗主，以開誘道俗者，凡一百六十座。運三密於瑜伽，契無生於悉地，日持諸部十餘萬遍。指」净土爲息肩之地，嚴金□□報法之恩。前後供施數十百万，悉以崇飾殿宇，窮極雕繪，而方丈匡床静慮自得。貴臣盛族皆所依慕，豪俠工賈」莫不瞻嚮，薦金寶以致誠，□端嚴而礼足，日有千數，不可殫書。而和尚即衆生以觀佛，離四相以修善。心下如地，坦無丘陵。王公興臺，皆」以誠接。議者以爲成就常□輕行者，唯和尚而已。夫將欲駕橫海之大航，拯迷途於彼岸者，固必有奇功妙道歟！以開成元年六月一日，西」向右脅而滅。當暑而尊容□生，竟夕而異香猶鬱。其年七月六日，遷於長樂之南原。遺命茶毗，得舍利三百餘粒，方熾而神光月皎，既燼而靈」骨珠圓。賜謚曰大達，塔曰玄秘，俗壽六十七，僧臘卌八。門弟子比丘、比丘尼約千餘輩，或講論玄言，或紀綱大寺，脩禪秉律，分作人師，五十其」徒，皆爲達者。於戲！和尚□出家之雄乎！不然，何至德殊祥如此其盛也。承襲弟子義均、自政、正言等，克荷先業，虔守遺風。大懼徽猷有時堙」没，而今閣門使劉公法□最深，道契弥固，亦以爲請，願播清塵。休嘗遊其藩，備其事，隨喜贊歎，蓋無愧辭。銘曰」：

賢劫千佛，第四能仁。哀我生靈，出經破塵。教網高張，孰辯孰分。有大法師，如從親聞。經律論藏，戒定慧學。深淺同源，先後相覺。異宗偏義，孰」正孰駁。有大法師，爲作霜雹。趣真則滯，涉俗則流。象狂猿輕，鈎檻莫收。柅制刀斷，尚生瘡疣。有大法師，絶念而遊。巨唐啓運」，大雄垂教。千載冥符，三乘迭耀。寵重恩顧，顯闡贊導。有大法師，逢時感召。空門正闢，法宇方開。峥嵘棟梁，一旦而摧。水月鏡像，無心」去來。徒令後學，瞻仰徘徊」。

會昌元年十二月廿八日建

刻玉册官邵建和并弟建初鐫」

道都召……守右團練觀察處置等使大德安國寺上座賜紫大達法師玄秘塔碑銘并序

……僧夫歸也背此無以為達道者在家殿則學士張仁義兼判院事上柱國賜紫金魚袋柳公權書撰

律師傳固畫必有其室於安國寺始必當和尚其出家之雄乎天水趙氏世為秦人初母張夫人夢梵僧謂曰當令運慈悲宏

論師耳目固有其殊祥其頂歎曰必當大弘法教言訖而滅既成人為沙彌十七正度為比丘具

……清涼無敵復聖皆現於天下演大經於具頂頷素法十歲依崇福寺道悟禪師為弟子

益知真骨於靈山開法場於有犬和尚不思議之道輔大為人請福是時朝廷方削平區夏旨皆契其乘雖造次應對卧起

明迎恩當當仁不讓佛為大聖人厚其教而有道秘殿輔大為人請福是時順宗皇帝深仰其風親

經論之而唯礼異是前後有千數夫將欲傳授顯大不思議誘之道俗者飾殿宇一百六十座運三密於瑜伽契無生於

者而六十七香猶以至德殊祥播清和尚即眾拯迷途以有為峰極雕繪而方丈密嚴自得貴臣盛族皆所依

真則破塵教固然亦以為張馳請辯敢輕有大法師逢時感名空門正闢法宇方開嶧嶸棟梁一旦而摧水

刻玉冊官邵建和并弟建初鐫

會昌元年十二月廿八日建

## 校勘記

①江,原淜,據《金石萃編》補。下凡闕字,皆據以補。

## 按

據碑文所述,大達法師在唐德宗、順宗、憲宗等朝均受到禮遇,尤其順宗對大達"親之若昆弟,相與臥起",憲宗皇帝"數幸其寺,待之若賓友",可見當時政教關係之親密。書此碑時柳公權已六十四歲,其書體結構勁緊,中宮斂聚,字形瘦長,利落豪俊,更顯點畫峻拔,骨勢剛健,是柳公權代表作。

撰者裴休,字公美,河内濟源(今河南濟源)人。唐穆宗時進士及第,歷官兵部侍郎同平章事、中書侍郎、宣武節度使、荆南節度使,官至吏部尚書、太子少師。博學,且工于詩、畫。《唐書》有傳,但撰此碑時所銜"江南西道都團練觀察處置等使、朝散大夫、兼御史中丞"之名,爲《唐書》所略,則此可補之。

391.843　謝壽墓誌

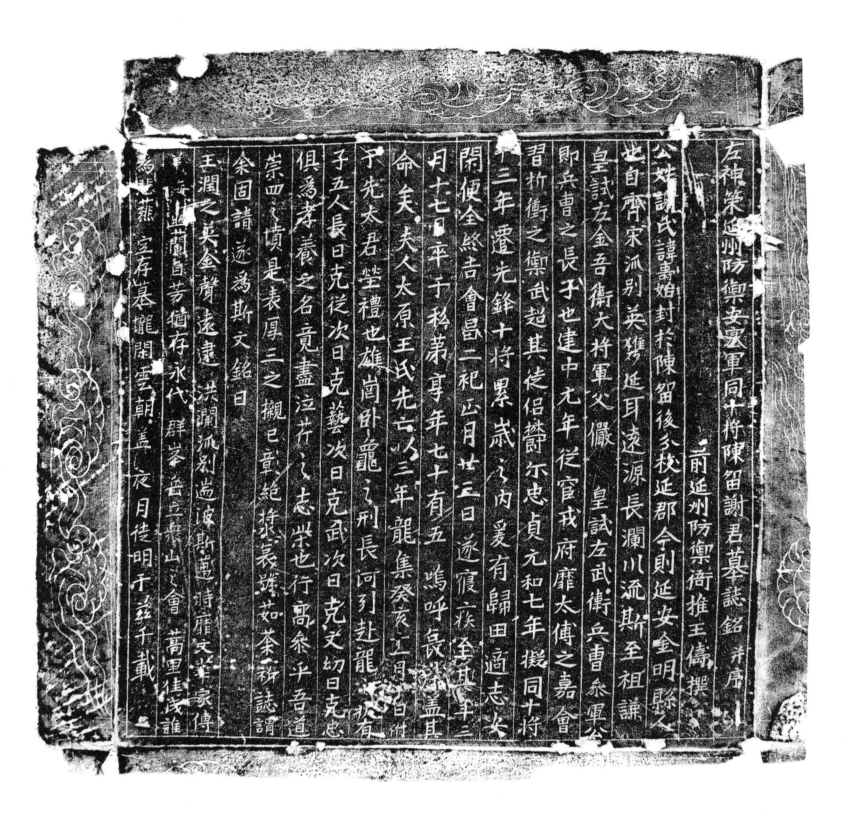

左神策延州防禦安塞軍同十將陳留謝君墓誌銘并序

前延州防禦衙推王儔撰

公姓謝氏諱壽始封於陳留後多校延安全明縣之

也自齊宋孤別英雋延耳遠源長瀾川流斯至祖謙

皇試左金吾衛大將軍父儼　皇試左武衛兵曹參軍公

即兵曹之長子也建中元年從官戎府龐太傅之嘉會

習折衝之禦武超其志侶孾爾忠貞元和七年擬同十將

三年遷先鋒十將累歲之內爰有歸田適志女

開便全終吉會昌二祀正月廿三日逐復六族至其年十二

月十七日卒于私第享年七十有五嗚呼長逝沒有

命矣夫人太原王氏先亡以三年龍集癸亥三月□日付

尸先太君塋禮也雄崗卧寵刋刑長河引赴寵悲

子五人長曰克從次曰克武次曰克文切曰克忠

俱為孝養之名竟盡泣芋之志榮也行高參平吾道

崇四之墳是表厚二之攤巳音絕漿長裂如荼稑誌謂

余固請逐為斯文銘曰

玉潤之英金聲遠遠洪瀾孤剔遍波斯蕙時靡文萃家傳

草海垂蘭自芳猶存永代群峯晉三衆山之會萬里佳茂

為悲燕窅存墓寵開雲朝盖之夜目徒明于茲千載

## 説明

唐會昌三年（843）十一月刻。誌正方形。邊長64厘米。誌文楷書19行，行字不等。王儔撰文。誌四側飾祥雲紋。安塞縣磚窑灣李家溝出土。現存延安市文物研究所。《隋唐五代墓誌滙編》《全唐文補遺》著録。

## 釋文

左神策延州防禦安塞軍同十將陳留謝君墓誌銘并序」

前延州防禦衙推王儔撰」

公姓謝氏，諱壽。始封於陳留，後分枝延郡，今則延安金明縣人」也。自齊宋派別，英儁延耳。遠源長瀾，川流斯至。祖謙」，皇試左金吾衛大將軍。父儀，皇試左武衛兵曹參軍。公」即兵曹之長子也。建中元年，從宦戎府。靡太傅之嘉會」，習折衝之禦武。超其徒侶，鬱尔忠貞。元和七年，擬同十將」。十三年，遷先鋒十將。累歲之内，爰有歸田。適志安」閑，便全終吉。會昌二祀正月廿三日，遂寢疾。至其年三」月十七日，卒于私第，享年七十有五。嗚呼哀哉！盖其」命矣！夫人太原王氏，先亡。以三年龍集癸亥十一月十日，祔」于先太君塋，禮也。雄崗卧龜之刑，長河引赴龍之狀。有」子五人：長曰克從，次曰克藝，次曰克武，次曰克文，幼曰克忠」。俱爲孝養之名，竟盡泣芹之志。柴也行高，參乎吾道」。崇四之墳是表，厚三之櫬已彰。絶漿哀號，茹茶祈誌。謂」余固請，遂爲斯文。銘曰」：

玉潤之英，金聲遠逮。洪瀾派別，遄波斯邁。時靡文華，家傳」義海。幽蘭自芳，猶存永代。群峰岳立，衆山之會。蒿里佳成，誰」爲悲蕰。空存墓壠，閑雲朝盖。夜月徒明，于兹千載」。

## 按

誌主謝壽，《唐書》無載。祖謙，皇試左金吾衛大將軍。父儀，皇試左武衛兵曹參軍。亦不見于正史。誌云"元和七年，擬同十將。十三年，遷先鋒十將"，其中"擬同十將""先鋒十將"涉及唐代職官之"十將"問題，可資參考。

921

392.844　雷諷墓誌

## 説 明

唐會昌四年（844）十月刻。誌正方形。邊長45厘米。誌文楷書28行，滿行28字。雷景中撰文並書丹。誌四側飾壼門内十二生肖圖案。西安市出土，具體時、地不詳。現存西安博物院。《隋唐五代墓誌滙編》《全唐文補遺》著録。

## 釋 文

唐故朝散大夫行鴻臚寺丞上柱國賜魚袋雷府君墓誌銘并序」

從兄右神策軍奉天鎮判官承議郎試太子雷景中撰并書」

馮翊雷府君諱諷，字匡時，其先軒轅之後。世稱令族，代不乏賢。冠盖相承」，史無虛載。曾祖晟，皇河南府士曹參軍。祖致，皇試太常寺奉禮郎。父」庭玉，皇試大理評事。咸以節行繼于功名，慶有所歸，宜鍾懿德。公則」其嗣也。生知禮義，禀受英特。事朋執，行古人端信之道；履宦途，得當時貞」幹之稱。人皆景仰，績著殊尤。寶曆初，解褐任朝議郎、邵州司法參軍兼知」太倉務。大和二年，奏遷鄂州司法參軍。時丁艱釁，哀毀過制。以其主領」繁重，天恩奪情，再授斯任。七年，轉洪州都督府法曹。雖官品累遷，皆勾」留闕下。開成三年，進階朝散大夫，任鴻臚寺丞。時屬虜騎猖狂，番客渾」雜。公宣皇威以鈐轄，施法令以部録。人各禀懼，事無闕遺。又於當司」添修廨署，僅二千餘間。政術清强，課最明著。會昌二年，特敕重拜寺丞」，錫銀章朱紱之寵。公貞諒通才，謙和立德。效官莅事，守道無逾。善与人」交，久而益敬。振芳聲於帝里，標素行士於士林。宜其保以遐齡，資以大」禄。豈料天不福祐，以會昌四年七月二十八日，遘疾終于永興里之私第」，享年五十有八。嗚呼！哲人其萎，梁木斯壞。鄰絶舂相，里無巷歌。盖德惠賢」能感深故也。公壯歲之後，娶夫人胡氏，次娶郭氏，皆先公而逝」。今駱氏，會稽縣夫人，則中饋主也。爰以令淑，封于邑号。閨門雍睦，天假」柔順。脩母儀婦道，合詩禮之訓。有嗣子一人，曰方儒，任文簡三衛，已過選」序。性識温雅，藝業精通。孝行彰明，時輩欽重。自遭殃罰，號慟無時。雖執三」年之喪，竟佩終身之感。有女一人，適呂氏。嗣子泣血銜哀，營護喪葬。以其」先塋在遠，恭守遺命。其年十月二十三日，龜筮叶吉，將窆于萬年縣上」傅村滻川東原，禮也。先夫人胡、郭二氏殯之櫬在春明門東，今悉祔」于公佳城之側，從其宜也。於戲！劍合重泉，人歸大夜。三墳並列，九族同」悲。方儒慮歲月推遷，陵谷更變。號慕揮涕，追感前勳。景中宗黨義深，伯仲」情至。録平生事實，睹存没傷懷。聊述斯文，無慚直筆。銘曰」：

懿哉我公，天受英俊。策名茂實，立事端信。忽先朝露，喪在中年。雙鸞孤」鳳，冥合幽泉。鬱鬱佳城，蕭蕭寒柏。万古千秋，紀列貞石」。

## 按

誌主雷諷，史載不詳。誌所載其家族世系及其任職爲官等生平事迹，均可補史載之闕。特別是誌所載“時屬虜騎猖狂，番客渾雜。公宣皇威以鈐轄，施法令以部録。人各禀懼，事無闕遺。又於當司添修廨署，僅二千餘間”，這一方面說明當時唐王朝外交事務之繁劇，另一方面也說明了唐王朝在當時世界上的强大興盛。此誌出土地域不詳，據墓誌“將窆于萬年縣上傅村滻川東原”，則當出土于今西安市東郊灞橋區席王街道一帶。

393.844　焦仙芝墓誌

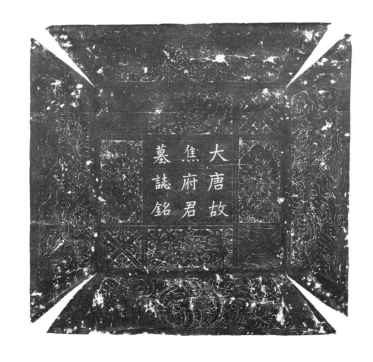

大唐故
焦府君
墓誌銘

唐故通議大夫行内侍省内寺伯員外置同正員上柱國廣平縣開國男食
邑三百戶廣陵焦府君墓誌銘　通議郎試太常寺奉禮郎焦懷諲撰

公姓焦諱仙芝字仁美其先廣陵人也曾王父諱大冲

## 説 明

唐會昌四年（844）十月刻。蓋盝形，誌正方形。蓋邊長66厘米，誌邊長62厘米。蓋文3行，滿行3字，楷書"大唐故」焦府君」墓誌銘"。誌文楷書29行，滿行29字。熊岳撰文。蓋四殺飾四神圖案，四周飾寶相花紋；誌四側飾壼門内十二生肖圖案。西安市出土，具體時、地不詳。現存西安博物院。《隋唐五代墓誌滙編》《全唐文補遺》著錄。

## 釋 文

唐故通議大夫行内侍省内寺伯員外置同正員上柱國廣平縣開國男食」邑三百户廣陵焦府君墓誌銘并序」

通議郎試太常寺奉禮郎熊岳撰」

公姓焦，諱仙芝，字仁美。其先廣陵人也。曾王父諱大冲，皇房州刺史。王父諱」奉超，皇興元元從輔國大將軍、行右衛大將軍、員外置同正員、兼内侍省内」侍知省事、上柱國、廣平縣開國公、食邑一千五百户，贈驃騎大將軍」。公祖代名家，門望榮顯，皆才爲時傑，忠簡帝心。定難奉天，勳勞」夙著。統領諸道軍師，當爪牙寄任。臨敵決勝，不墜奸謀。竭誠爲國，果獲封功。咸」推上將而尊，尤仰中權而貴。皆茂植於聖時，赫奕於當代。公其生」也，爵雖未展於騏驥，名已彰乎寰宇。志凌霜雪，節操松筠。寵侍」丹墀，親承密命。助日月無私而照，推忠賢弘濟於心。勞謙不渝，金石弥」固。旁流美化，上感宸嚴。使於四方，無不忠克。乃大彰盛業，遠播」鴻徽。義勇既及於邊戎，碩德累昭於聖闕。可謂全材茂器矣。今國泰時」清，四隅皆弭，奈何上天降禍，壞及棟梁。會昌三年十一月十五日未時寢疾」，薨于輔興里私第。萍葉失水，孤桐倒風。魂兮一去，竟復何往。享年七十有三」。今則歲月協吉，歸祔有時。以會昌四年十月廿三日，將卜玄宫於」城西十里龍門鄉巒村，京兆長安縣界也。昆弟曰仙晟，見任内常侍、行内寺」伯令，充武德使、賜紫金魚袋。宏材莅事，卓爾不群，出臨雄藩，入掌樞務。嗣子」曰惟彦，見任承奉郎、行内侍省内府局丞、上柱國。才敏幹能，官榮禁掖」。孝敬荷嚴訓而誠，忠義盡事君大節。泣血長夜，崩心仰天，終無階」矣。有女一人，適陰山吐突氏。沖和稟氣，貞淑天姿。静承内訓，動叶外儀。長自」盛門，嬪于高族。夫人廣平程氏，婉孌母儀，温恭允塞。穆穆四德，兢兢六」親。非禮義不動，非慈惠不陳。嗚呼！雲掩白日，風摧桂蘭。卜宅祖奠，誰不流涕」。陵谷雖固，異代奚明。勒石爲銘，用旌宅兆。詞曰」：

弼諧聖主，功烈封侯。行能昭著，謀略兼優。銜命邊境，恩澤滂流」。勳崇位重，冀顯鴻猷。累代忠孝，孰敢比儔。海内瞻矚，如楫如舟」。親軍樞務，顯若盛休。風燭易殄，春雪難留。龍獸東巖，石井西曲」。松柏森聳，崗巒起伏。以兹吉土，可瘞嘉玉。龜墨既從，馬鬣爰築」。刻石永標千載，麒麟長望於幽谷」。

## 按

誌主焦仙芝，唐代世家宦官。誌所記載的"統領諸道軍師，當爪牙寄任"，"寵侍丹墀，親承密命"，"使於四方，無不忠克"等，反映了唐代宦官臨軍、專權的政治生態。又誌載"有女一人，適陰山吐突氏"，"長自盛門，嬪于高族"，據《舊唐書·宦官傳》載，此時的高族吐突氏當爲憲宗朝著名宦官吐突承璀家族。故該誌爲研究宦官家族史及宦官聯姻等提供了極爲珍貴的史料。另，此誌出土地域不詳，據墓誌"將卜玄宫於城西十里龍門鄉巒村"，則當出土于今西安市西郊土門村一帶。

394.850　仇文義夫人王氏墓誌

926

## 説 明

唐大中四年（850）正月刻。蓋盝形，誌正方形。蓋邊長95厘米，誌邊長90厘米。蓋文3行，滿行3字，篆書“大唐故」王夫人」墓誌銘」”。誌文行書33行，行字不等。陳上美撰文，張摸書丹並篆蓋。蓋四殺飾四神圖案，四周飾寶相花紋；誌四側飾壺門内十二生肖圖案。西安市出土，具體時、地不詳。現存西安博物院。《隋唐五代墓誌滙編》《全唐文補遺》《陝西碑石精華》著録。

## 釋 文

唐故忠武軍監軍使正議大夫内給事賜紫金魚袋贈内侍仇公夫人王氏墓誌銘并序」

儒林郎前守京兆府咸陽縣尉陳上美撰

前漳州軍事判官將仕郎試太子通事舍人上柱國張摸書并篆」

仇公之夫人，太原王氏之女也。公諱文義，皇朝終忠武軍監軍使、内給事、南安」縣開國男、食邑三百户、賜紫金魚袋，贈内侍。其族系之盛、勳閥之高，備於前誌矣。夫人出於」大族，鍾慶在躬。婉娩其姿，柔静其趣。妍雅其質，清明其心。女德茂然，刑于閨壼。如玉」樹之植懸圃，似芳蓮之秀瑶池。於是鳴珮結襡，始辭家矣。夫人曾祖父諱彦卿」，祖父諱獻捷，終内僕令。祢考諱進興，終浙西道監軍使、朝散大夫、内寺伯，贈右監」門衛將軍，贈紫金魚袋。長兄士則，内府丞致仕。薄於世榮，恬然早退。兄特進公元宥」，累更重寄，今爲内樞密使。惟仇氏，惟王氏，家聲赫奕，枝派蟬聯，世嗣忠貞，共建勳績」。或職司宸極，或領護大藩。其爲崇高也同盛，其爲婚媾也宜哉。夫人從人之後」，令德益彰。荷寶鈿，翳羅袂；曳珠屣，垂香裾。逶逶迤迤，如鸞如鵠。盡其誠敬，克奉蒸嘗」；布其慈惠，用諧親舊。將迎於内閫，行禮於終朝。故賢淑之稱，孝友之名，播於中外，有」餘裕焉。及先王下世，未亡主家。以嚴謐居高堂，以禮樂誨諸子。三徙成教，百慮是」圖。是以器用貨物，不喪其舊。男仕女嫁，各得其榮。慈撫之能，柔克之幹，又著於晚歲」矣。嗚呼！有人倫之懿行，有富貴之景福。玄化難諭，不与其年。春秋五十有六，以大中」二年十月十八日，歿于秦京輔興里第。男四人，女六人。長子左神策軍雲陽鎮監軍、掖」庭局博士師約。二子右神策軍兵馬使、銀青光禄大夫、檢校太子賓客師禮。三子掖」庭令師本。四子荆南節度押衙師雅。才行莘莘，皆登職位。難兄令弟，其程未量。長女」適内僕丞李氏。二女明晤清净，剃心爲緇。三女適内府令陳氏。四女適供奉官内」常侍王氏。五女適宫闈丞崔氏。六女適内僕丞嚴氏。貴客森然，随其孝女，今也畢萃於」喪祭之間。蓋龜筮未從，緩葬以待。至大中四年正月十七日，始獲襄事焉。仇公以」會昌元年正月薨，以其年八月厝于京兆長安縣布政鄉大郭里龍首原，都門之西」五里而近。是日也，奉夫人之柩祔於故阡，而就其新壙焉。佳城相鄰，松楸對碧。順」而合禮，神魂永康。孝敬之道備矣。其三子掖庭公，耽史嗜儒，才學超贍，夙夜」□□，以佐上司。懷陟岵瞻望之哀，思昊天罔極之報。旁搜詞客，使紀幽窀。顧惟」不□，□當見命。謹序遺美，繼之四章。銘曰」：

緱仙□□，世多令孫。綺疏之中，有此淑人。寺伯之子，齋莊立身。南安之偶，嬻孌」其恩。子參□柄，兄爲重臣。容華鬱兮，菊茂蘭薰。常持四德，以洽六姻。粲粲良」媛，矯然不群。其一。仇氏王氏，多升上位。榮耀内庭，飛鳴近地。夫人親愛，各」臻至貴。譽發深閨，政行中饋。母道又慈，子孫方熾。其二。傷哉逝川，玉毀珠捐。龜鶴何」德，翻皆永年。綵輴鱗鱗，朱旐翩翩。身委朝露，魂歸列仙。餘芳曷寄，女史昭然。其三。鴻」都之外，紫陌之内。雙墳並建，新故相對。野月開瞼，墓松含黛。凄慘古原，寂寥瓊」□。□挺高壟，神理攸□。□□□珉，將貽千載。其四。

隴西李砡刻字」

## 按

誌主王氏，太原人，係宦官浙西道監軍使、朝散大夫、内寺伯、贈右監門衛將軍王進興之養女。其夫仇文義，宦官，忠武軍監軍使、内給事、贈内侍。王氏收養六個女兒中，有五位嫁了其他宦官家族，王氏二兄王元宥在唐宣宗時亦任樞密使。且該誌認爲“惟仇氏，惟王氏，家聲赫奕，枝派蟬聯，世嗣忠貞，共建勳績。或職司宸極，或領護大藩。其爲崇高也同盛，其爲婚媾也宜哉”，是唐代士族官宦聯姻的普遍意識。該誌爲研究宦官家族的政治聯姻提供了極爲珍貴的史料。另，該誌出土具體地址不詳，據墓誌“厝于京兆長安縣布政鄉大郭里龍首原，都門之西五里而近”，則當出土于今西安市西郊土門村一帶。

395.852　韋正貫墓誌

## 説　明

唐大中六年（852）二月刻。誌正方形。邊長77厘米。誌文楷書37行，滿行37字。趙橗撰文，韋丞弼書丹。原長安縣韋曲高望堆大隊出土。現存西安市長安博物館。《長安碑刻》著録。

## 釋　文

唐故嶺南節度觀察處置等使銀青光禄大夫檢校左散騎常侍兼御史大夫贈工部尚書京」兆韋公墓誌銘

朝散大夫行尚書吏部員外郎趙橗文」

唐大中五年七月癸巳，嶺南節度觀察使韋公薨于位，享年六十八。聖上方倚以南方之」事，臨軒震悼，廢朝一日。詔贈工部尚書，賻以布帛。明年二月庚申，將祔于畢原先塋，禮也」。公遺令薄葬，不請謚於太常，不用鼓吹，而請姑之孫翰林學士、中書舍人蕭鄴紀行于豐碑，友人」吏部員外郎趙橗誌時于幽石。公理於予再爲嘗僚，其可辭乎。公理諱正貫，京兆人，隋大司」農、郿城莊公七代孫。曾祖岳子，皇朝陝州刺史。祖恒，京兆少尹、河北採訪使。父平，倜儻有大志，與」從父弟杲於隴州拒朱泚，殺其使。平因徒步間行，至奉天城下，夜縋而升。時鳳翔方殺張鎰應泚」，上憂隴上。及平以臘丸表至，具述成功，城内鼓噪。德宗召，升殿握手，口授御史中丞。公堅」辭，以儒氏子乞。初命一官，改萬年尉。隨駕赴興元，以艱苦中風恙，授太子中允，累衡州別駕。故」有大功而不享者，其後必大子貴。贈刑部侍郎。娶御史彭城劉爲麟女，生公理及季代北水運」使、監察御史誨。故太尉以汧隴之忠勳，鎮定西蜀，又有来南夷之威，拒西戎之策，於國史爲」第一功。韋氏世登文科，掌綸修史。婚姻之盛，甲於關右。公理丱歲，從太尉在蜀，侍宴遊，屋壁」詩句紀名，一覽無遺。開筵舉樂，音節洞會。太尉奇之，因名曰臧孫。及侍郎殁於衡嶠，奉轊車北」征，年逾學樂。裴荆州均，公姑之子也，欲專外族之喪事，致賵贈于庭。公泣辭，以叔父情義受賜，即」傷叔父慈旨。不日蜀使至，均具以陳於太尉。太尉大異之。除喪，選爲單父尉。一日，歎曰：下流」不可處。遂挂冠西入關。故中書韋公處厚在翰苑，故舍人韋公詞在南宮，公因以時政切害商較」之。皆膝之前席曰：不意當時更生一賈誼。是年，更是名。穆宗臨軒，策試賢良方正直言極諫」科，升第，授太子校書。敬宗朝，又應詳閑吏理可使從政科，再第，自華原尉遷萬年尉。尋授御」史裏行，入爲真御史。府有素與公理不直者，因不上，除河南府司録。故相國令狐公鎮鄆州，奏」員外郎，充節度判官。丁憂，喪闋，爲浙東團練副使，非其樂也。歸洛下，除萬年令。澤州刺史狄僕射」爲太原，奏充副使。未幾，奪爲太府少卿知出納、泗州刺史、光禄卿、晉州刺史，入爲大司農。以内上」食闕供爲其誣，累貶均州刺史，除壽州刺史，遷京兆尹。奉郊禋之事，民不知役物，乃有羨如御」史大夫，因乞解官。除同州刺史，充長春宮使。未幾，有南海之命。是邦饒山海之貨、漁鹽之利，俗多」遷徙，故庸調薄而徵配重，積習爲然，人用益窘。公下車訪貪暴之吏繩之，省其役事之不急者，里」胥州卒非額内者悉罷去。波斯訶陵諸國，其犀象海物到岸，皆先籍其尤者。而市舶使以布帛不」中度者酬之，公理一削其事，問其所便以給焉。邕、交二府廣有鎮兵以壓之，因爲經略都護之」紀綱，其給恤不及時，往往漁侵其人。公皆厚供俟而約法焉，二方人皆悦。於是朱鳶儋耳之俗，萬」里無不被公美化。及其捐館，蠻陬雖髻與衣冠士子浹旬號涕，不知其已也。公理居家孝敬，自」高祖已降，必均衣食奉。交友誠馨，吊喪恤孤，禮問兼貳。無圖書絲竹之玩，無亭臺車馬之飾。承訃」之日，京洛三十餘室，莫不出涕，如喪近屬焉。而所蒞必理，下車人安，用法而存恕，聚財而約用」，國計兵籍，如示諸掌。宜其總斡邦國之大計，居管樂之任，盡桑卜之術，而止於侯國，故士君子歎」之。娶監察御史博陵崔昇女，無子。晚歲二子：長曰參，以郊禋恩授太子校書；次曰溫文，華州參」軍。一女始七歲。銘曰：

天地氤氳，降爲賢人。山川精氣，結爲文字。倬哉韋君，既賢而文。再登」甲科，三佐侯君。六居郡符，兩操大府。政既有經，事唯克舉。大朝租入，列郡兵賦。連如珠貫，吐若泉」注。茂先度支，張蒼計相。宜其兼領，以爲師長。海亭罷市，蕃航慟哭。嗚呼謂何，奪我廉牧。丹旐悠悠」，来歸萬里。二子藐若，一門無倚。屬之故人，以銘泉淶。已矣焉哉，萬古如此。

堂侄丞弼書」

## 按

誌主韋正貫，《唐書》無傳。此誌涉及唐代中晚期歷史人物較多，如唐宣宗大中年間宰相蕭鄴、吏部員外郎趙橗，其曾祖父韋岳子，其祖父韋恒，其父韋平，其叔父韋杲，叛軍朱泚，鳳翔節度使張鎰，御史劉爲麟，荆州裴均，中書侍郎韋處厚，中書舍人韋詞，相國令狐楚，澤州刺史狄兼謨等；又涉及中晚唐嶺南節度使事較詳，對于研究中晚唐歷史提供了豐富的資料，又爲充實唐代韋氏家族世系提供了寶貴的資料。

929

396.852　歸弘簡墓誌

## 説　明

唐大中六年（852）五月刻。蓋盝形，誌正方形。誌、蓋尺寸相同，邊長均60厘米。蓋文4行，滿行3字，篆書“唐故檢」校金部」郎中歸」公墓誌”。誌文楷書30行，滿行30字。歸仁晦撰文、書丹並篆蓋。蓋四殺飾四神圖案，誌四側飾壺門内十二生肖圖案。2004年西安市長安區韋曲鎮夏殿村出土。現存陝西省考古研究院。

## 釋　文

唐故朝散大夫檢校金部郎中兼侍御史知鹽鐵江陵院事歸公墓誌銘并序」

公諱弘簡，字子諒，吴郡人也。厥先帝舜之後，周封嬀滿于陳，寔爲胡公，歸姓著」焉。曾祖待聘，皇贈秘書監。實有盛德，含光不耀。大父崇敬，皇兵部尚」書，贈司空，諡曰宣。經綸六籍，陶鑄五禮。名炳日月，美曄圖史。烈考登，皇工」部尚書，贈太保，諡曰憲。峻至行而蹈淵騫，作宏儒而掩荀孟。搢紳龜鏡，士林宗」師。公即憲公之季子。始幼時，丁太保艱，至性有成人操。及長，堅節讀書」，不出一室，孜孜矻矻，自健自苦。不數歲，能通」儒書，文尚典雅，必剗艷而務實。尤」工五字句詩，韻甚峭麗，頗得作者風格。意慕儉素，不耻弊衣糲食。爲官得俸錢」，必散親友貧者。植性孤直，嫉惡好善。聞人一美，必願爲友；目人一惡，視之若讎」。其剛正如此。未弱冠，弘文館明經及第，調補右内率府兵曹參軍、左威衛胄曹」參軍。清慎不渝，終始若一。會嶺南節度使李從易奏公爲參謀，試大理評」事，攝監察御史。值府變，調授國子監大學博士。奉公以廉謹，成績以强幹。晝則」游刃吏事，夕則伏膺典墳。南海帥盧公貞飽公美，奏爲節度推官，改殿中」侍御史。奉職雄藩，服勤累載。謀於樽俎，休有厥聲。罷幕，鹽鐵使薛公尤賞，急」公之才，請攝鹽鐵江陵院事。公盡刮剔蠹弊，乃新厥規。漕運明智，以鈐黠猾」。鋤刃所加，秋毫必析。無嚴刑猛制，吏不敢欺。苟利於公，勞煩不憚。校課溢額數」萬餘貫，鹽鐵使上公功狀，累遷檢校主客員外郎、金部郎中，並依前兼侍御」史。充職荆楚，人多盜販私鹽，寖壞天子法。職司踵承不能禁，乃設法杜絶。有」犯，雖豪强，必按。一州人慴氣束手，不敢窺私鹽利。錫階朝散大夫，少腰白金魚」。拖斯皇綬，亦儒者榮也。佇副僉論，入踐清朝。不幸遘暴疾，以去年十二月卅日」，終于江陵府私第，享齡四十有二。烏虖！公體局風識，端肅凝峻。外弘踈朗，中」貫誠明。雖長綺紈，周知稼穡。當官而霜節彌勁，臨利而冰心愈清。其材可以適」時應務，剖劇割繁。文學之外，可謂利器矣。位不副材，而殁有餘痛，可勝慟哉」！公夫人范氏，皇宣歙觀察使傳正之女也。柔德懿範，儀形閨壺。不幸先公」而殁。有子二人，女一人，咸稚齒。以大中六年五月廿四日，合祔于萬年縣鳳栖」原，迩先太保之塋，禮也。其文曰」：

烏虖！德門垂慶，乃生哲人。朗然珪璋，不雜風塵。襟靈洞闢，端亮貞純。典墳」聚學，風雅成文。行茂枝葉，道無緇磷。冲和應物，潔廉檢身。器利切玉，節勁寒」筠。一旦永寐，宏材匪伸。蘭雖云萎，芬馨長存。玉雖云折，聲音不泯。公之」逝矣，令問彌新。

侄男仁晦撰并書及篆額」

## 按

誌主歸弘簡，《唐書》不載。按《舊唐書》有其祖歸崇敬傳，附其父歸登傳，又附其叔伯歸融傳，並及其侄仁晦，但不載其祖其父之諡號，亦不載歸弘簡。則此誌所載歸弘簡之家族譜系、生平事迹、歷官情況等，均可補史載之闕。

撰者歸仁晦，誌主之侄。蘇州吴（今江蘇吴縣）人。唐文宗開成三年（838）進士及第，懿宗咸通十二年（871）爲吏部侍郎，僖宗乾符三年（876）爲吏部尚書、給事中。

931

397.852　唐杜順和尚碑

## 説　明

唐大中六年（852）刻。碑螭首方座。高156厘米，寬70厘米。正文行書21行，行字不等。杜殷撰文，董景仁書丹。原立于長安縣少陵原華嚴寺，1914年由開福寺移藏西安碑林。現存西安碑林博物館。《寶刻類編》《石墨鎸華》《金石萃編》《長安碑刻》等著録。

## 釋　文

大唐花嚴寺杜順和尚行記」

鄉貢進士杜殷撰

朝議郎試左武衛長史上柱國董景仁書」

釋垂範忍辱爲戒，空寂爲體。求而非真，智而可識，不遠而疏，志之□□。□了」雪山，我佛當其諭道；袞袞白馬，金字闡于」巨唐。粵以有京兆人者，堯之苗裔，生雩國南門外村里。簪□繼□，□□飾」躬，馨香内外，逮三千餘祀。俄扇雩西方之盛，降兹吾師。師始□□□邁」人表。未登十歲，緩集同年。生陟一基，而以敷足巍然。旋吐大乘□□□□□」瞻。善男子、善女人，無間大小，奔而趨而，虔心諦聽。一演而伸，衆闐闐□□□」舞之忘親，愛而自聳。復次□機運巧，指事成績。洞然些有祥瑞，連縈龍□□」力矻矻，其異不一，寔可繁詞。弱冠，師之兄有軍旅之患，欲赴，跪而啓。父」兮母兮，厥而賡去，允斯所命。被甲鎧汪汪，執戈慷慨，逼至魚麗，勝而多捷」，卓爾哉出群。隱而靡究，慈惠霑濡一帥之卒。渠百結，師補綴焉。渠有」咎，酷笞刑，師受笞焉。負薪爨火，汲水燃之。渠盥濯，師之躬焉。渠役」烽火遊外，師之當焉。昔魏禪師，師主也，異曰：倍□之日，臨流未濟」杖之功，登嶺有去虎之妙哉！貟来婦人有一子，求之□□睞，擲於急流」中而復見 胡甸反，乃是宿根深債。歷縣側，因睹畋獵，化夔□龍盛，與□□□」士交會，因勵承勵而息心歸依。師之門人勤意尋五臺靈境，欲覺□」菩薩給五銖道粮，乃失師事。今有秦人王元順，承家穆穆，文武潤身」，在世有濟拔之惠，效主懷歲寒之心。殷，師之裔孫也。已履儒迹，心□□」岸。每耽儒典之暇，劇趣真心。師之聖，寔非翰墨之能飾。

大中六年□」月二十四日記

鎸玉册官邵建初刻字

院主僧談賁」

## 按

杜順，又名法順，京兆萬年人，其卒年歷代史籍所記頗爲淆亂。《續高僧傳》卷二五《法順傳》："（杜順）以貞觀十四年，都無疾苦，告累門人，生來行法，令使承用，言訖如常，坐定於南郊義善寺，春秋八十有四。"《釋氏稽古略》記在"貞觀十四年五月順示寂"。碑文中所記"花嚴寺"，即華嚴寺，爲唐長安城南樊川八大寺院之一，位于城南少陵原。杜順和尚圓寂之後，華嚴宗逐漸發展興盛，寺院規模隨之擴大，遂成爲華嚴宗之祖庭。

398.855　夏氏墓誌

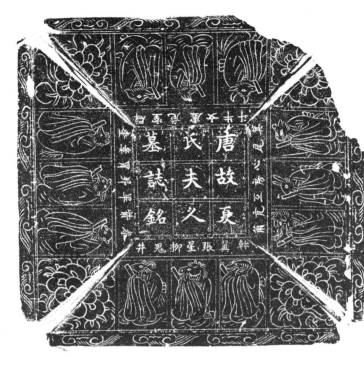

唐故定州司倉叅軍東鄉府君夫人魯郡夏氏墓誌銘并序

前諡太常寺奉禮郎王珣撰

夫人本姓湛氏其來遠矣遠叅至　我唐以字與

稑崇皇帝廟諱同遂奉　詔改為夏氏令為魯郡心也　夫人即

先府君諱真天資英邁風儀峻迥器宇清通幹略宏遠明關武藝

達識兵機早歲日遊浙左為　廬師所辟遂從我彼地茂績昭顯於南

越嘉聲洋溢于中國雖榮賈之雄名未可儔也　夫人即

府君之長女也溫惠成性徽承作則夙承閨訓克備教先歸我　倉曹先諸

倉曹殆垂四紀蘊中饋內弼之美女儀女師之德奉上以敬應卑以謙

字祇匕仁訓子均義令婦之道闇然而日章矣

夫人一年而謝厥心晝哭禮谷莊姜天忽降疾百樂無驗大中八年十月

廿九日終于華州鄭縣少華鄉東鄉之別墅享年六十三有嗣子二

靖歸于萬年縣洪固鄉李元原以二月庚辰朔五日甲申祔窆

人長曰浣恭孝仁惠內外攸稱命之脩短今也云次曰澗嘗典衛雅

倉曹府君之塋禮也廬人代移陵谷遷邍迺刊貞石以當弗朽銘曰

門傳慶祚　　誕生淑女　君子作嬪　協睦九姻

光華二族　　疚癘忽復　俄隨風燭　夕景交照　逝波不迴

永辭白日　　長廢衣臺　送往如慕　迎返如疑　粧奩所歇

自古所悲　　□之南　終山之北　癸我夫人　刊石頌德

## 説　明

唐大中九年（855）三月刻。蓋盝形，誌正方形。蓋邊長39厘米，誌邊長40厘米。蓋文3行，滿行3字，楷書“唐故夏」氏夫人」墓誌銘」”，四周有二十八宿名，即東方蒼龍角、亢、氐、房、心、尾、箕，南方朱雀井、鬼、柳、星、張、翼、軫，西方白虎奎、婁、胃、昴、畢、觜、參，北方玄武斗、牛、女、虚、危、室、壁。誌文楷書20行，行字不等。王珣撰文。蓋四殺飾十二生肖圖案，四角飾寶相花紋；誌四側飾如意雲紋。1983年長安縣北新安建材廠出土。現存西安市長安博物館。《長安碑刻》著録。

## 釋　文

唐故定州司倉參軍東鄉府君夫人魯郡夏氏墓誌銘并序」

前試太常寺奉禮郎王珣撰」

夫人本姓湛氏，其来遠矣。逮至我唐，以字與」穆宗皇帝廟諱同，遂奉詔改爲夏氏，今爲魯郡人也。夫人其」先府君諱真，天資英邁，風儀峻迴。器宇清通，幹略宏遠。明閑武藝」，達識兵機。早歲因遊浙左，爲廉帥所辟，遂從戎彼地。茂績昭顯於南」越，嘉聲洋溢乎中國。雖桑、賈之雄名，未可儔也。夫人即」府君之長女也。温惠成性，徽柔作則。夙承閨訓，克備教先。歸我」倉曹，殆垂四紀。蘊中饋内弼之美，母儀女師之德。奉上以敬，應卑以謙」。字孤必仁，訓子均義。令婦之道，闇然而日章矣。倉曹先諸」夫人一年而謝，灰心晝哭，禮合莊姜。天忽降疾，百藥無驗。大中八年十一月」廿九日，終于華州鄭縣少華鄉東鄉之別墅，享年六十三。有嗣子二」人：長曰浼，恭孝仁惠，内外攸稱。命之修短，今也云亡。次曰洌，嘗典衙推」，職於夏臺，亦守官太常録事。哀毀過禮，杖而後起。以明年春二月，奉」輤歸于萬年縣洪固鄉李元原。三月庚辰朔五日甲申，祔窆」倉曹府君之塋，禮也。慮人代推移，陵谷遷變，迺刊貞石，以圖弗朽。銘曰」：

門傳慶祚，誕生淑人。克配靈符，君子作嬪。協睦九姻」，光華二族。疢癘忽侵，俄隨風燭。夕景反照，逝波不迴」。永辭白日，長處夜臺。送往如慕，迎返如疑。非今所歎」，自古所悲。渭水之南，終山之北。葬我夫人，刊石頌德」。

## 按

誌主夏氏，本姓湛氏，因與唐穆宗廟諱同，而改姓夏氏。此爲研究唐代避諱制度提供了珍貴的資料。另，在蓋文四周，分別刻二十八宿，這在唐代墓誌銘中極爲少見，具有一定的研究價值。

399.855　圭峰定慧禅师碑

## 説　明

唐大中九年（855）十月刻。碑螭首龜趺。高216厘米，寬104厘米。額文3行，滿行3字，篆書"唐故圭」峰定慧」禪師碑"。正文楷書36行，滿行65字。碑陰與兩側有宋人題記二十餘則。裴休撰文並書丹，柳公權篆額。碑身有橫向斷痕三道。現存西安市鄠邑區草堂寺。《集古録》《石墨鐫華》《户縣碑刻》《陝西碑石精華》等著録。

## 釋　文

唐故圭峰定慧禪師傳法碑并序」

金紫光禄大夫守中書侍郎兼户部尚書同中書門下平章事充集賢殿大學士裴休撰并書」

金紫光禄大夫守工部尚書上柱國河東郡開國公食邑二千户柳公權篆額」

圭峰禪師，号宗密，姓何氏，果州西充縣人，釋迦如來三十九代法孫也。釋迦如來在世八十年，爲無量人天聲聞菩薩，説五戒八戒、大小乘戒、四諦十二緣起、六」波羅蜜、四無量心、三明六通」、三十七品、十力四無畏、十八不共法、世諦、第一義諦、無量諸解脱三昧總持門。菩提涅槃，常住法性，莊嚴佛土，成就衆生，度天人教菩薩一切」妙道，可謂廣大周密。廓法界於無疆，徹性海於無際。權實頓漸，無遺事矣。最後獨以法眼付大迦葉，令祖祖相傳，別行於世。非私於迦葉，而外人天聲聞菩薩也。顧此法，衆」生之本源，諸佛之所證，超一切理，離一切相。不可以言語、智識有無隱顯推求而得，但心心相印，印印相契，使自證知光明受用而已。自迦葉至達摩，凡二十八世。達摩傳」可，可傳璨，璨傳信，信傳忍，爲五祖。又傳融，爲牛頭宗。忍傳能，爲六祖。又傳秀，爲北宗。能傳會，爲荷澤宗，荷澤於宗爲七祖。又傳讓，讓傳馬，馬於其法爲江西宗。荷澤傳磁州」如，如傳荆南張，張傳遂州圓，又傳東京照。圓傳大師。大師於荷澤爲五世，於達摩爲十一世，於迦葉爲三十八世，其法宗之系也如此。大師本豪家，少通儒書，欲干世」以活生靈。偶謁遂州，遂州未與語。退遊徒中，見其儼然若思而無念，朗然若照而無覺，欣然慕之，遂削染受教。道成，乃謁荆南。荆南曰：傳教人也，當盛於帝都。復謁」東京照。照曰：菩薩人也，誰能識之。後謁上都花嚴觀，觀曰：毗盧花藏，能隨我遊者，其汝乎。初在蜀，因齋次受經，得《圓覺》十二章，深達義趣，遂傳《圓覺》。在漢上，因病，僧付」《花嚴》句義，未嘗聽受，遂講《花嚴》。自後乃著《圓覺》《花嚴》及《涅槃》《金剛》《起信》《唯識》《盂蘭》《法界》《觀行》《願經》等疏抄，及《法義類例》《礼懺脩證》《圖傳纂略》。又集諸宗禪言爲《禪藏》，總而叙」之。并酬答書偈議論等，凡九十餘卷，皆本一心而貫諸法，顯真體而融事理。超群有於對待，冥物我而獨運矣。議者以大師不守禪行，而廣講經論，遊名邑大都，以興建」爲務，乃爲多聞之所役乎，豈聲利之所未忘乎。嘻，議者焉知大道之所趣哉。夫一心者，万法之總也，分而爲戒、定、慧，開而爲六度，散而爲万行。万行未嘗非一心，一心未嘗」違万行。禪者，六度之一耳，何能總諸法哉。且如來以法眼付迦葉，不以法行。故自心而證者爲法，隨願而起者爲行，未必常同也。然則一心者，万法之所生，而不屬於」万法。得之者，則於法自在矣；見之者，則於教無礙矣。本非法，不可以法説；本非教，不可以教傳。豈可以軌迹而尋哉。自迦葉至富那奢，凡十祖，皆羅漢，所度亦羅漢。馬鳴、龍」樹、提婆、天親，始開摩訶衍，著論釋經，摧滅外道，爲菩薩唱首。而尊者闍夜獨以戒力爲威神，尊者摩羅獨以苦行爲道迹。其他諸祖，或廣行法教，或專心禪寂，或蟬蜕而去」，或火化而滅，或攀樹以示終，或受害而償債。是乃法必同而行不必同也。且循轍迹者非善行，守規墨者非善巧。不迅疾無以爲大牛，不超過無以爲大士。故大師之爲」道也，以知見爲妙門，寂净爲正味，慈忍爲甲盾，慧斷爲劍矛。破内魔之高壘，陷外賊之堅陣。鎮撫邪雜，解釋纆籠。遇窮子則叱而使歸其家，見貧女則訶而使照其室。窮子」不歸，貧女不富，吾師耻之；二乘不興，四分不振，吾師耻之；忠孝不並化，荷擔不勝任，吾師耻之；避名滯相，匿我增慢，吾師耻之。故遑遑於濟拔，汲汲於開誘，不以」一行自高，不以一德自聳。人有依歸者，不俟請則往矣；有求益者，不俟憤則啓矣。雖童幼，不簡於敬接；雖鷙很，不怠於叩勵。其以闡教度生助國之化也如此。故親」大師之法者，貪則施，暴則斂，剛則隨，戾則順，昏則開，墮則奮，自榮者慊，自堅者化，徇私者公，溺情者義。凡士俗有捨其家與妻子，同入其法，分寺而居者；有變活業，絶血食」，持戒法，起家爲近住者。有出而修政理，以救疾苦爲道者；有退而奉父母，以豐供養爲行者。其餘憧憧而來，欣欣而去，揚袂而至，實腹而歸，所在甚衆，不可以紀。真」如來付囑之菩薩，衆生不請之良友。其四依之人乎，其十地之人乎，吾不識其境界庭宇之廣狹深淺矣！議者又焉知大道之所趣哉！大師以建中元年生於世，元和二」年印心於圓和尚，又受具於拯律師。大和二年，慶成節，徵入内殿問法要，賜紫方袍，爲大德。尋請歸山。會昌元年正月六日，坐滅於興福塔院，儼然如生，容兒益」悦。七日而後，遷於函。其

局部

自證之力可知矣。其月二十二日，道俗等奉全身于圭峰。二月十三日茶毗，初得舍利數十粒，明白潤大。後門人泣而求諸煨中，必得而歸，今悉斂」而藏于石室。其無緣之慈可知矣。俗歲六十二，僧臘三十四。遺戒深明，形質不可以久駐，而真靈永劫以長存。乃知化者無常，存者是我。死後罼施虫犬，焚其骨而散之，勿」墓勿塔，勿悲慕，以亂禪觀。每清明上山，必講道七日而後去。其餘住持法行，皆有儀則，違者非我弟子。今」皇帝再闡真宗，追謚定慧禪師、青蓮之塔，則塔不可以不建，石不可以不斲。且使其教自爲一宗，而學者有所標仰也。門人達者甚衆，皆明如來知見，而善說法要」或巖穴而息念，或都會而傳教，或斷臂而酬德，或白衣以淪迹。其餘一礼而悟道，終身而守護者，僧尼四衆，數千百人。得其氏族道行可傳於後者，紀於別傳。休與」大師於法爲昆仲，於義爲交友，於恩爲善知識，於教爲内外護。故得詳而敘之，他人則不詳。銘曰」：

如來知見，大事因緣。祖祖相承，燈燈相燃。分光並照，顯說密傳。摧邪破魔，證聖登賢。漸之者入，頓之者全。執紹執興，圭峰在焉。甚大慈悲，不捨周旋。以引以翼，恐迷恐顚。直」示心宗，傍羅義筌。廣收遠取，無弃無捐。金湯魔城，株杌情田。銷竭芟伐，大道坦然。功高覺場，會盛法筵。不染而住，淤泥青蓮。性無去来，運有推遷。順世而歎，衆生可憐。風號」曉野，鐘摧夜川。捨筏而去，溺者誰前。巖崖荆榛，阻絶危懸。輕錫而過，踣者誰肩。不有極慈，孰能後先。吾師何處，復建橋船。法指一靈，徒餘三千。無負法恩，永以乾乾」。

（上闕）□□右街功德使□□大將軍（下闕）食邑三千户王元宥施碑石

大中七年正月十五日□□□□□塔額謚号當日」（上闕）尉兼右街功德使奉天大將軍行（下闕）施碑石

大中九年十月十三日建

鐫玉册官邵建初刻字」

## 按

圭峰禪師，號宗密，俗姓何，果州西充縣人，釋迦如來三十九代法孫，爲華嚴五祖。此傳法碑《全唐文》《金石萃編》已收録，傳碑詳述釋迦以降傳法世系，是相當重要的佛教文獻。胡適曾撰《跋裴休的〈唐故圭峰定慧禪師傳法碑〉》一文進行詳細考證。

碑文撰書者裴休，字公美，唐名相、書法家。休于碑文中言"休與大師於法爲昆仲，於義爲交友，於恩爲善知識，於教爲内外護。故得詳而敘之，他人則不詳"，是以此碑内容可信度很高。

400.855　白公濟墓誌

大唐故白府君墓誌銘　并序

府君諱公濟字子捷本太原人也秦將武安君起之曾裔商

遠氏意慕中華從居同州韓城影臨不鄉紫貝里居焉累年

代殊淡寒暑燠易　府君不佐蘊德終於葉徇祿無忝高卿實

林怡然養志於豊孝而克偹行禮樂而頗全西迤文遠武有白有

外軒冕皆進士出身俱登甲科名位爵秩盡達於世間勳葉文

言行年六十五天和五年辛亥歲五月十八日終于孫第

皇任揚州錄事參軍　祖諱論　白軰任坊州宜君縣令盛族簪纓內

學子並載在　國史故不書于

夫人吳興姚氏雍三素貞全州有聞莆容儀頗覩乹內外并冠神裳

有始有終茶琹和鳴自歎虛襟竟以㛮疾衰衰老春秋七十九大中

九年二月廿日薨於也有嗣子六人孟曰宗祐仲曰宗晟季曰乙珪皆弌氣字

冲和慶家有則是為之中之賢當時之美次曰敬宗之曰仲儒夹熊寄

人不賜壯弟守生也何侵鳴呼末屐平生之志太俛

咸年命隨風燭幻白敬璋前試左金吾衛兵曹參軍無同州防禦集

抑衡孤晃測峻舊質量輪劍若李廣之雄弱弓並軍其之

妙為交有知見風行寈官有事君之理有左人適彭城劉仲文府君与

姚氏夫人大中九年歲次乙未朝曼西合葬於東原玄莊三

里祔先堂域也恐桑田改易道憂之靈乃方刻石水記于泉銘

曰　爰之古原松檀青　　卜兹勝地　剱啟佳城

長嵯峩作焊　　玉莱埋平　笠授祿　魂魄安寧

## 説 明

唐大中九年（855）十一月刻。蓋盝形，誌正方形。蓋邊長45厘米，誌邊長43厘米。蓋文3行，滿行3字，楷書"大唐故」白府君」墓誌銘」"。誌文楷書21行，行字不等。韓城市出土，具體時、地不詳。現存韓城博物館。《全唐文補遺》著録。

## 釋 文

大唐故白府君墓誌銘并序」

府君諱公濟，字子捷，本太原人也，秦將武安君起之苗裔」。遠代意慕中華，徙居同州韓城縣臨汾鄉紫貝里居焉。年」代殊深，寒暑變易。府君不仕，蘊德修業，徇禄無心。高卧雲」林，怡然養志。於忠孝而克備，行禮樂而頗全。迺文迺武，有兒有」言。行年六十五，大和五年辛亥歲五月十八日終于私第。曾祖諱璘」，皇任揚州録事參軍。祖諱論，皇任坊州宜君縣令。盛族簪纓，内」外軒冕。皆進士出身，俱登甲科。名位爵秩，盡達於世間；勳業文」學，並載在國史，故不書耳」。夫人吴興姚氏，雍雍素質，令淑有聞；肅肅容儀，頗彰内外。笄冠禮適」，有始有終。琴瑟和鳴，貞潔虚襟。竟以寢疾衰老，春秋七十九，大中」九年二月廿日辭於世。有嗣子六人：孟曰宗祐，仲曰宗晟，季曰元珪。皆氣宇」冲和，處家有則。寔爲人中之寶，當時之英。次曰敬宗，又曰仲儒。天縱奇」人，不賜其壽。其生也何虚，其壽也何促。嗚呼！未展平生之志，奈何」盛年命隨風燭。幼曰敬璋，前試左金吾衛兵曹參軍、兼同州防禦」押衙。孤高莫測，峻聳難量。輪劍若李廣之雄，彎弓並由箕之」妙。爲交有知己之風，從宦有事君之理。有女一人，適彭城劉仲文。府君与」姚氏夫人，大中九年歲次乙亥十一月丁未朔四日己酉，合葬於東原，去莊三」里，祔先塋域也。恐桑田改易，道變人遷，乃修文刻石，永記于泉。銘」曰：

蒼蒼古原，松檟青青。卜兹勝地，創啓佳城」。長崗作阜，玉案坦平。世世授禄，魂魄安寧」。

## 按

誌主白公濟，字子捷，原籍太原，秦將武安君起之苗裔。曾祖璘，揚州録事參軍。祖論，坊州宜君縣令。有嗣子六人：宗祐，宗晟，元珪，敬宗，仲儒，敬璋。按白公濟與白居易同族同宗，誌文所載白氏世系是研究白居易及白氏家族的重要參考資料。

401.856　韋君夫人栢茗墓誌

唐故青州司户叅軍韋君夫人栢氏墓銘并序
外生前鄉貢進士張台撰
夫人姓栢氏諱茗無字　唐工部尚書孝慕五代孫　工部之孫
譽為鄧州長史長史生造為懷州獲嘉令獲嘉先以從事在祿山府因
奏捷至京見言祿山逆狀　明皇怒坐貶獲嘉時天寶十二載也及
薊兵起獲嘉曆而栢氏滅幼子諱良器年六歲為人所藏得全及廿四
五乃嘆曰一腐儒何可雪讎耶因學兵得司馬法十八從軍相國韓公
軍師禮遇收睢陽死節烈功寂封平原郡王
德宗立禁軍精擇元帥首用　平原王為神策大將軍　平原王
禮賢下士如韓愈李觀輩旦夕遊處門下　平原王皆康氏今工部
郎中復之姑夫人第四女也長兄元封進士及第刺二郡官至太子賓
客次兄者以文學白衣徵為右拾遺刺二郡由兵部郎中為諫議大夫
廿二適京兆韋挺從宰相處厚再從第一命為青州司户叅軍平亡賓
客元舅之銘在夫人生二女長女幼卒次女適今户部郎中李孚曾夫人
無子從李氏女居未幾不幸權窆於河陽縣之南户部佐蜀相
李氏夫人又不幸於成都官舍臨絕遺言深用為託孝之大歟
孝之大歟大中十年二月十日户部命其子渭奉外祖母之柩安
厝於萬年縣第五村司户府君之墓禮也台六歲從學外氏長育於
夫人之手撫寒慰飢恩顧特厚故為其銘鄙而盡哀而不文銘云
恭惟　懿德稟孝與慈儀刑中外軌範閨闈乃歸令族長
幼所宜十年和鳴雍雍于飛良人從知官于海湄忽爾承
訃伶俜無依哭對寒櫬撫駭訊癡
夫人之生秋葉之危半世寡飢女子有歸安于安氏天命又
違卜殯郊北封樹依依孝女之志同穴是期
帝城之南少陵之陌青青長松韋氏之宅已矣乎千載從此隔

## 説　明

唐大中十年（856）二月刻。誌正方形。邊長41厘米。誌文楷書25行，行字不等。張台撰文。1989年長安縣郭杜鎮岔道口村北魚池出土。現存西安市長安博物館。《隋唐五代墓誌滙編》《全唐文補遺》《長安碑刻》著録。

## 釋　文

唐故青州司户參軍韋君夫人栢氏墓銘并序」

外生前鄉貢進士張台撰」

夫人姓栢氏，諱茗，無字。唐工部尚書季纂五代孫。工部之孫」睿爲鄧州長史。長史生造，爲懷州獲嘉令。獲嘉先以從事在禄山府，因」奏捷召見，言禄山逆狀。明皇怒，坐貶獲嘉。時天寶十二載也。及」薊兵起，獲嘉屠而栢氏滅。幼子諱良器，年六歲。爲人所藏，得全。及十四」五，乃嘆曰：一腐儒何可雪讎耶！因學兵，得司馬法。十八從軍，相國韓公以」軍師禮遇。收睢陽，死希烈，功最，封平原郡王」。德宗立，禁軍精擇元帥，首用平原王爲神策大將軍。平原王」禮賢下士，如韓愈、李觀輩，旦夕遊處門下。平原王婚康氏，今工部」郎中復之姑。夫人第四女也。長兄元封，進士及第，刺三郡，官至太子賓」客。次兄耆，以文學白衣徵爲右拾遺，刺二郡，由兵部郎中爲諫議。夫人」廿二，適京兆韋挺。挺，宰相處厚再從第，一命爲青州司户參軍，卒有賓」客元舅之銘在。夫人生二女，長女幼卒，次女適今户部郎中李荀。夫人」無子，從李氏女居。未幾，不幸，權窆於河陽縣之南。户部佐蜀相」，李氏夫人又不幸於成都官舍。臨絶遺言，深用爲託。孝之大歟」！孝之大歟！大中十年二月十日，户部命其子渭奉外祖母之柩，安」厝於萬年縣第五村司户府君之墓，禮也。台六歲從學外氏，長育於」夫人之手。撫寒慰飢，恩顧特厚。故爲其銘，鄙而盡哀而不文。銘云」：

恭惟懿德，稟孝与慈。儀刑中外，軌範閨闈。乃歸令族，長」幼所宜。十年和鳴，雍雍于飛。良人從知，窆于海湄。忽尔承」訃，伶俜無依。哭對寒櫃，撫駭訓癡」。夫人之生，秋葉之危。半世寒飢，女子有歸。安于女氏，天命又」違。卜殯邙北，封樹依依。孝女之志，同穴是期」。帝城之南，少陵之陌。青青長松，韋氏之宅。已矣乎，千載從此隔」。

## 按

誌主栢茗，史書不載。誌所載栢氏之家族世系，其父良器、兄元封和耆，《新唐書》均有載，但誌所詳載安禄山叛唐及栢氏家族之家破人亡，則可補史載之闕。又誌所記"萬年縣第五村"當誤，應爲"長安縣第五村"。此誌出土于今西安市長安區郭杜鎮北魚池村，即唐代之第五村，此域屬唐代長安縣所轄。其夫《韋挺墓誌》見本書372.826條。

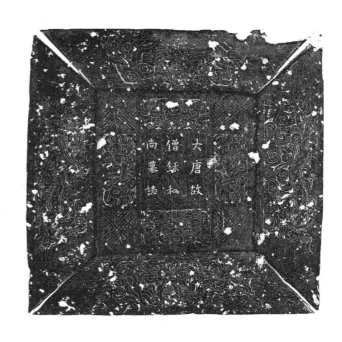

402.857　僧靈晏墓誌

## 説 明

唐大中十一年（857）二月刻。蓋盝形，誌正方形。蓋邊長61厘米，誌邊長66厘米。蓋文3行，滿行3字，楷書"大唐故｜僧録和｜尚墓誌｜"。誌文行楷26行，滿行26字。僧彦楚撰文，僧紹蘭書丹。蓋四殺飾四神圖案，四周飾寶相花紋；誌四側飾壺門内十二生肖圖案。西安市出土，具體時、地不詳。現存西安博物院。《隋唐五代墓誌滙編》《全唐文補遺》《陝西碑石精華》著録。

## 釋 文

大唐崇福寺故僧録靈晏墓誌并序｜

弟子内供奉講論兼應制引駕大德彦楚述｜

右街福壽寺内道場講論大德紹蘭書｜

得其時而行，君子也；應其感而見，祥瑞也。右街故賜紫僧録諱靈晏｜，生聖明之代，紹釋氏之教，姓氏南陽也。祖曜，父鉷，並樂道雲林｜，高尚其志。吟詠風月，事罔能拘。和尚童年入道，固願莫違。天然發｜心，永求剃落。遂爲舊崇福寺翻經五部持念、翰林待詔、檢校鴻廬｜少卿、賜紫廣濟和尚弟子。晢而能睿，一聞徹悟。年十三，講《最勝王經》｜及《涅槃經》。師習者雲聚，達解者河沙。纔聆法音，終坐如渴。貞元十四｜年，圓大戒品於崇聖寺靈壇矣。首自憲宗，達于大和。獻壽累朝｜，每悦天思。其年法門寺佛中指節骨出見，輔翼迎送，人望所推。開｜成五祀，護軍中尉擢才奏聞，録右街僧務，兼紀綱寺宇，條而不紊｜。洎乎大教暫微，堅志無替。再啓玄理，又録緇徒，重賜紫衣，兩任其｜首。於戲！月制之歲，羸疾弥加。乃命門人義秀等，令諷諸真言，一夕繼｜響。從暮至曉，聽而生敬。一性雖云常住，四大條然有歸。以大中十年｜歲次丙子庚子之月廿九日寅時，自累雙足，奄然而逝。即以明年春｜二月廿二日庚寅，遷葬於京兆府長安縣龍首鄉祁村之原，從衆生｜願也。義秀等將虞岸谷，刊勒貞珉，灑淚含悲，乃爲誌曰：

大嶽夏雲，中有靈神。大國昌運，師德奇仁。幼歲富業｜，爲人所聞。六朝獻壽，迎送佛身。重賜紫服，再録僧倫｜。年邁厥疾，頓于一旬。自累雙足，瞑目莫分。門弟摧慟｜，號訴難申。風悲古木，水逝長淪。刊于貞石，永記斯文｜。

入内弟子：令楚賜紫，身故，无著，義秀，從建，元迴，文藉，洪辨｜，文會，懷宇，惠直，元智，惠貞，少琮

已下三學弟子｜：智玄，常清，敬舒，懷章，懷慶，少諲等

公素在俗弟子等｜：張少存，張宗直，張少貞

尼弟子契因等

張公武刻字｜

## 按

誌主賜紫僧録諱靈晏，唐高僧，廣濟和尚弟子。《宋高僧傳》云"時京城法侶頗甚彷徨，兩街僧録靈宴、辯章，同推暢爲首，上表論諫"，此作"靈晏"。誌云"其年法門寺佛中指節骨出見，輔翼迎送，人望所推"，迎送佛骨是當時重要事件，靈晏爲參與其事之重要人物。又誌云"洎乎大教暫微，堅志無替"，蓋指唐武宗滅佛之事。故該誌爲研究唐中晚期佛教的重要資料。另，該誌出土具體地址不詳，據墓誌"遷葬於京兆府長安縣龍首鄉祁村之原"，則當出土于今西安市西郊土門村一帶。

945

403.858　田章墓誌

大唐故
田府君
墓誌銘

## 説 明

唐大中十二年（858）閏二月刻。蓋盝形，誌正方形。蓋邊長46厘米，誌邊長45厘米。蓋文3行，滿行3字，楷書“大唐故」田府君」墓誌銘”。誌文楷書30行，滿行30字。盧縱之撰文。蓋四殺飾四神圖案，四周飾寶相花紋；誌四側飾壺門内十二生肖圖案。西安市出土，具體時、地不詳。現存陝西省考古研究院。《隋唐五代墓誌滙編》《全唐文補遺》著録。

## 釋 文

大唐故朝議大夫檢校國子祭酒侍御史兼福王府傅瓊渠二州刺史賜紫金」魚袋雁門郡田府君墓誌銘并叙」
范陽盧縱之撰」

公諱章，字漢風，雁門郡人也。其先遠世西漢征南將軍宏之裔也。自後支派相」承，源流茂盛，冠冕盖世，名載史册。莫能詳述，此略而不書，從簡易也」。曾祖哲，高道不仕。祖豐，皇太子家令。父廣，皇尚衣奉御，贈鄧州刺史」，累秘書監。並藝學資身，貞固幹事，久更吏職，雅有公方。公年始弱冠，幼而」知禮，夙承庭廡。早年入仕，解褐授宣州寧國縣尉，充教坊使判官。公處理有」方，功勤秉志。遷朝散郎、行左内率府長史、兼左神策軍推官。公莅事詳明，素」聞廉慎。又遷太子左贊善、兼澧州司馬。公守法精審，奉公絶私。又遷鳳翔府」功曹參軍兼攝司録。考秩未滿，政績有聞。又遷游擊將軍、守左衛中郎將、兼左」街副使。公居官餘暇，處劇若閑，乃撰益國利人策凡二伯卅餘條，上聞」天聽，除奸去弊，靡不精當。聖慈觀覽，深見情理。遂酬公檢校國子祭酒」、使持都督瓊州諸軍事、兼瓊州刺史、充瓊管五州招討使、上柱國、賜紫金魚袋」。在任觀風察俗，撫字化人，寬猛得中，臨事有斷。聖心以瓊府遐遠，遂授渠州」刺史，官勳如故。到郡未幾，瑞獸入境，政績殊等，又遷福王府傅。方俟大振，不幸」遘疾。大中十一年十月八日，終于京兆府萬年縣之私第，亨齡六十有九。凡」曰」親友，孰不涕洟。公堂堂器宇，肅肅儀形，信在言前，行爲人表。見會高遠，度量」弘廓。嘗懷倜儻，志不苟且。養民如赤子，嫉惡如仇讎。實人倫之軌範也。嗚呼！夫」賢如是而不享大名，行如是而壽不永，天可問乎！夫人高平郡程氏，早年歿于」京師。有九女五男。長女歸于馮翊魚氏。次女歸于太原王氏。以次女歸于蘭陵」蕭氏。餘稚女小男，年尚冲幼，未閑禮則。方俟囑配，豈料禍生。楚毒纏綿，無所逮」及。號天叫地，痛無所依。嗣子綽，守官邛州大邑縣尉。趨庭永決，問禮無因。慟絶」再三，殆不勝致。罄囊橐敬造功德，竭家產廣備喪儀。長辭膝下之榮，永隔終天」之别。以大中十二年閏二月廿八日，葬于京兆府萬年縣洪固鄉胄貴里東違」曲村畢原上，祔于大塋，禮也。縱之與公有舊，嗣子綽請余爲文。懼陵谷之」推遷，勒斯銘於泉户。其詞曰：

寒松之節兮，匪彰于春。夜珠之朗兮」，詎顯於晨。君之德行兮，造次莫陳。餘芳不泯兮，恩流後人。佳山鬱鬱兮，雙闕峨峨」。生死異路兮，誰復来過。被准禮教兮，送居於野。古来達士兮，無那此何。問望空存兮，音容悄然」。皎皎眉目兮，在人眼前。永辭白日兮，長卧黄泉。夜臺一閉兮，千年萬年」。

## 按

誌主田章，史載不詳。則墓誌所載其家族世系及其誌主之生平事迹和任職爲官等，均可補史載之闕。又墓誌稱誌主葬于“京兆府萬年縣洪固鄉胄貴里東違曲村畢原上”，唐代京兆府萬年縣洪固鄉胄貴里，相當于今西安市韋曲北少陵原一帶。

947

404.859　庾游方墓誌

唐故長安縣丞庾府君墓誌銘并序

堂兄孤子崇謖譔

三從弟朝應縣尉慶書

府君諱游方字子晦南陽新野人也庾氏自晉
遂分岐分焉追窮吾仕梁至度支尚書元常東賴川之
族九世孫也……父承歡涼北府功曹徐軍府君以資蔭者
少卿……授王府官門下符寶郎蓋以少以府君則
競競進貴祿養速及焉年始踊冠娶鄭氏於議親之日有展及
甄……河東裴氏將生一子毅月不迎知
裴亦旋歿後又娶蘭陵蕭氏……太夫人春秋高不絹累
來毅言喪幸俱紀當離其前嘗孝……徐澤宜娶有
意惑……室必有喪幸俱表於前嘗好破成寫遠於啓昧
……室以甘心樂且慈百慈言詞者……令……難其詞重不復調備譽
成婚育一子曰陳七未……遠於禮未卒難太大日領調備既召
……始育一子曰陳七圜……喪後踊忽歲了……頌調備既召
血茹茶始將滅性昵……而府君喪……忽歲有當呼哀太太之難詞宜娶有
地心悼得疾未浹辰而卒年四十有二……太太人坤隔世生
邨嘗懸毅然耶皆他……府君未婚備有一天曰疑平始箏後又生
一子曰狗然忽聞丙……一旦鍾禍家如此憺……善而先澄之
餘息總屬忽聞……近捷禁尚……次中已卯北有
期宜有銘誌荒思……德之時……心膽叫余良疾往世
七月甲寅朔廿九日……萬年縣洪固……卜北有
側禮也銘曰……圓就營胡不逡氣……如此精常成有歸天再惟有嗣
氣不任形是卻後證今誰不……
贈孫可期昌識祀訓撫視如子無貳銘乎顧名應鑒不惑

## 説 明

唐大中十三年（859）七月刻。誌正方形。邊長46厘米。誌文楷書26行，滿行25字。庚崇撰文，庚愿書丹。四側飾卷草紋。西安市出土，具體時、地不詳。現存西安市長安博物館。《長安碑刻》《新中國出土墓誌（陝西叁）》著録。

## 釋 文

唐故長安縣丞庚府君墓誌銘并序」

堂兄孤子崇撰」

三從弟昭應縣尉愿書」

府君諱游方，字子晦，南陽新野人也。庚氏自晉元帝東徙潁川之」族，遂歧分焉。迨肩吾仕梁，至度支尚書，府君即」尚書九世孫也。曾祖光先，任文部侍郎。祖俊，鴻臚」少卿。父承歡，京兆府功曹參軍。府君以資蔭入仕，累」授王府官門下符寶郎。盖以少孤，太夫人春秋高，不願較」藝競進，貴禄養速及焉。年始逾冠，娶河東裴氏。生一子，數月不育」，裴亦旋歿。後又娶蘭陵蕭氏。將議親之日，有司天官徐澤者，逆知」來數，言事如植表於前。嘗謂余曰：賢季生之辰及曆宿，不宜娶，有」室必有喪。幸俱紀，當離異焉。崇具啓於君之親。府君」意惑不樂，且謂術者好破成求聞。今太夫人日須調備馨」餌，以甘慈旨，豈拘俗忌而遠於禮乎？余難其詞正，不復詰。既」成婚，育一子曰陳七，未齓而母喪。後逾歲，丁太夫人之艱，泣」血茹荼，殆將滅性。服闋，調授長安縣丞。忽有告先塋坤隅墊」圮，心悸得疾，未浹辰而卒，享年四十有二。嗚呼哀哉！何力善而昧」耶？豈懸數而然耶？府君未婚前有一女曰婉，年始笄；後又生」一子曰狗，歲及六，皆他出。一旦鍾禍，家如路焉。余哀疚在華」，餘息纆屬，忽聞凶訃，痛泣殆絶。辦苣志乖，憤咽心臆。以卜兆有」期，宜有銘誌。荒思構叙，粗述梗概。尚以年時有犯，以大中己卯歲」七月甲寅朔廿九日壬午，權厝萬年縣洪固原，祔先塋之」側，禮也。銘曰」：

氣分於天，形成於地。禀肖圓就，壽胡不遂。氣謝無蹤，形委如寄。不」氣不形，前四十是。却後證今，誰不如此。精靈或存，歸天得位。有嗣」續孫，可期昌熾。妃訓撫視，如子無貳。銘于貞石，以鑒□志」。

## 按

誌主庚游方，字子晦，南陽新野人，正史無載。曾祖光先，任文部侍郎。《舊唐書·庚淮傳》載"父光先，天寶中文部侍郎"，同書《庚敬休傳》亦載"祖光烈與仲弟光先，不受安禄山僞官，悄然逃遁。後光烈爲大理少卿，光先爲吏部侍郎"，誌文與正史相合。誌所載司天官關于婚娶之命運與俗忌，及"府君未婚前有一女曰婉"，對于研究唐代婚俗有一定的資料價值。另，此誌出土地域不詳，據墓誌"權厝萬年縣洪固原"，則當出土于今西安市韋曲北少陵原上。

405.859　田行源墓誌

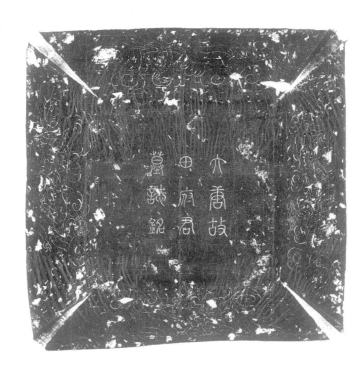

## 説 明

唐大中十三年（859）十二月刻。蓋盝形，誌正方形。蓋邊長42厘米，誌邊長43厘米。蓋文3行，滿行3字，篆書"大唐故」田府君」墓誌銘」"。誌文楷書25行，滿行26字。万俟鎔撰文。蓋四殺飾四神圖案，誌四側飾十二生肖圖案。西安市出土，具體時、地不詳。現存西安博物院。《隋唐五代墓誌滙編》《全唐文補遺》著録。

## 釋 文

唐故朝議郎成都府犀浦縣令京兆田府君墓誌銘并序」

將仕郎前守國子監太學博士河南万俟鎔撰」

田氏本於嬀，滋於齊，今爲京兆人。人物衣冠，載於史，系於諜，此不書」。公諱行源，字汪之，以明二經擢第，釋褐衣授榮州糾曹掾，次授成都」府新繁尉，魏成、什邡二縣令。大中十一年調補犀浦令。十三年七月」十五日，歿於犀浦縣官舍，七十九。曾王父澈，皇鄧州司馬。大父」子琛，皇銀青光禄大夫、太子家令。考沔，皇成都府雙流縣尉。妣」昌黎韓氏。外祖榮，皇緱氏縣令。夫人隴西李氏，門族具前誌，先」於公六年而歿，歸葬於長安縣永壽鄉，其里号中大韋村。公歿」之年十二月九日，啓其隧以窆，禮也。二子：長曰重，季曰厚，皆舉進士」未第。女五人：其長適前漢州什邡縣尉段淙，次歸其前攝新繁縣尉」任景詞，其三妻前杭州新城縣尉南勛，其四從前宋州寧陵縣主簿」徐敬叔。公博學精辨，經之旨，史之歧，皆能析，公微正其支，出於意」表。國朝儀範故實，多詳熟之。爲文不尚華，智識之士皆崇之。務稱」劇獄有疑，吏懷奸事積弊，必能理決懲削之。是以五命，凡三宰邑，假」政二十餘任，皆有善績。嗚呼！生於昭代，竟棲下位，君子惜之。噫！鎔」嘗挹公之深，仰公之高。又辱遺託，載慚既哀，乃抽詞以誌其」德，愧文鄙而不能盡」。

孔門四科，公擅其二。道實通儒，政符循吏。尋繹微言」，究窮精義。洞達幽玄，搜揚奧秘。積學長材，屈於卑位」。不遇旁求，亦非遐弃。渭水西來，中南北峙。巍峨新表」，荒涼舊隧。闔之以衭，音容永閟。百千萬年，熟来此地」。訊乎蓍龜，短長有異。卜筮俱存，或宫或肆。噫嘻」！善有餘而不享崇高，必流芳於令嗣」。

唐大中十三年十二月九日」

951

406.863　平原長公主墓誌

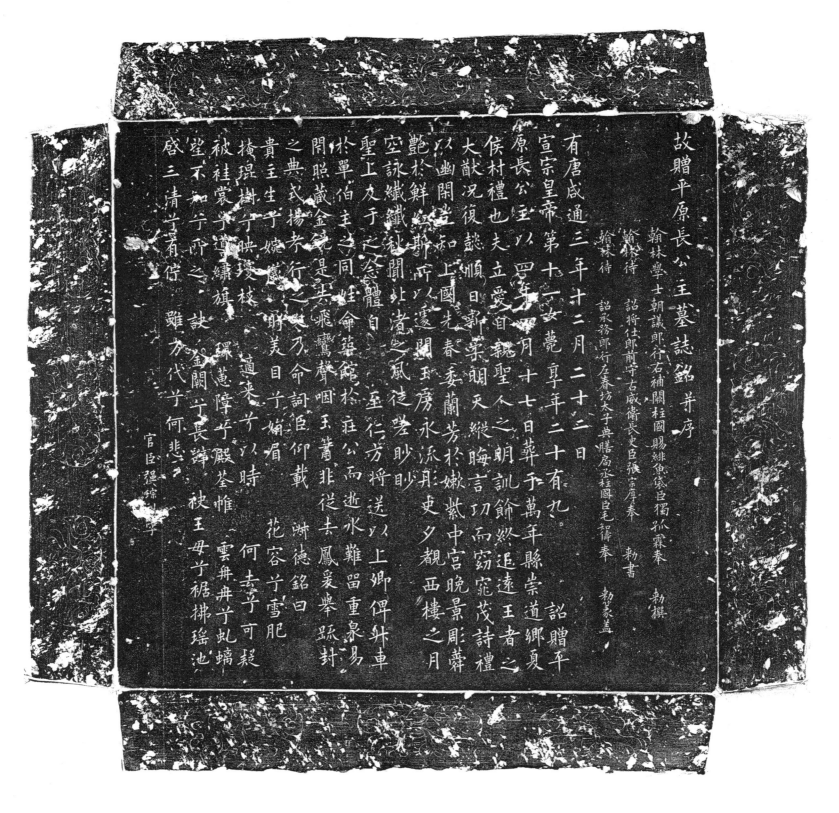

故贈平原長公主墓誌銘并序

翰林學士朝議郎行右補闕柱國賜緋魚袋臣獨孤霖奉　勅撰

翰林待　詔將仕郎前守右威衛長史臣張彥遠奉　勅書

翰林待　詔承務郎行左春坊太子典膳局丞柱國臣毛諤奉　勅篆蓋

有唐咸通三年十二月二十二日，宣宗皇帝第十一女薨享年二十有九。原長公主以四年二月十七日葬于萬年縣崇道鄉夏侯村禮也。夫立愛自親，聖人之大猷。況復懿順日新，榮朗天縱。晬言切而窈窕中宮，晚景彫薾，夕覩西樓之月。

詔贈平原長公主。以幽閒登途，和上國之春。蘭芳永於嫩葱中，茂詩禮，遠王者之艷詠，纖纖秘閫，馳玉房永於嫩彩。

空詠纖纖，秘閫趾以遠關玉房，永流彩形。至仁芳將送以上卿，俯升車命築館於莊公而逝，水鳳愛攀蹑封...

以單伯主之同體，自念　聖上貽嗟咽涕，難留重泉易開照藏金鏡是其飛驚攀咽玉簫非從去...

貴主生于嫘祖，命詞臣以載銘。花容兮雪肥，何志兮可疑，雲冊冊兮虬蟠...

啓三清兮有佇，雖方代兮何悲。

## 説　明

唐咸通四年（863）四月刻。蓋盝形，誌正方形。蓋邊長61厘米，誌邊長63厘米。蓋文4行，滿行3字，篆書“大唐故」贈平原」長公主」墓誌銘」”。誌文楷書22行，滿行21字。獨孤霖撰文，張宗厚書丹，毛知儔篆蓋。蓋四殺飾四神圖案，四周飾寶相纏枝花紋；誌四側飾壺門內十二生肖圖案。1987年西安市灞橋熱電廠出土。現存西安博物院。《隋唐五代墓誌滙編》《全唐文補遺》《陝西碑石精華》著録。

## 釋　文

故贈平原長公主墓誌銘并序」

翰林學士朝議郎行右補闕柱國賜緋魚袋臣獨孤霖奉敕撰」

翰林待詔將仕郎前守右威衛長史臣張宗厚奉敕書」

翰林待詔承務郎行左春坊太子典膳局丞柱國臣毛知儔奉敕篆盖」

有唐咸通三年十二月二十二日」，宣宗皇帝第十一女薨，享年二十有九，詔贈平」原長公主。以四年四月十七日，葬于萬年縣崇道鄉夏」侯村，禮也。夫立愛自親，聖人之明訓；飾終追遠，王者之」大猷。況復懿順日新，柔明天縱。晦言功而窈窕，茂詩禮」以幽閑。豈知上國先春，委蘭芳於嫩紫；中宮晚景，彫蘐」艷於鮮紅。斯所以遽閉玉房，永流彤史。夕睹西樓之月」，空詠纖纖；秋聞北渚之風，徒嗟眇眇」。聖上友于之念，體自至仁。方將送以上卿，俾升車」於單伯；主之同姓，命築館於莊公。而逝水難留，重泉易」閉。照藏金鏡，是失飛鸞；聲咽玉簫，非從去鳳。爰舉疏封」之典，式揚考行之文。乃命詞臣，仰載淑德。銘曰」：

貴主生兮婉儀，盻美目兮娟眉。花容兮雪肥」，掩琨樹兮映瓊枝。適来兮以時，何去兮可疑」。被袿裳兮導繡旗，環蕙障兮殿荃帷。雲冉冉兮虹蜺」，望不知兮所之。訣金闕兮長辭，袂王母兮裾拂瑶池」。啓三清兮有佇，雖万代兮何悲」。

官臣强琮刻字」

## 按

平原長公主，誌云“宣宗皇帝第十一女”，而《新唐書·諸帝公主》則載“宣宗十一女”，平原公主排第八，“薨咸通時，已而追封”。兩者記載不一。

撰者獨孤霖，撰此志時署“翰林學士、朝議郎、行右補闕”。有《玉堂集》二十卷。

書者張宗厚，書此志時署“翰林待詔、將仕郎、前守右威衛長史”。其書法結體較長，筆力遒勁，端莊雄强。

407.866　普康公主墓誌

## 説　明

唐咸通七年（866）七月刻。蓋盝形，誌正方形。誌、蓋尺寸相同，邊長均55厘米。蓋文3行，滿行3字，篆書"唐故普」康公主」墓誌銘」"。誌文行楷24行，滿行25字。盧深撰文，張宗厚書丹，毛知儔篆蓋。蓋四殺飾四神圖案，四周飾寶相花紋；誌四側飾壺門內十二生肖圖案。西安市出土，具體時、地不詳。現存西安博物院。《隋唐五代墓誌滙編》《全唐文補遺》《陝西碑石精華》著録。

## 釋　文

故普康公主墓誌銘并序」

翰林學士朝議郎行尚書兵部員外郎柱國臣盧深奉敕撰」

翰林待詔將仕郎守凉王府諮議參軍臣張宗厚奉敕書」

翰林待詔朝請郎守殿中省尚舍局直長柱國臣毛知儔奉敕篆蓋」

　　普康公主」，高祖、太宗之遠孫，憲宗皇帝之曾孫」，宣宗皇帝之孫」，今上之第三女也。咸通二年生。六歲，以七年七月二日薨。是月卅」日，葬于萬年縣滻川鄉尚傅村，禮也。聖唐奄有萬邦，肇造」區夏。揖讓而開鳳曆，謳歌而啓龍圖。聖祖神宗，重光奕葉」。式被景化，至道邁於羲軒；允塞皇猷，盛德超於舜禹。元元豐」皁，親親叶和。資仁孝爲教先，諒慈愛爲理本。維城之固，建茅社以」制犬牙；公宮之榮，分井賦以重湯沐」。公主年未資於姆傅，禮近就於詩書。適蘊妍華，纔凝淑艷。含芳欲」吐，擢秀方滋。仁惠信於生知，敏晤深於天性。將俟肅雍之範，以從」桃李之時。然後築魯館而乘龍，闢秦樓而下鳳。豈謂靈芝呈瑞，遽」凋葉於金枝；皎月初生，忽沉輝於銀漢。皇情悲矚，遇物追傷」。爰命侍臣，誌于貞石。銘曰」：

　　上天眷命，祐于我唐。道邁五帝，功軼百王。穆穆清風」，明明耿光。澤被四海，化洽萬方。洪源不測，寶祚無疆」。帝子天孫，載繁載昌。乃誕婉淑，鍾愛聖皇。蘭蓀待秀」，桃李期芳。爰建湯沐，遂崇徽章。朝坼新花，夕落嚴霜」。宸衷矚念，睿旨情傷。馬鬣封新，泉臺夜長。乃刻于石」，以永不忘。

　　中書省刻字官臣强琮刻字」

## 按

　　誌主普康公主，唐懿宗第三女，六歲夭亡，懿宗命大臣盧深撰寫誌文，命張宗厚書丹，命毛知儔篆蓋，極盡寵愛之情。此誌書寫格式以另行或空格三字的形式避尊諱，如遇"高祖、太宗、憲宗、宣宗、今上、聖唐"等均以此表示。對于研究唐代避諱制度有一定的資料價值。另，此誌出土具體地點不詳，據墓誌"葬于萬年縣滻川鄉尚傅村"，當出土于今西安市灞橋區席王街道。

　　撰者盧深，唐宣宗大中二年（848）狀元及第，以起居郎入翰林院爲翰林學士，後爲兵部員外郎、户部郎中知制誥，遷户部侍郎知制誥，贈户部尚書。

　　書者張宗厚，史載不詳。奉敕書此誌時署"翰林待詔、將仕郎、守凉王府諮議參軍"。

唐故
蘭陵
蕭公
墓誌

唐故朝請郎試太常寺協律郎蕭公墓誌銘并序
朝議郎守檀州司馬何□撰　　慶士□□杜延篆
朝議郎行左春坊宮門□丞守德書
公名弘愈字中孚其先蘭陵人□□祖宗之盛業□□紀自
二帝遷都荊漢之域枝派蕃衍有載緒□于國安智歛相敵戴于□□中卿□□御史
家女之書非千乂言可述也　曾祖強皇太子司議郎尋仕柱國
王父霹皇大理評事　尊夫人行華守左千牛衞中卿□生□老而□□□□文
先夫人東海徐氏早喪公幼本　嗣夫父如王襄兄□恭接朋友以信業文
興於被公天鍾仁孝聰敏好學事　先生人恭恭接朋友以信義文
有悖良之福筆有鍾張之妙善諷詠能鼓琴此之謂知之不慉敬
釋道之教花嚴大典道德玄言常所持誦禁何□而不壽苛需未嘗□
二豎潛賊藥石莫状以咸通八年于永咸春三月十四日甲申歿于晨安
延政里之弟為戯季盡二十八官止試協律天命難知得不痛慟
夾人衰悼不忍如喪珠眤親屬黨咸若敗弟盡為人之周也
如此即以其月庚寅窆于京地所萬年縣崇道鄉大蚳村禮
先評事堂域之隅公未嘗有侍巾之子曰滿年九歲催乃秀惟肖
可為父後哀孤殯視之傷懷太性然也遂葬瓊連馬公為結友
痛慟如昆弟寫聽喬木之賜念妙谷韻絕乃書德行以銘云
太道福善亏善人興昌神道祐仁才仁壽末典躓何康而頹何
殤不可問孝子慈倉良人之良于何不咸良人之德福之何感生
可傑死可哀迎送于斯仁往也吾何敫哉
玉册官陳從諫刻

## 説 明

唐咸通八年（867）二月刻。碑圓首。通高34厘米，寬28厘米。額文4行，滿行2字，篆書"唐故｜蘭陵｜蕭公｜墓誌｜"。誌文楷書20行，行字不等。何遂撰文，牛季瓘書丹，杜逢篆額。西安市出土，具體時、地不詳。現存西安博物院。《隋唐五代墓誌滙編》《全唐文補遺》《陝西碑石精華》著録。

## 釋 文

唐故朝請郎試太常寺協律郎蕭公墓誌銘并序

處士京兆杜逢篆」

朝議郎守檀州司馬何遂撰

朝議郎行左春坊宮門丞牛季瓘書」

公名弘愈，字中孚，其先蘭陵人。祖宗之盛業，著齊、梁之紀。自」二帝遷都荆漢之域，枝派蕃衍，有勳績，光于國史。簪紱相襲，載于」家世之書，非千万言可述也。曾祖強，皇太子司議郎，兼侍御史」。王父璧，皇大理評事。尊丈人行群，守左千牛衛中郎將、上柱國」。先夫人東海徐氏，早喪。公幼奉嗣夫人如王褒兄弟，而夫人慈愛」異於彼。公天鍾仁孝，聰敏好學。事先生以恭悌，接朋友以信義。文」有游夏之富，筆有鍾張之妙。善諷詠，能鼓琴。人世之藝，知無不爲。敬」釋、道之教，《花嚴》大典，《道德》玄言，常所持贊。奈何仁而不壽，秀而不實」。二豎潛賊，藥石莫救。以咸通八年丁亥歲春二月十四日甲申，殁于長安」延政里之第。嗚戲！年盡二十八，官止試協律。天命難知，得不痛慟」。丈人哀悼不忍，如喪珠眤。親屬鄉黨，咸若耿涕。盖爲人之周也」如此。即以其月庚寅，窆于京兆府萬年縣崇道鄉大地村，祔」先評事塋域之隅。公未婚，有侍巾之子曰滿，年九歲，儁秀惟肖」，可爲父後。哀號殞悴，視之傷懷。天性然也。遂暨瓘、逢与公爲結友」，痛惜如昆弟焉。聽喬木之罵，念幽谷韻絶，乃書德行，以銘云」：

天道福善兮，善人冀昌。神道祐仁兮，仁壽未央。蹠何康而顏何」殤，不可問兮徒蒼蒼。良人之良，于何不臧。良人之德，福之何惑。生」可榮，死可哀，已矣乎，斯仁往也，吾何俲哉！

玉册官陳從諫刻」

## 按

此墓誌形制爲圓首碑形，蓋文刻于圓首中，這在唐墓誌中極爲罕見，而在宋以後的墓誌形制中則較常見。另，此誌出土地域不詳，據墓誌"窆于京兆府萬年縣崇道鄉大地村"，當出土於今西安市東郊郭家灘新興莊一帶。

409.868　劉遵禮墓誌

## 説　明

唐咸通九年（868）十一月刻。蓋佚。誌正方形。邊長91厘米。誌文楷書40行，滿行40字。劉瞻撰文，崔筠書丹並篆蓋。誌四側飾壺門內十二生肖圖案。西安市出土，具體時、地不詳。現存三原縣博物館。《隋唐五代墓誌滙編》《全唐文補遺》《咸陽碑刻》等著録。

## 釋　文

唐故內莊宅使銀青光禄大夫行內侍省內侍員外置同正員上柱國彭城縣開國子食邑五百户賜紫」金魚袋贈左監門衛大將軍劉公墓誌銘並序」

翰林承旨學士將仕郎守尚書户部侍郎知制誥賜紫金魚袋劉瞻撰」

公諱導禮，字魯卿。帝堯垂裔，實分受姓之初；隆漢勃興，更表昌宗之盛。靈源弥遠，瑞慶斯長，史不絶書，代」稱其德。曾祖諱英，皇任游擊將軍、守左武衛翊府中郎將。韜鈐奥術，倜儻奇材。運阸當年，位不及量。儻」伯有後，累生英賢。烈祖諱弘規，皇任左神策軍護軍中尉、特進、行左武衛上將軍、知內侍省事、贈開府」儀同三司、揚州大都督、沛國公。佐佑累朝，出入貴仕。文經武略，茂績嘉庸。誓著山河，勳銘金石」。訓傳令嗣，慶集德門。即今開府儀同三司、內侍監致仕、徐國公名行深也。公即開府第」五子。穎悟於韶齔，温克於童蒙，孝敬自禀於生知，忠恪允符於夙習。爰當妙齒，即履宦途。以寶曆二年入」仕，重位要權，爭用爲寮寀。資鴻漸之勢，俟麟角之成，雍容令圖，遜讓美秩。開成五年，方賜緑，授將仕郎、掖」庭局宮教博士，充宣徽庫家。地密務殷，選清材稱，舉止有裕，階資漸登。會昌元年，授登仕郎。四年，授承務」郎。常在禁闈，日奉宸宸。皆貴游之子弟，爲顯仕之梯媒。清切無倫，親近少比。特加命服，仍領太醫」。六年，賜服銀朱，加供奉官，轉徵仕郎、內僕局令，充監醫官院使。親承顧問，莫厚於宣徽；榮耀服章，無加」於紫綬。其年六月，授宣義郎，改充宣徽北院使。十一月，賜紫金魚袋。階秩表仕進之績，爵邑列」恩寵之榮。既屬上材，因降優命。大中二年，授朝散大夫、彭城縣開國子，食邑五百户。密侍右遷，樞軸備」選。邊防經制，才略所先。公論咸推，帝命惟允。五年，改充宣徽南院使，尋兼充京西京北制置堡戍」使。疆場設備，今古重難。俾無奔突之虞，用致煙塵之息。凡所更作，大叶機宜。與能疇勞，換職進秩。其年使」迴，改大盈庫使。旋授宮闈局令。夫良弓勁矢，武衛戎裝，器号魚文，名掩繁弱。帑藏之貯，進御是須，多資」峻嚴，以綰要重。七年，改內弓箭庫使。又以上田甲第，職夥吏繁，禁省之中，号爲難理。苟非利刃，寧總劇」權。八年，改內莊宅使。出護戎機，實爲重寄。受歷試之選，膺貞律之求。爰以周通，遂俞推擇。九年，改充海監」軍使。共綏武旅，旁協帥臣。儻非其材，亦罕濟用。雅聞懿績，更苞雄藩。十二年，改鄆州監軍使。出入之宜，勞」逸是縈。履踐之美，重沓爲優。十三年，赴闕。明年，授營幕使。其年再領弓箭庫使。咸通元年十二月，轉掖」庭令。雲螭窟産，驥子龍孫。當星馳電逸之場，列中皂內閑之藉。寶鞭玉勒，足躒首驤。繫於伯樂之知，懸在」伏波之式。鑒精事重，匪易其人。三年，遂授內飛龍使。休聲益暢，睿渥弥敷。進於崇班，示以懋賞。四」年，授內侍省內侍。地控西陲，任當戎事。思得妙略，冀絶邊虞。五年，改邠寧監軍。外展殊勳，內缺要務。人思」舊政，主治新恩。七年，復拜內莊宅使。顧遇益隆，兢謹愈至。將申大用，先命崇階。八年，授銀青」光禄大夫。嗚呼！得君逢時，材長數促。性命之際，賢哲莫窮。咸通九年孟夏遘疾，優旨許歸就醫藥。鍼砭」無及，湯劑徒施。莫逢西域之靈香，遽歎東流之逝水。以其年六月十四日薨於來庭里私第，享年五十三」。八月五日，詔贈左監門衛大將軍。竊惟開府以仁誼承家，用忠貞事主，德齊嵩華，量廣滄溟」，俾蕃顯榮，洋溢功業。掌鈞軸則弥縫大政，綰戎務則訓齊全師。勤以奉公，寬而濟衆。書于史册，播在」朝庭。故得朱紫盈門，輝光滿目。公之仲季，時少比倫。並以出人之材，各奉趨庭之訓。優秩佳職，後弟前」兄。而公不享遐齡，豈神之孤衆望也？是以開府愴惜，軫極悲懷。夫人咸陽縣君田氏，四德咸臻」，六姻共仰。婦道克順，母儀聿修。有子四人。長曰重易，給事郎、內侍省內府局丞。次曰重胤，宣徽庫家、登仕」郎、內侍省奚官局丞。又其次曰重益，曰重則，並已賜緑。皆以孝愛由己，明敏居心。在公處私，克守訓範」。以似以續，家肥國華。今則喪過乎哀，惙焉在疚。宅兆既卜，日月有時。十一月八日。銜哀奉喪，窆于萬年」縣崇義鄉滻川西原，禮也。佳城永閟，昭代長違。生也有涯，前距百齡纔及半；死如可作，後游九原當」與歸。瞻叨職內廷，特承宗顧。刊刻期於不朽，叙述固以無私。銘曰」：

局部

積德之孫，大勳之嗣。允文允武，有材有位。既遇明時，將膺寵寄。樞機之任，咫尺而至」。命不副才，期而爽遂。崇崇德門，侁侁令子。垂裕後昆，流千萬祀」。

中散大夫前左金吾衛長史兼監察御史崔筠書并篆盖

鐫玉册官邵建初刻」

### 按

誌主劉遵禮，字魯卿。正史無傳。其祖父及二子均爲宦官，權重一時。此誌同《劉弘規墓誌》並爲研究唐代後期宦官制度之重要材料。另，此誌出土地域不詳，據墓誌“窆于萬年縣崇義鄉滻川西原”，當出土于今西安市東郊滻河西南姚村一帶。其祖父《劉弘規墓誌》見本書374.827條。

410.870　陳克敬夫人楊氏墓誌

## 説 明

唐咸通十一年（870）五月刻。蓋盝形，誌正方形。蓋邊長46厘米，誌邊長45厘米。蓋文3行，滿行3字，篆書“唐故楊」氏夫人」墓誌銘」”。誌文行楷23行，滿行23字。崔馴撰文，毛知微書丹，那希言篆蓋。蓋四殺飾四神圖案，四周飾寶相花紋；誌四側飾壺門内十二生肖圖案。西安市灞橋區出土，具體時、地不詳。現存西安博物院。《隋唐五代墓誌滙編》《全唐文補遺》著録。

## 釋 文

唐故翰林待詔朝散大夫守洪州都督府長史上柱國賜」緋魚袋陳府君故夫人弘農楊氏墓誌銘并序」

鄉貢進士崔馴撰

朝散郎守右司禦率府冑曹參軍翰林待詔毛知微書」

夫人弘農人也。祖父諱華，性禀仁風，好尚經史，累更官叙，別」駕郡資。父諱杞，曾展匡國之難，階至遊擊之輝。夫人即之」長女也。天降靈質，地秀芳姿。令淑時聞，適娉君子。有翰林待」詔陳公諱克敬，禮備之婚焉。嗚呼！陳公年將偕老之期，不幸」先随逝水。夫人擇三鄰而訓子，苞四德以備身。脩道在家，得」離火宅之苦。悲夫！以咸通八年五月十七日，終於永興里之」私第，春秋七十有五。有子五人。長曰正珣，去大中四年六月」十五日入院，充翰林待詔。器宇璟奇，風神静秀。言必忠信」，動叶禮章。紫宸之下，別沐」天波。鳳駕龍驤，偏沾渙汗。廿餘歲勤恪皇猷，寵冠兩」朝，榮芳九族。去咸通八年五月十四日，賜緋魚袋，依前翰林」待詔。次曰正翱、正宣。並皆忠貞承訓，勤儉資身。兄友弟恭」，義和魚水。幼曰從謹，僧。菩提心啓，頓歸釋宗。於道精勤，誓登」彼岸。小者正腋，專業金剛之經。忽染微疾，端座而歸净域。有」女一人，曰净勝，專精脩行，欲求佛果。正珣等哀號擗踴，痛貫」分腸。夫人以咸通十一年五月十五日，葬于萬年縣滻川鄉」上傅村，祔先營之禮也。馴不揆寡聞，敢揚休德。銘曰」：

去留永決兮，海變蒼山。冥寞長夜兮，蒿里黄泉」。風景凄凉兮，夫人逝年。松柏慘澹兮，孤墳悽然」。

翰林待詔將仕郎守池州秋浦縣主簿那希言篆蓋

鎸字劉瑋」

## 按

誌稱楊氏夫人在其夫去世之後，“脩道在家，得離火宅之苦”，可知其歸心佛教，遠離俗界。故其一子從謹爲僧，“菩提心啓，頓歸釋宗”；一女净勝“專精脩行，欲求佛果”。可見唐代佛教信仰家庭熏陶之特點。此誌書法別致，楷書中帶有行書之韻，故書寫一氣呵成，自然成趣，有二王之風。

書者毛知微，史載不詳。書此誌時署“朝散郎、守右司禦率府冑曹參軍、翰林待詔”。

963

411.871　德妃王氏墓誌

故德妃王氏墓誌銘并序

翰林待詔朝散大夫守殿中省尚食奉御上柱國賜紫金魚袋臣董咸奉
　勑篆蓋
詔朝議郎守沁州司倉參軍上柱國臣張元龜奉
　勑書
翰林學士朝議郎守尚書駕部郎中柱國賜緋金魚袋臣薛調奉
　勑撰

有韓國夫人王氏，其本太原人也。幼有容色，既笄而中選入宮。
我皇御極之初，特承恩澤，稟蘭蕙之芳姿，挺瓊瑤之瑞質，朗徹
關滄，迴然出塵寰。寵貴而益謙，持禮教以過訓。至於保荼默定，
道知萬倫之慎，夫人無以過也，而又識淵盈之理，審榮辱之理，寵十有餘
機常以止之為戒，又見其班婕好之不若也，故得侍
平而未嘗屆有過之地。增其德，增其懿號，以光彤史。人之彰彩範，無何遘青肓之疾，咸通十一年七月十八日覺針
上藥朗靡不攻療，風熛難駐，竟無瘳。妃嗚人生於天地之中，不免於禂褓
砭藥朗靡不攻療，風熛難駐，竟無瘳。
者多矣，大內享年廿有六，贈德妃，嘻人生於天地之中
　妃之壽雖不及乎中年而早備椒房之選承
　恩捧日月之光輝，被耀於十年之間者哉。次日八郎，皆婉順聰
寵渥榮及宗族則一日為旦矣，而況炫耀次日七郎，皆婉順聰
聖明之恩。長曰昌寧公主
亦生知孝謹
聖上念乃命有司卜用咸通十二年正月廿五日，俾萬品王從輝監護
宸衷乃命萬年縣崇道鄉夏集村禮也。嗚呼薤華方秀，忽殞於嚴霜桃
于京地府遷涸於急景催，景萃遺耀泉萃土塵，乃出嬪於御於嚴霜桃
　大備送終之禮，將安永訣之，復命詞臣紀其令德，俾利貞石用
光泉臺銘曰　神資淑質　德被閨壺　慶連雲日　向掄瑤華
恩崇桂宇　蘭含異芳　珠為至寶　成炫丁泉
未及中壽　俄隨逝川　幽夕椿年　神其姿焉
阡夢
天付芳規
中書省譔王冊官臣郜建初刋利守

## 説 明

唐咸通十二年（871）正月刻。蓋盝形，誌正方形。蓋邊長58厘米，誌邊長60厘米。蓋文4行，滿行4字，篆書“大唐故韓」國夫人王」氏贈德妃」墓誌之銘」”。誌文楷書29行，滿行27字。薛調撰文，張元龜書丹，董咸篆蓋。蓋四殺飾四神圖案，四周飾寶相花紋；誌四側飾壺門内十二生肖圖案。西安市出土，具體時、地不詳。現存西安博物院。《隋唐五代墓誌滙編》《全唐文補遺》著録。

## 釋 文

故德妃王氏墓誌銘并序」

翰林學士朝議郎守尚書駕部郎中柱國賜紫金魚袋臣薛調奉敕撰」

翰林待詔朝議郎守池州司倉參軍上柱國臣張元龜奉敕書」

翰林待詔朝散大夫守殿中省尚衣奉御上柱國賜紫金魚袋臣董咸奉敕篆盖」

有」唐韓國夫人王氏，其本太原人也。幼有容色。既笄而中選入宫」。我皇御極之初，特承恩澤。禀蘭蕙之芳姿，挺瓊瑶之瑞質。朗澈」閑澹，迥然出塵。處寵貴而益謙，持禮教以垂訓。至於保恭默之」道，知節儉之風，雖古之慎夫人無以過也。而又識滿盈之理，審榮辱之」機。常以止足爲戒，又見其班婕妤之不若也。故得侍寵十有餘」年，而未嘗居有過之地」。上將欲表其賢德，增其懿号，以光形史，以彰茂範。無何，遘膏肓之疾，針」砭藥餌靡不攻療。風焰難駐，竟無所瘳。以咸通十一年七月十八日，薨」于大内，享年廿有六。贈德妃。噫！人生於天地之中，不免於襁褓」者多矣。妃之壽雖不及乎中年，而早備椒房之選，承」聖明之恩，捧日月之光輝，被雨露之」寵渥，榮及宗族，則一日爲足矣，而況炫耀於十年之間者哉！一朝奄然」，亦又何恨。孕貴子三人：長曰昌寧公主，次曰七郎，次曰八郎，皆婉順聰」晤，生知孝謹」。聖上念深令淑，痛軫」宸衷，乃命有司，卜用咸通十二年正月廿五日，俾高品王從肄監護，葬」于京兆府萬年縣崇道鄉夏侯村，禮也。嗚呼！蕣華方秀，忽敗於嚴霜；桃」萼正春，遽凋於急景。雀釵遺耀，象簞生塵。乃出嬪御於壺幃，設奠酹于」阡陌。大備送終之禮，將安永訣之□。復命詞臣，紀其令德，俾刻貞石，用」光泉臺。銘曰」：

　　天付芳規，神資淑質。德被閨壼，慶連雲日。兒掩瑶華」，恩崇桂室。蘭含異芳，不如椿年。珠爲至寶，或沉下泉」。未及中壽，俄随逝川。幽夕一閉，神其安焉」。

　　中書省鐫玉册官臣邵建初刻字」

## 按

誌主德妃王氏，唐懿宗李漼妃嬪之一。笄年入宫，封爲韓國夫人。以咸通十一年七月十八日薨于大内，特追贈爲德妃。此誌出土具體地點不詳，據墓誌“葬于京兆府萬年縣崇道鄉夏侯村”，當出土于今西安市東郊灞橋區席王街道一帶。而唐懿宗簡陵則位于今陝西省富平縣莊里鎮紫金山上，顯然德妃因早卒而未陪葬。

撰者薛調，河中寶鼎（今山西萬榮西南）人。官翰林學士、朝議郎、守尚書駕部郎中。

412.871　段庚墓誌

## 説 明

唐咸通十二年（871）十月刻。蓋盝形，誌正方形。誌、蓋尺寸相同，邊長均43厘米。蓋文3行，滿行3字，篆書"鄉貢進」士段府」君墓銘」"。誌文楷書29行，滿行29字。段雍撰文。蓋四殺飾四神圖案，四周飾幾何圖案；誌四側飾壺門內十二生肖圖案。西安市出土，具體時、地不詳。現存西安博物院。《隋唐五代墓誌滙編》《全唐文補遺》著録。

## 釋 文

大唐故鄉貢進士段府君墓誌銘并序」

堂弟鄉貢進士雍撰」

段氏將葬其季事前十九日，其元兄新授温州刺史慶謂諸父弟雍曰：我」亡弟窀穸有日矣，凡我弟所以立身行道，既不偶於時，轗軻以殁。我今安忍」以吾弟之事輕語於他人耶！惟以是銘命汝。雍聞而伏且哭，不忍聽命。復」謂雍曰：尔無以也，尔焉能以一不忍，使尔兄弟不足於千秋万歲歟！且尔苟」有生平不盡語，今日得盡語矣。使幽陰有知，寧能不慰於下泉耶！雍再哭而」受命。退而伏想，兄昔居池陽時，嘗謂雍曰：吾前日病且亟矣，將從」先人於地下。凡有生平始終之迹，衷心欲以尔爲託。噫！兄今殁矣，易簀之」辰，而雍不克見也，得無前日池陽之言耶。惟是前日之事，則雍非宜敢讓，含」痛而書，用報池陽之意耳。嗚呼！君諱庚，字甚夷，武威人也。曾王父皇慶州刺」史諱琦，生涇原節度觀察使、檢校兵部尚書諱祐。尚書生先公淄王府長」史諱少真。先夫人河東薛氏，外王父鄉貢進士諱友翼。君昆仲八人，君實」其次。才氣天假，自韶齔至成人，所謂善事皆不學而能。進退周旋，雅有規矩」。非周公孔子教不出口，非仁義礼智信不萌心。其志在五字句詩，常爲中外」親所指曰：是人也，必爲天大報之乎。嗚呼！立身三十年，希一名於有司，甘辛」苦而樂飢寒，冀伸其道而終不得志。旅游且病，以咸通十二年閏八月廿六」日，年五十六，殁於雲中客舍。盖天之所報也如此。嗚呼！天不與其成足矣，忍」復奪其壽耶！天不與其壽足矣，忍」復使去其鄉、離其親、窮厄其身以至戾底」耶！終之日，有家不得歸也，有兒女不得飯唅也，有兄弟不得」□襚也。天之報」善人也如此，爲善者其懼哉！以其年十月廿四日，還窆京兆府萬年縣古城」里，祔先塋，礼也。生一男曰和，年五歲。女二人：曰龍，曰婉，未笄。惟雍也，少與」兄同志，長與兄同道。由是鴒原友悌之愛，於斯爲深。雖刳其心血以銘之」，不足以報吾兄之德。嗚呼哀哉！銘曰：

甚夷甚夷，性太澹，不合于時」，故近於奇。甚夷甚夷，才太高，不偶于卑，故寡於知。甚夷甚夷」，不爲天之福，而爲天之欺。今其往矣，復何言之！所存者道，所殁者」身。身殁者世誰免矣，道存者萬惟一人。甚夷甚夷，終天永歸」。慮陵遷谷變兮，德或其遺，是用刻其石而銘之。載誄其德，載伸其悲」。嗚呼嗚呼！已而已而」！

413.873　曹公墓誌

大唐故夏州節度廳押衙兼洪門四鎮都知兵馬使銀青光祿大夫檢校太子賓客殿中侍
御史上柱國譙郡曹公墓誌銘　并序
夫人鞠育生成者莫大於四氣殉楬者合於二儀天就養亞至地瘞之窆矣未有
保長年不終遲書寸者也　府君祖諱達副任河中節度副使　秦授開府儀同三司
比孟氏之家州閤鴻鸞榮譽卷思政與言非荀窮行乃謀中須　寶應元年從桂矢罕祗
麻藏志任以衛至天中三年南山征行公秉事無闕勞能儉芳扶祿獲功泰晙晚蒸
至咸通元年政署使院將兵馬使節度礼目官勾兵殷殷戎行啓班到是閭清分
涊署節度押衙依前使院將兵馬使孔目官都勾兵殷殷戎行
五年改署魏平惣諸芒明懸令仮念仮前押衙雅思謹恪之誠上奉武文之能起期可墓堪
署石保鎮過兵馬使魚當朝田都知兵馬使依前押衙衙府推能遂加遠改至七年委絃
軍鎮惠和而將健懽心武敏得志戎破膽統行景有畧馬使遷居要之瀨無蘆
無偏　九戎再加選練權將鶴及馬之誠上奉并退于年當制係火謂微
志忽三奄殞命後嗣子立血涕恨泉宜孫闈要名悲永離懷抱以咸通十四年癸己歲二
常申奇惣倒腐行泣血謂祈刊列之文烏雄供在墳永省者他年之事其銘日
宅地思歸戊言頁昔　天人隴四子慇風承溫德欵事照具歸祖孔嘉母儀門祥
息三人長日從祿守同節度副使魚射鵰左三將副兵馬使有才有畧軍府共推主將
慕撫綏有方施惠好普抄用友次易徒約伏永易孝思不重生可盡共奋晨腐其
人在世咸難知　念五常兮何依　庸文離兮永恨
桂方斜蝶兮萬里　　此蕰襄方何期　　謂貞諒兮何惠
　　　　　　　　　　　　　慶仁義兮棄德　　堅山何兮在義

## 説 明

咸通十四年（873）四月刻。誌、蓋均爲砂石質。蓋盝形，誌正方形。蓋邊長57厘米，誌邊長60厘米。蓋文2行，滿行3字，篆書“曹府君」墓誌銘”。誌文楷書23行，行字不等。柳罕球撰文。蓋四殺飾八卦符號。20世紀90年代後靖邊縣紅墩界鄉圪坨河大隊華家窊林場爾德井村出土。現存榆林市文物保護研究所。《榆林碑石》《新中國出土墓誌（陝西叁）》著録。

## 釋 文

大唐故夏州節度押衙兼洪門四鎮都知兵馬使銀青光禄大夫檢校太子賓客殿中侍」御史上柱國譙郡曹公墓誌銘并序

鄉貢進士柳罕球撰」

夫人煦育生成者，莫大於四氣；殞樹者，合於二儀。天既養而望生，地既蒸而必夭，未有」□保長年，不終遐壽者也。府君祖諱庭訓，任河中節度副使，奏授開府儀同三司」、□殿中監、開國男、食邑三百户。父諱□，不仕。温恭克己，與衆謙和。崇高上於清虛，有類」松鶴之比壽。公諱□，享年六十有六。公迺抱節輸誠，秉直入仕。負米有仲由之孝，寧親」比孟氏之家。州閭嚮慕，鄰巷思賢。言非苟竊，行乃謙冲。頃以寶歷元年從仕矣。累茲」歷職，悉任爪衙。至大中三年，南山征行，公秉事無頗，勞能備著，採録微功，奏授監察」。至咸通元年，改署使院將兵馬使、節度孔目官、兼都勾覆。宛而從政，動必和人。至三年」，遷署節度押衙，依前使院將兵馬使孔目官、都勾覆，轉官殿中。戎行啓班，是廁清列。至」五年，改署魏、平、豐、儲等鎮營田都知兵馬使，依前押衙。軍府推能，遂加遷改。至七年，遷」署石堡鎮遏兵馬使、兼寧朔縣令，依前押衙。唯思謹恪之誠，上奉事君之體。至十二年，改」署洪門四鎮都知兵馬使，依前押衙。展趨進之禮，上叶公庭；試文武之能，剋期可舉。理」軍鎮，惠和而將健歡心，武毅得羌戎破膽。統將幕，有籌有略，爲使庭居要之職，無黨」無偏。元戎再加選練，擢領鎮權。將竭犬馬之誠，上答獎用。公及乎年當月制，陰火潛然，微」恙忽生，奄歸長夜。嗣子泣血，終恨泉冥；孫嬰號悲，永離懷抱。以咸通十四年癸巳歲二」月十五日，不禄于故里也。其年四月十八日，出葬于州南獨埄原，禮也。龍崗必備，俛仰周祥」。宅兆思歸，咸言貞吉。夫人隴西李氏，夙承温德，敬事賢良，婦禮孔嘉，母儀可則。有」息三人。長曰從諫，守同節度副使、兼射雕左二將副兵馬使。有材有略，軍府共推。主將」幕撫綏有方，施惠好普於朋友。次男從約、從泰，孝思不。事生可盡於昏晨，薦奠」常申於懇倒。雁行泣血，謂祈刊刻之文；烏集在墳，永著他年之事。其銘曰」：

人在世兮難知，此盛衰兮何期。處仁義兮表德，謂貞諒兮何思」。往万鄰兮蒿里，念五常兮何依。痛支離兮永恨，望山何兮在兹」。

414.874　啓送岐陽真身誌文碑

## 説 明

唐咸通十五年（874）正月刻。碑長方形。長115厘米，寬55厘米。正文楷書47行，行字不等。沙門僧澈撰文，沙門令真書丹。碑面略有腐蝕，個別文字受損。1987年扶風縣法門寺地宮出土。現存法門寺博物館。《全唐文補遺》著録。

## 釋 文

大唐咸通啓送岐陽真身誌文」

内殿首座左右街净光大師賜紫沙門臣僧澈撰」

内講論賜紫沙門臣令真書」

釋迦大師示滅一百一十九年，天竺有國君号無憂王，分遺」形舍利，役鬼工，造八万四千塔。閻浮之聚落，有逾一億舍，即」置于□。睹彼岐陽重真寺，乃其一也。元魏二年，岐守拓跋育」初啓塔基，肇申供養。隋文時郡牧李敏，唐太宗朝刺史」張德亮，並繼開靈趾，咸薦香花。高宗延之於洛邑」，天后薦之於明堂。中宗改法門爲“聖朝無憂王寺”，塔曰“大」聖真身寶塔”。肅宗虔請，嚴于禁中。德宗歸依，延于」闕下。憲宗啓塔，親奉香燈。洎武皇帝蕩滅真教，坑」焚貝□。銜天憲者，碎殄影骨，上以塞君命，盖君子從」權之道也。緣謝而隱，感兆斯来。乃有九隴山禪僧師益，貢」章聞於先朝，乞結壇於塔下。果獲金骨，潛符」聖心。以咸通十二年八月十九日，得舍利于舊隧道之西」北角。按舊記云：長一寸二分，上齊下折，高下不等，三面俱」平，一面稍高，中有穩迹，色白如玉少青，細密而澤，髓穴方」大，上下俱通，二角有文，文並不徹。徵諸古典，驗以靈姿」。貞規既叶于前聞，妙相克諧於瑞彩。宸襟矚望」，睿想虔思。降星使於九重，儼華筵於秘殿。十四年三」月廿二日，詔供奉官李奉建，高品彭延魯，庫家齊詢」敬，承旨萬魯文，與左右街僧録清瀾、彦楚，首座僧澈」、惟應，大師重謙、雲顯、慧暉等，同嚴香火，虔請真身。時鳳」翔監軍使王景珣、觀察判官元充，咸来護送。以四月八日」，御安福樓，會宰臣□，辟以延佇。宸慮既勞其傾瞩，法容先」誡其莊嚴。繼簪組於道途，耀戈鋋於城闕。澄神負扆，齊」慮臨軒。虔拜瑤函，若靈山之舊識；一瞻金骨，憶雙樹之」曾逢。解群疑而自化塵心，攀瑞相而盡成雪涕。遂感燈」摇聖影，雲曳彩章。神光亘發以輝華，玄鶴群飛而率」舞。太官玉食，陋縝陁最後之心；甲帳清香，笑漢武冲」虛之思。古今焜耀，中外歸依。而遽厭萬機，將超十地。望九」蓮以長往，蹋五雲而不歸。龍圖乃授於明君，鳳曆」纂承於孝理。眷香花之法物，聖敬如新；顧函錫」之清塵，遺芳盡在。克成先志，永報養慈。爰發使」臣，虔送真相。乃詔東頭高品孫克政、齊詢敬，庫家劉」處宏，承旨劉繼郇，西頭高品彭延魯，内養馮全璋，与」左右街僧録清瀾、彦楚，首座僧澈、惟應，大師清簡、雲顯」、惠暉、可孚、懷敬、從建、文楚、文會，大德令真、志柔等，以十」二月十九日，自京都護送真身来本寺，□□□□嚴奉香」燈。雲飄寶界之花，泣散提河之淚。以十五年正月四日，歸」安于塔下之石室。玉棺金篋，窮天上之莊嚴；蟬□龍紋，極」人間之焕麗。疊六銖而互映，積秘寶以相鮮。皇家之厚福無」涯，曠劫之良因不朽。仍令高品彭延魯、内養馮全璋頒賜金銀錢」絹等，詔鳳翔節度使令狐綯、監軍使王景珣充修塔寺。禪」河嗚咽，覺樹悲涼。幢幡摇曳以交鳴，磬梵悽清而共切。想金」局之永閟，万感難裁；知妙體之常存，雙空自慰。龍花三會」，同爲見佛之人；香列九蓮，共接無生之衆。芥城可竭，願海無」窮。命紀殊功，永誌于石。

監寺使高品張敬全」

## 按

碑文較爲詳細地記載了古印度孔雀王朝阿育王安奉佛指骨舍利于法門寺，元魏二年啓塔基、隋文帝時和唐太宗時繼開靈趾，香花供養，唐高宗迎奉于洛陽，武則天供奉于明堂，以及唐中宗更改寺塔之名號，唐肅宗、德宗虔請于禁中，唐憲宗啓塔獻香燈等歷史事實。除了唐武宗武昌法難之外，歷朝歷代都表示了對佛教的遵奉。這些都彌補了文獻記載之不足，對于研究唐代政治與佛教的關係、唐代佛教歷史等都具有重要的資料價值。

鳳翔監軍使判官專遂致張齊果迎送

真身使小判官周重暉劉慶權閻彥暉張敬章

右神榮軍營田兵馬使□可周

武功縣司牒社頭王宗張文達王健其等一百廿人各自辦衣裝程糧往來異其真身他物

監送真身使

應從重真寺隨真身供養道具及恩賜金銀寶器衣物等如後

重真寺將到物七件　　　　　新恩賜到金銀寶器衣物等如後

## 説 明

唐咸通十五年（874）正月刻。碑長方形。長115厘米，寬69厘米。正文楷書51行，行字不等。沙門覺支書丹。1987年扶風縣法門寺地宮出土。現存法門寺博物館。《全唐文補遺》著錄。

## 釋 文

監送真身使」應從重真寺随真身供養道具及恩賜金銀器物寶函等，并新恩賜到金銀寶器衣物等如後」：

重真寺將到物七件：袈裟三領、武后繡裙一腰，蹙金銀線披襖子一領，水精楪子一枚，鐵盉一枚」。

真身到内後，相次賜到物一百二十二件：銀金花合二具，共重六十兩；錫杖一枚，重六十兩；香爐一枚，重卅二兩；元無盖」香爐一副，并臺盖朵帶，共重三百八十兩；香寶子一枚，共重卅五兩；金鉢盂一枚，重十四兩三錢；金襴袈裟三副，各五事」；毳納佛衣二事；瓷秘色椀七口，内二口銀棱；瓷秘色盤子、疊子共六枚；新絲一結；百索線一結；紅繡案裙一枚；繡帕二條」；鏡二面；襪十量；紫靸鞋三量；繡幞十條；寶函一副，八重，并紅錦袋盛。第一重，真金小塔子一枚，并底儭」共三段，内有銀柱子一枚。第二重，璏玞石函一枚，金筐寶鈿真珠裝。第三重，真金函一枚，金筐寶鈿真珠裝」。第四重，真金鈒花函一枚，已上計金卅七兩二分，銀二分半。第五重，銀金花鈒作函一枚，重卅兩二分。第六重，素銀函一枚」，重卅九兩三錢。第七重，銀金花鈒作函一枚，重六十五兩二分。第八重，檀香縷金銀棱裝鉸函一枚；銀鎖子及金」塗鎖子七具，并鑰匙鋜鈇鏈子等，共計銀一十六兩四錢。銀金塗鈒花菩薩一軀，重十六兩；銀金花供養器物共卅」件、枚、隻、對。内罍子一十枚，破羅子一十枚，疊子一十枚，香案子一枚，香匙一枚，香爐一副，并椀子、鉢盂子一枚」，羹椀子一枚，匙筯一副，火筯一對，香合一具，香寶子二枚，已上計銀一百七十六兩三錢。真金鉢盂、錫杖各一枚，共」重九兩三錢；乳頭香山二枚，重三斤；檀香山二枚，重五斤二兩；丁香山二枚，重一斤二兩；沉香山二枚，重四斤二兩」。

新恩賜到金銀寶器衣物席褥幞頭巾子靴鞋等，共計七百五十四副、枚、領、條、具、對、頂、量、張」：銀金花盆一口，重一百五十五兩；香囊二枚，重十五兩三分；籠子一枚，重十六兩半；甌一枚，重廿兩；鹽臺一副，重十二兩」；結條籠子一枚，重八兩三分；茶槽子碾子茶羅匙子一副，七事共重八十兩；随求六枚，共重廿五兩；水精枕一枚」，影水精枕一枚；七孔針一；骰子一對；調達子一對；稜函子二；琉璃鉢子一枚；瑠璃茶椀柘子一副；琉璃疊子十一枚」；銀稜檀香木函子一枚；花羅衫十五副，内襯七副，跨八副，各三事；花羅袍十五副，内襯八副，跨七副，各四事」；長袖五副，各三事；夾可幅長袖五副，各五事；長夾暖子廿副，各三事，内五副錦，五副綺，一副金錦，一副金褐」，一副銀褐，一副龍紋綺，一副辟邪綺，一副織成綾，二副白氎，二副紅絡撮；下盖廿副，各三事。接袩五具」；可幅綾挾袍五領；紋縠披衫五領；繚綾浴袍五副，各二事；繚綾影皂二條；可幅臂鈎五具；可幅勒腕帛子五對」；方帛子廿枚；繚綾食帛十條；織成綺線綾長袖襪卅量；蹙金鞋五量；被褥五床，每床綿二張，夾一張」；錦席褥五床，九尺簞二床，八尺席三床，各四事；八尺踏床錦席褥一副，二事；赭黄熟綫綾床皂五條」；赭黄羅綺枕二枚；緋羅香倚二枚；花羅夾幞頭五十頂；繒羅單幞頭五十頂；花羅夾帽子五十頂；巾子五十枚」；折皂手巾一百條；白異紋綾手巾一百條；揩齒布一百枚；細異紋綾夾皂四條；白藤箱二具；玉梯子一枚」；靴五量，各并氈」。

惠安皇太后及昭儀、晉國夫人衣計七副：紅羅裙衣二副，各五事；夾纈下盖二副，各三事，已上惠安皇太后施」；裙衣一副，四事，昭儀施；衣二副，八事，晉國夫人施」。

諸頭施到銀器衣物共九件：銀金花菩薩一軀，并真珠裝，共重五十兩；并銀梭函盛銀鎖子二具，共重一兩，僧澄依施」；銀白成香爐一枚，并承鐵，共重一百三兩；銀白成香合一具，重十五兩半，已上供奉官楊復恭施；銀如意一枚，重」九兩四錢；袈裟一副，四事，已上尼弘照施；銀金塗盃一枚，重卅一兩，僧智英施；銀如意一枚，重廿兩；手爐一枚」，重十二兩二分；衣一副，三事，已上尼明肅施」。

以前都計二千四百九十九副、枚、領、張、口、具、兩、錢、字等。內」金銀寶器衫袍及下盖裙衣等，計八百九十九副、枚、領、張、口、具等，金器計七十一兩一錢，銀器計一千五百廿七兩一字」。

右件金銀寶器衣物道具等并真身，高品臣孫克政、臣齊詢敬，庫家臣劉處宏，承」旨臣劉繼郎，與西頭高品彭延魯，内養馮全璋，鳳翔觀察留後元充，及左右街僧」録清瀾、彦楚，首座僧澈、惟應，大師清簡、雲顥、惠暉、可孚、懷敬、從建、文楚、文」會、師益、令真、志柔，及監寺高品張敬全，當寺三綱義方、敬能、從諲，主持真身」院及隧道宗奭、清本、敬舒等，一一同點驗，安置於塔下石道內訖。其石記於鹿」項內安置。

咸通十五年正月四日謹記」

金函一，重廿八兩；銀函一，重五十兩；銀（下闕）水椀一對，共重十一兩」；銀香爐一，重廿四兩；（下闕）共重六兩，已上遍覺大師智慧輪施」。

中天竺沙門僧伽提和迎送真身到此，蒙恩賜紫，歸本國」。

興善寺僧覺支書」

鳳翔監軍使判官韋遂玫、張齊果迎送真身，勾當供養」。真身使小判官周重晦、劉處權、呂敬權、閻彦暉、張敬章」，右神策軍營田兵馬使孟可周」，武功縣百姓仕頭王宗、張文建、王仲真等一百廿人各自辦衣裝程粮，往來舁真身佛塔」。

**按**

碑文詳細記載了唐代武則天、唐代宗、唐懿宗、唐僖宗及惠安皇太后、昭儀、晉國夫人等皇室帝胄，爲供奉佛指舍利，捐獻的各種金銀寶器衣物等貢品的名稱、數量，及捐獻者的姓名、職銜等。難能可貴的是，其記載與同地出土的實物一一對應，對于研究唐代佛教供奉禮儀、唐代絲綢織造水準、唐代經濟以及唐代文化都提供了難得的實證資料。

416.875　馬公度夫人王氏墓誌

## 説明

唐乾符二年（875）七月刻。蓋盝形，誌正方形。誌、蓋尺寸相同，邊長均76厘米。蓋文3行，滿行3字，篆書"唐故夫」人王氏」墓誌銘」"。誌文楷書30行，滿行30字。王陟撰文，王廷贊書丹。蓋四殺飾四神圖案，四周飾寶相花紋；誌四側飾壺門內十二生肖圖案。西安市出土，具體時、地不詳。現存中國社會科學院考古研究所西安研究室。《隋唐五代墓誌滙編》《全唐文補遺》《陝西碑石精華》著録。

## 釋文

故太原郡夫人王氏墓誌銘并序」

中散大夫守處州長史兼侍御史上柱國王陟撰」

將仕郎守內侍省內府局令員外置同正員上柱國王廷贊書」

皇唐鳳翔監軍使、特進、守左領軍衛上將軍、知內侍省事馬公公度夫人王」氏，其先太原祈人也。漢丞相、安國侯陵之後。歷魏晉至于皇唐，九代名」德，功濟生人。分土建侯，勒功書社。奕世載德，生我右神策軍護軍中尉、開府」公元宥。夫人即開府公之弟二女也。國家纂虞夏之風，繼文明之業」。山河叶祉，生甫及申。於是我特進光輔四君，儀刑百辟。好是懿德，結慶閨」門。故夫人百兩有行，歸于我馬氏。淑性茂質，天禀自然。始以穠華未筓，清」劭播聞於九族；翟拜之日，慶光延合於六姻。既而內範休明，令儀溫肅。履勤儉」之節，得幹家之方。沛國太夫人榮于高堂，八十有一。夫人每柔色以溫之」，怡聲以悦之。至於造請話言，未嘗不啟沃尊旨。故四十餘年，實鍾恩愛」。由是我特進得范會之家事，盡宣孟之忠勤，此亦夫人內贊之道刑于家」國者也。有子七人：長曰師瑋，宣徽供奉官、奉義郎、行內侍省內寺伯、上柱國」、賜紫金魚袋；次曰師璠，給事郎、行內府局丞、上柱國、賜紫金魚袋；次曰」師球，將仕郎、守內侍省內府局令、上柱國、賜緋魚袋；次曰師瑨，將仕郎、行內侍」省掖庭局宮教博士；次曰師璵，將仕郎、行內侍省掖庭局宮教博士；次曰疇，內」飛龍厩押衙、銀青光禄大夫、檢校國子祭酒、兼劍州司馬、侍御史、上柱國；次曰」師瑀，將仕郎、行內侍省掖庭局宮教博士。並謝樹芳枝，侯門令器。依仁履德，佩」玉鏘金。美哉！出勳冑之門，配公侯之室。身開國邑，子列天庭。人之榮願，是」亦極矣。嗟乎！賦命有數，天實爲之。以咸通十五年秋九月十二日，寢疾而終于」脩德里之弟也，春秋六十。戚屬纏遺愛之悲，一家痛殲奪之苦。于寧之禮，龜吉」筮從。以乾符二年秋七月廿二日，安厝于京兆府長安縣丞平鄉先塋之」西南，禮也。易歲而殯，卜年也。銘所以紀述清芬，載揚令德。以陟末學，祗命斯」文。式薦短章，以爲銘曰：

世德洋洋，鴻休降祥。是生淑德，爲門之光。言從百兩，宋子河魴」。宛矣夫人，惠然天真。聿脩四德，延和六姻。牧卑以禮，持謙以仁」。悠然天道，綿邈神理。德不與年，善無臻祉。殲奪之悲，纏于戚里」。黯黯真宅，冥冥壽府。寒野雲愁，荒阡月苦。聿来此堂，駕言終古」。

中書省鐫玉册官宣節校尉前鄜州五交府折衝上騎都尉邵建初刻」

## 按

誌主爲唐鳳翔監軍使、特進、守左領軍衛上將軍、知內侍省事馬公度夫人，其七子均任職于內侍省，則知馬公度爲宦官，其七子當爲其養子，亦爲宦官。此誌爲研究唐代末年之宦官及宦官制度提供了珍貴的資料。此誌出土地域不詳，據墓誌安厝于京兆府長安縣承平鄉，當出土于今西安市西郊熱電廠一帶。

977

417.876　吳全績墓誌

## 説　明

唐乾符三年（876）十一月刻。蓋盝形，誌正方形。蓋邊長76厘米，誌邊長77厘米。蓋文3行，滿行3字，篆書“大唐故」吴府君」墓誌銘」”。誌文行楷40行，行字不等。宗昌鄰撰文，李慕謙書丹並篆蓋。蓋四殺飾四神圖案，四周飾寶相花紋；誌四側飾十二生肖圖案。西安市出土，具體時、地不詳。現存西安博物院。《隋唐五代墓誌滙編》《全唐文補遺》《陝西碑石精華》著録。

## 釋　文

唐故鹽州監軍使正議大夫行内侍省内府局令員外置同正員上柱國賜紫金魚袋吴公墓誌銘并序」

前攝廣州南海縣令朝議郎試太常寺協律郎宗昌鄰撰」

公諱全績，字脩己。先肇之清風，自史漢爲賢哲之領袖，迄于盛唐，詎可殫叙。公即濮州濮陽」郡之望也。曾祖，賜緑、富平鎮監軍使、朝議郎、行内侍省内府局令、上柱國諱晏。珪璋雅器，禮樂冲」和。聲振寰中，韻清寒珮。祖，義昌軍監軍使、正議大夫、行内侍省内僕局令、上柱國、濮陽縣開國男」、食邑三百户、賜緋魚袋諱偁。衘命護戎，訓齊軍旅。貔貅歌暮，克著至公。烈考，西川監軍使、銀」青光禄大夫、行内侍省内常侍、上柱國、賜紫金魚袋諱庸。奉詔安邊，堤封肅謐。施於有政，備見事能」。至咸通三年二月廿日，轉拜荆南監軍使。理道周通，器惟沉邈。傾心向國，嘗慎四知。至五年正月十九日，改授」汴州監軍使。亟承分寄，累護雄藩。貞潔有聞，峻節無侣。勳名素重，意切懸車。不俟考終，一心求退。到」闕之後，便尚投簪。屢獻乞骸，方遂致政。渥恩雖允，寵澤猶深。迺褒贈右監門衛將軍、濮陽」郡開國公、食邑二千户。賞延旌勸，冀展念功。益地之封，以彰高道。實乃軒裳焕然，謂其斯盛矣」。公即坤維將軍之長子也。公道合天聰，氣苞嶽德。抱江海之量，秉松篁之操。文彩既彰，達于」聖聽。以大中元年十一月廿六日，特恩賜緑，拜將仕郎、行内侍省内府局丞、上柱國、充内養。宣揚」密命，蒞事推能。立志竭誠，播騰中外。至四年五月五日，屬羌戎拒捍，紛擾邊陲。縱興偏師，猶軫」宸慮。公奉命太原，宣節度使及監軍，取沙陁軍一千騎，救接淮安鎮。宣帝以公懷韜鈐之略，有」減竈之機，上令監陣，取勝討除。公天縱長材，神與籌算。不逾半歲，大破羌徒。至十二月卅日，遂加奉義」郎階。將酬騾勝，用獎挾翰。增級既崇，皆因事績。泊五年，又以威州圍逼革命道途，二月廿二日，奉」恩旨，往回中運粮，應接軍士。公素藏心計，義勇冠時。戰不勞師，餉無暫闕。士免憂虞之患，將雄盡鬥」之心。不日倒戈，以殲其寇。遂加承奉郎階，乃優茂績也。又届七年，差随上樞元内侍充判官，往南山鹽、夏」等一十餘鎮及七關等道，巡邊制置。時機夙藴，卓犖異能。潔白無瑕，秋潭澈底。永清沙漠，長啟塞關」。規制有方，上美其最。至十一年三月廿二日，遂賜緋魚袋，充殿前高班，仍加承義郎階。日奉」綸言，嘗親睿旨。至咸通元年十二月廿五日，加内府局令。至二年十月六日，加朝散大夫。寵因官業，榮及」崇階。至六年四月廿一日，懿宗皇帝知其守道，表以貞廉。慎擇其能，以付重任。特遷閤門使。位顯清」途，聲華自振。一人注待賢之賴，百辟懷欽奉之誠，咸謂當仁矣。至七年四月十一日，改授武德副使」。公偉望宏才，藉能緝理。頗有條貫，改舊唯新。至八年九月六日，拜秦州監統。致邊無烽燧之虞，野鼓」罕埒之化。至十一年八月廿二日，除甄坊使。職司雖簡，尤藉英材。其年十月十八日，遷如京使。供市無虧」，清通辦事。至十二年三月廿四日，賜紫金魚袋，拜東都功德使。鵬翼既張，勢騰霄漢。心尚優散，不貴」重權。至十三年七月十日，除鹽州監軍使，加正議大夫。後受代歸闕，遂息志怡神。四大增耗，日加」微恙。沉痾漸殗，俄迫逝波。藥餌無瘳，大夜難駐。時光若燭，生殞孰知。五德奄於夜臺，四通墜於」朝露。以乾符三年歲涒灘季夏月廿五日，薨于上都来庭坊，即今之私第也，享齡六十。親戚慟哀，鄰」爲停杵。公先娶夫人李氏，不終年壽，先奄夜臺。次娶夫人劉氏，天假令德，神奉賢儀。守節蘋蘩，松貞」可並。結縭禀訓，今恨孤飛。公有嗣子四人。長曰彦方，文林郎、行内侍省掖庭局宫教博士、賜緑，從事矣。恭儉於心」，義推讓果。次曰彦球，登仕郎、行内侍省掖庭局宫教博士、上柱國、賜緑。職係王庭，位同寮采。鶴儀獨立，迥秀」風姿。夙備三端，四科克萃。次曰彦釗，次曰彦及，並藴材器，孝敬脩身。時羨四龍，茂英秋菊。雁序飛鳴，而偕佐」輔。咸以泣血，興言方踅。以乾符三年十一月廿九日，龜筮從吉，遂窆于京兆府萬年縣滻川鄉南姚村，附」皇父母之宅，禮也。嗚呼！玄壤深邃，陵谷孰知。以鐫貞珉，乃紀芳徽。其詞曰」：

公之懿績，國之良臣。機籌莫測，器業弥真。幾朝承寵，數歲榮身」。惟清與直，憂寄當仁。材超杞梓，端比松筠。入侍出護，皆立忠勤」。苦心輔國，綵服安親。嗚呼一劍，鸞失其賓。痛哉風燭，遽殞哲人」。記之於誄，永閉松鱗。

朝議郎試太子中舍人騎都尉李慕謙書并篆盖

潘駢刻字」

## 按

誌主吴全續，宦官，濮陽（今河南濮陽）人，《唐書》無傳。誌載其大中元年任内侍省内府局丞，充内養，宣揚密命，播騰中外，後相繼于太原監軍、回中輸糧、巡鹽夏等邊州、終正議大夫除鹽州監軍使等，對于研究唐代中晚期宦官專權提供了珍貴的資料。該誌書體楷中帶行，剛勁雄渾，筆力堅挺，亦爲此時之書法佳品。另，此誌出土地域不詳，據墓誌"窆于京兆府萬年縣滻川鄉南姚村"，當出土于今西安市東郊灞橋區席王街道。

418.877　唐嗣陳王李行莘墓誌

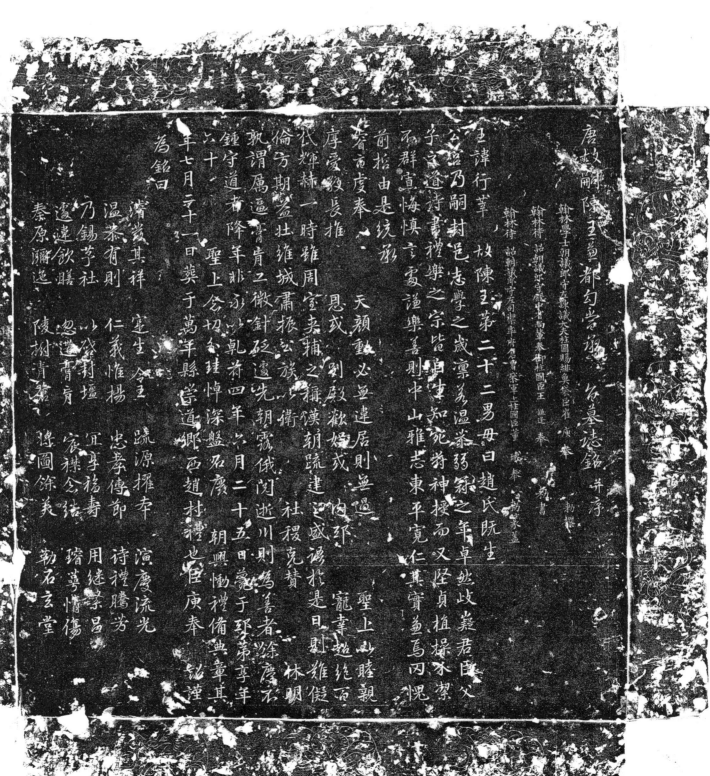

## 説 明

唐乾符四年（877）七月刻。蓋盝形，誌正方形。蓋邊長77厘米，誌邊長74厘米。蓋文3行，滿行3字，篆書“大唐故」嗣陳王」墓誌銘」”。誌文行楷23行，滿行25字。崔庾撰文，王謙逢書丹，董瓛篆蓋。誌四側飾壼門内十二生肖圖案。西安市出土，具體時、地不詳。現存西安博物院。《隋唐五代墓誌滙編》《全唐文補遺》《陝西碑石精華》著録。

## 釋 文

唐故嗣陳王兼都勾當承旨墓誌銘并序」

翰林學士朝議郎守左諫議大夫柱國賜緋魚袋臣崔庾奉敕撰」

翰林待詔朝議郎守殿中省尚輦奉御柱國臣王謙逢奉敕書」

翰林待詔朝議郎守左司禦率府倉曹參軍上柱國臣董瓛奉敕篆盖」

王諱行莘，故陳王第二十二男，母曰趙氏。既生」公宫，乃嗣封邑。志學之歲，凛若温恭；弱冠之年，卓然歧嶷。君臣父」子之道，詩書禮樂之宗，皆自生知，宛符神授。而又堅貞植操，介潔」不群，寡悔慎言，處謙樂善。則中山雅志，東平寬仁，其實兼焉，罔愧」前哲。由是統承」睿旨，虔奉天顔。動必無違，居則無過。聖上以睦親」厚愛，敬長推恩。或別殿歡娛，或内邸寵幸，超絶百」代，輝赫一時。雖周室夾輔之稱，漢朝疏建之盛，語於是日，則難儗」倫。方期益壯維城，肅振公族，以衛社稷，克贊休明」，孰謂厲逼膏肓，工微針砭。遽先朝露，俄閟逝川。則爲善者餘慶不」鍾，守道者降年非永。以乾符四年六月二十五日薨于邸第，享年」六十。聖上念切分珪，悼深盤石。廢朝興慟，禮備典章。其」年七月二十一日，葬于萬年縣崇道鄉西趙村，禮也。臣庾奉詔，謹」爲銘曰：

潛發其祥，寔生令王。疏源擢本，演慶流光」。温恭有則，仁義惟揚。忠孝傳節，詩禮騰芳」。乃錫茅社，以啟封疆。宜享福壽，用繼繁昌」。遽違飲膳，忽邁膏肓。宸襟念結，璿萼情傷」。秦原瀰迤，陵樹青蒼。將圖餘美，勒石玄堂」。

419.879　唐凉王李偲墓誌

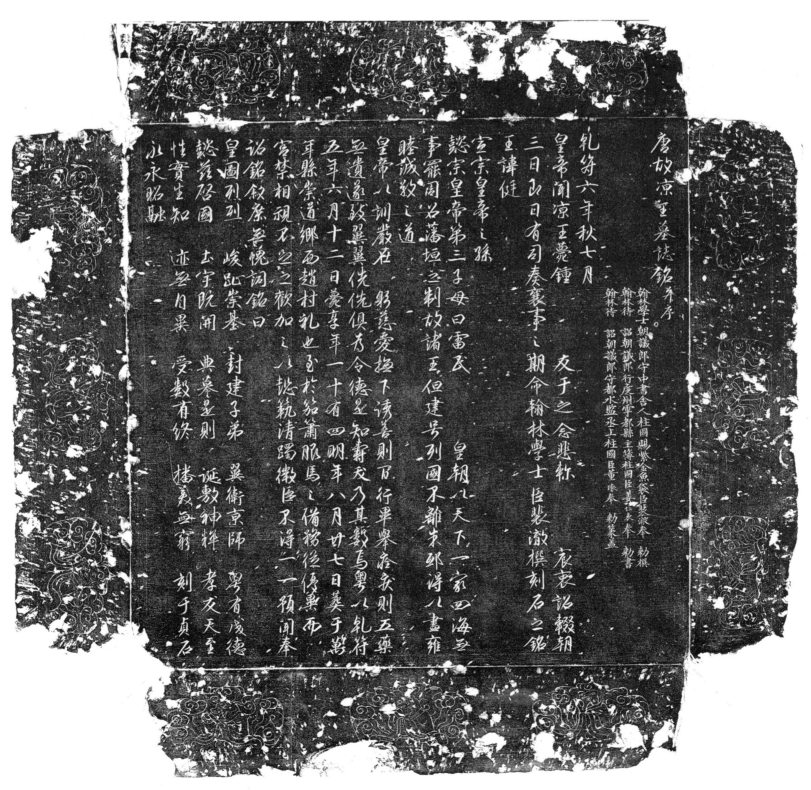

## 説 明

唐乾符六年（879）八月刻。蓋盝形，誌正方形。蓋邊長72厘米，誌邊長74厘米。蓋文3行，滿行3字，篆書"大唐故」凉王墓」誌之銘」"。誌文行楷22行，滿行24字。裴澈撰文，姜仁表書丹，董瓌篆蓋。蓋四殺飾四神圖案，四周飾寶相花紋；誌四側飾壺門内十二生肖圖案。西安市出土，具體時、地不詳。現存西安博物院。《隋唐五代墓誌滙編》《全唐文補遺》《陝西碑石精華》著録。

## 釋 文

唐故凉王墓誌銘并序」

翰林學士朝議郎守中書舍人柱國賜紫金魚袋臣裴澈奉敕撰」

翰林待詔朝議郎行虔州雩都縣主簿柱國臣姜仁表奉敕書」

翰林待詔朝議郎守都水監丞上柱國臣董瓌奉敕篆蓋」

乾符六年秋七月」，皇帝聞凉王薨，鍾友于之念，悲軫宸衷，詔輟朝」三日。即日，有司奏襄事之期，命翰林學士臣裴澈撰刻石之銘」。王諱侹」，宣宗皇帝之孫」，懿宗皇帝第三子。母曰雷氏。皇朝以天下一家，四海無」事，罷周召藩垣之制。故諸王但建号列國，不離朱邸，得以盡雍」睦誠敬之道」。皇帝以訓嚴在躬，慈愛撫下。誘善則百行畢舉，痊疾則五藥」無遺。遂致翼翼伭伭，俱爲令德。是知壽夭乃其數焉。粵以乾符」五年六月十二日薨，享年一十有四。明年八月廿七日，葬于萬」年縣崇道鄉西趙村，礼也。至於箈簫服馬之備，務從優異。而」宮禁相視不足之歡，加之以懿範清躅，微臣不得一一預聞。奉」詔銘敘，庶無愧詞。銘曰」：

　　皇圖烈烈，峻趾崇基。封建子弟，翼衛京師。粵有成德」，懿兹啓國。土宇既開，典謨是則。誕敷神粹，孝友天至」。性實生知，迹無自異。受數有終，播美無窮。刻于貞石」，永永昭融」。

## 按

誌主李侹，唐宣宗之孫，唐懿宗第三子，母雷氏，封凉王。誌載當時天下一家，四海無事，諸王但建號列國，並無疆土，所封諸王，仍居皇家朱邸，對于研究唐代王室經濟生活提供了一定的資料。另，此誌出土具體地址不詳，據墓誌"葬于萬年縣崇道鄉西趙村"，當出土于今西安市東郊灞橋區席王街道一帶。

985

420.879　高公夫人陳氏墓誌

唐故靈臺司辰官高公妻潁川陳氏夫人墓誌銘并序

朝議郎試太常寺協律郎焦潢撰并書

夫坤柔表德切容作配竹帛垂耀鄉里傳芳世有之矣見

夫人焉夫人姓陳其先潁川人也

曾祖諱蓉祖諱瓌父諱子明皆名芳當代位顯昔時傳閤

閤之門軒紹纓簪之班祕夫人龐和秀麗淋美風姿門閤

積善卜于良姻纓及笄字適于高公四十餘載遂相室齋眉泊

喪所夫盡夾知禮婦道克著母儀有訓宣期忽從微恙遂至彌

留二竪既后胡香及以亂符六年四月二十日終于京兆五坊

泉里從夫之私第享年六十有三有子四人長曰宗古五坊之

巡使銀青光祿大夫檢校太子賓客薰監慈御史次曰宗晦霄上

悲夜臺次曰宗璠五坊敏前桂州盧龍軍散兵馬使銀青光祿大

閤門使檢校太子賓客充討擊使皆冑才抱德仁孝懷忠有女四人

夫撿校太子賓客次曰宗敏前桂州盧龍軍散兵馬使銀青光祿大

尋皆即世有女孫二人長道侯氏次適王氏悲而早逝有男孫

四人長曰歟郎次曰小歟次曰貴郎幼曰胡兒即以其年八月

二十七日葬于京兆府長安縣龍首鄉祁村祔公之塋禮也

嗣子孝過袞瘠泣血絕漿稱家有無禮及遠日肅奉命一叙述

不盡徽猷直書其文遂為銘曰

德齋婦道　風顯母儀　閤門共仰　淑質傳之

歸于盛族　播于光陰　蘭桂秋逢　萬折香林

壠樹不春　風悲露涕　明月長新　衣臺永閟

## 説 明

唐乾符六年（879）八月刻。誌正方形。邊長55厘米。誌文楷書23行，滿行24字。焦濆撰文並書丹。誌四側飾壺門内十二生肖圖案。西安市出土，具體時、地不詳。現存西安博物院。《隋唐五代墓誌滙編》《全唐文補遺》《陝西碑石精華》著録。

## 釋 文

唐故靈臺司辰官高公妻潁川陳氏夫人墓誌銘并序」

朝議郎試太常寺協律郎焦濆撰并書」

夫坤柔表德，功容作配。竹帛垂耀，鄉里傳芳。世有之矣，見」夫人焉。夫人姓陳，其先潁川人也」。曾祖諱薈，祖諱璟，父諱子明，皆名芳當代，位顯昔時。傳閥」閱之門軒，紹纓簪之斑秩。夫人雍和秀麗，淑美風姿。門鍾」積善，卜于良姻。纔及笄字，適于高公。四十餘載，相室齊眉，洎」喪所天，晝哭知禮。婦道克著，母儀有訓。豈期忽從微恙，遂至弥」留。二豎既居，胡香莫及。以乾符六年四月二十日終于京兆醴」泉里從夫之私第，享年六十有三。有子四人：長曰宗古，五坊外」巡使、銀青光禄大夫、檢校太子賓客、兼監察御史，始翔霄漢，俄」悲夜臺；次曰宗璠，五坊使押衙、兼監察御史；次曰宗晦，東上」閤門使押衙；次曰宗敏，前桂州盧龍軍散兵馬使、銀青光禄大」夫、檢校太子賓客、充討擊使。皆負才抱德，仁孝懷忠。有女四人」，尋皆即世。有女孫二人：長適侯氏，次適王氏。悲而早逝。有男孫」四人：長曰歡郎，次曰小歡，次曰貴郎，幼曰胡兒。即以其年八月」二十七日，葬于京兆府長安縣龍首鄉祁村，祔公之塋，禮也」。嗣子等過哀毀瘠，泣血絶漿。稱家有無，禮及遠日。濆奉命叙述」，不盡徽猷，直書其文，遂爲銘曰」：

德齊婦道，風顯母儀。閨門共仰，淑質傳之」。歸于盛族，播于光陰。蘭枯秋逕，蕙折香林」。壟樹不春，風悲露涕。明月長新，夜臺永閉」。

強審刻字」

## 按

此誌書法楷體遵歐，極其工整。筆力强勁，内宮收斂，是唐末楷體書法之佳品。

421.879　李裔墓誌

## 説　明

　　唐乾符六年(879)閏十月刻。誌正方形。邊長60厘米。誌文楷書39行，滿行36字。李鉅撰文，李黯書丹。西安市出土，具體時、地不詳。現存西安市長安博物館。《長安碑刻》著録。

## 釋　文

　　唐故随州司馬員外置同正員贈尚書考功郎中賜緋魚袋隴西李府君墓誌銘并序｜

　　再從兄將仕郎前守尚書倉部員外郎鉅撰｜

　　府君諱裔，字修之，太祖景皇帝八代孫也。天潢演派，帝族分枝，遠襲衣纓，奕承｜珪組，歷代可知也。曾祖堅，皇虢州刺史，贈吏部尚書。祖鵬，皇壽州盛唐縣令，贈太傅｜。見任檢校司徒、兼太子太師致仕、相國福之第三子也。君生於綺紈，幼鍾尊上撫愛，而稟｜性端愿，莫或縱恃。纔毀齒，卓卓有老成之表。洎從師學，能自勤檢，朝授昏誦，未嘗虧怠。自《何論》｜《毛氏詩》《左氏春秋》，莫不貫穿義理，窮討旨奥。以至班、馬二史，開卷周視，如素習者。宴居閑處，或｜有質疑，莫不流辯精記，盡能解析。兄季始伏其聰晤，以仲兄屈於名場。年甫壯歲，方捨志業筮｜仕，始任河南府鞏縣尉。時相國在洛，乃求承乏北部。君曰：吾固不達吏事，縣在都城，豈｜可斯須懈易。當勤於案簿，漸冀通曉。由是晨入暮歸，率先儕類。至於霖潦風雪，不廢在公。少暇｜，則閱尋史傳。今分洛賓護相國盧公携時宰洛陽，歎重君少年初仕，能自恪勵端修，常以｜君勉諸僚佐，而大誇於雒中。後竟以從祖兄女妻之。是知君兢修自立也如此。白馬杜尚｜書慆奏署幕職，未之任，拜秘書郎。高尚書湜鎮潞，復辟君得檢校禮部員外郎，充支使｜。到職半歲，值劉廣亂。始，劉廣不知何人也，来自薊門，客於山北，常寓食將卒之家，有無良怙亂｜之徒。昌言於軍伍中，云是劉稹之族。是時，潞土阻饑，賦入逋負者太半。高公雖無闕政，而士｜卒月儲、歲衣往往不足，以是乘其時而動，高公竟被逐之。遂以廣主留務。上聞廣以羈客｜驟居衆上，戚促不自安，乃以酷法臨下。有獻計於廣者，莫若糜一二從事，以覘朝廷信恕。是｜時，亂起倉卒，奔避不暇。遂自擁衆請君，且以露刃脅之。君常密畫覆廣之計，未有以發。會｜此强逼，既不可規免，且思用其寵而諧其志。乃若喜於邀辟，欣然從命。始以墜馬傷足爲辭，後｜乃乘輿趨府臨事，勤畏如初。廣横斂以給軍士，將訓卒以固封境。君常語以臣下事體，言或｜及於苟且，君必於衆中抗以忠憤，深感動之，由是一二將校始蓄從順之謀。是時，已敕四｜界警備河陽，發二千人戍澤州。會有傳遞舊卒貢謀於廣云：澤本属郡，可厚賂以招孟人出兵｜，掠其壁，據大□，劫河陰，以驚周鄭之郊，此乃疾雷不及掩耳，則節旄可翹足而待也。廣將從之｜，而咨於君，君曰：斂潞人財以餌他人，則師必興怨，詎可俾其出疆以圖勝捷。且留後宜恭順｜以俟朝旨，安可動衆以望恩榮。廣遂止之。廣又欲恣於殺戮，延及衣冠，君皆婉辭護免。無｜幾，李尚書係帥師至城下，安文祐時任軍候，紀綱心膂，咸總統之。是夕，遂梟廣首，擲城外。護｜軍中貴人與軍吏咸請君知留事。始入治所，遽命擒前傳遞卒，杖煞之。衆方悟。若從此人之｜言，即潞之平，豈可如此速哉。是知君識用機畫，傑出人表，雖古之英偉之士，何以加之。高｜公既遠謫，君竟坐謫随州司馬。時相國自保，鰲鎮漢南。君一来歸覲，俄還貶所。乾符｜四年九月十七日，狂寇突入郡城，君殞於鋒刃，年三十有五。詔贈尚書考功郎中，仍錫｜五品服。至六年閏十月十六日，窆于萬年縣洪固鄉胄貴里。嗚呼！士之處世，或業於文學，則疏｜□識用；或專於吏理，則曹彼權謀。如君生知孝敬，天資誠信，始從宦而遇俶擾，能於危疑之｜際，顯是非之理。遇兇痩之黨，竟能迴其狂叛，卒成忠臣。方之決勝於兩陣之間，何以較其優劣｜哉。而再逢伏莽，遽夭天年。彼蒼盖高，何以徵問。有子三人：男曰京郎、知知，女曰武七，非｜盧出也。盧新婦，産三子，皆早亡。葬有日，叔父命鉅紀諸墓。銘曰｜：

　　玉葉茂族，樞衡貴門。龍章鳳姿，□□王孫。有是俊造，瑩若璵璠。行馥枝葉｜，學洞根源。貳過無兆，九思而言。□□□美，未伸逸翰。再遇紛擾，竟困戕殘｜。福仁莫保，與善寧論。午郊半舍，□□□原。卜兹封樹，永閟幽冤｜。

　　（上闕）朝請郎守監察御史黯書｜

## 按

　　誌主李裔，皇唐宗室，但《唐書》闕載，誌所載李裔之生平任職等，均可補史載之闕。特別是墓誌較爲詳細地記載了劉廣之亂，對於研究晚唐昭義軍歷史提供了新的資料。另，此誌出土地域不詳，據墓誌"窆于萬年縣洪固鄉胄貴里"，當出土于今西安市南郊少陵原一帶。

422.880　陳諷墓誌

## 説　明

唐廣明元年（880）二月刻。蓋盝形，誌正方形。誌、蓋尺寸相同，邊長均59厘米。蓋文3行，滿行3字，篆書“大唐故」陳府君」墓誌銘」”。誌文楷書36行，滿行36字。杜朋撰文，戴充符書丹。蓋四殺飾四神圖案，四周飾寶相花紋。原長安縣郭杜鎮岔道口村出土。現存西安市長安博物館。《隋唐五代墓誌滙編》《全唐文補遺》《長安碑刻》著録。

## 釋　文

唐故銀青光禄大夫檢校太子賓客使持節寧州諸軍事守寧州刺史兼御史中丞充淮南軍」防遏都□兵馬使上柱國潁川郡陳府君墓誌銘并序」

外甥鄉貢進士杜朋撰」

陳氏郡望潁川，其来甚遠。尔後家於上谷，乃爲一郡之令族。洎自普寧王迄至今日，勳閥相繼」，疊疊不絶。至於昇壇仗鉞，剖竹分符。或雁行聯翩於盛時，績效各彰於列土。累世已去，盛業」崇庸。焕然著于簡册，固不能備載也。公諱諷，字匡堯。高祖璋，皇任平州司馬，曾祖愃，皇任易州」刺史，贈工部尚書。祖邕，皇任涿州刺史，贈工部尚書。父君儀，皇任延州刺史、檢校左散騎常侍」、御史大夫、右龍武大將軍。仲父君弈，皇任鳳翔節度使。次曰君賞，皇任易定節度使。季父君從」，皇任振武節度使。曰君實，皇任黔南觀察使。皆顯揚以致君，盡忠貞而許國。公一子出」身，釋褐授洪州建昌尉，次授三皇五帝廟丞。值禁旅搜俊訪能，簡求良器，唯技特而識遠者」，即當兹選。公素練武經，少得妙於毬擊。方屬右廣閱藝之秋，公果膺其搜羅。乃曰：我嘗慕藺而」希顔，不欲徒勞州縣。昔班定遠萬里之志，吾將踐之。雖列職親軍，長面揚睿聖，又累官兼」左監門衛長史、威王友、魏王府諮議參軍。歷效既久，精粹屬聞。性堅直而不回，心奉公而難奪」。時護廣軍容薛公，好爲人則，立公立事，好勁操則食蘗飲冰，遂委以功德巡務，俾令淄黄安」肅，真僞區分。成績既多，漸達廣耳。廣乃僉屬酬以重難，乃轉外巡務。務當浩攘，事繁且劇。雖」欲究其蠹弊，孰可辨其奸訛。公授務之後，宵不寢而晝忘食，唯志其職業耳。公果以貞慎防其」閑，潔白清其吏，訐直却其勢，嚴令戢其奸。令行半歲，功遽彰矣，賞官鄂王府司馬，憲兼中司。時」屬寧州淮南戍不理，遂奏公葺而撫之。到戍之初，正遇荒歉，饋輦失次，士卒棲遲相視者，溝」壑其虞乎！戍管營田，尤所病也。公洎以惠化安乎衆，温煦及乎物。拔己俸以濟吉凶，出己禄以」活贏悴，合方藥以餌危困，折券牘以蠲逋懸，勵戈鋌以遏狂虜，設網罟以羅奸回。未一歲，而課」著殊尤，營伍無噢咻之聲，道路溢謳歌之美。恩加左驍衛將軍。上廣王公始撫師旅」，知其善績，擢用字人意者，獎以列侯。必期異政，是由特奏兼寧州刺史。方欲布六條之化求」其瘼，佇五袴之詠著其能，夙志未伸，大期俄迫。享年五十一，不幸以乾符六年十一月五日，寢」疾殁于泥陽之官舍。公無嗣，有女一人，適廣王府司馬、御史大夫郃陽秦驥。公兄弟六人。長兄」曰計，郿州洛交尉。次曰播，皇不仕。曰調，宥州刺史。曰謐，使下侍御史。弟曰誠，安北都護長史。曰」詢，定州安喜尉。公皆以雍和肥其家，恭信交其友。内外器重，衆所聞之。公早娶樂安任氏，即右」龍武大將軍傅禮之女。懿範可矩，淑行有聞。先公永逝於世。猶子承彦，年雖髫齔，幹惠難倫，行」實由中，泣而啟護。廣明首年二月一日，啟引歸京兆府長安縣義陽鄉鄧村。卜用其」月十二日丙申，祔于先夫人之塋也。嗚呼！白日空頹，逝川不返。唯留馨德，播在寰瀛。朋幼失蔭」覆，偏沐温濡。禮雖限於渭陽，恩實同於周鑒。顧己蕉累，謬踐名場。慚無靡麗之詞，唯誌實而」已。其銘曰」：

太華峻拔兮，鎮壓金方。公孕其秀兮，出輔我唐。赫赫勳庸兮，代不可雙」。公始嗣之兮，天不福其長。驊騮志在千里兮，勢詎可當。鵬翅將摶九萬兮，時厄其翔」。一佩魚符兮，政馥馨香。郡人相慶兮，重得龔黄。時不與兮，壽有其疆」。既厄塞於厚夜兮，淪于他鄉。指秦國南兮，土有連崗。已矣已矣兮，封兹若堂」。灑袂爲銘兮，孰免咨傷。

將仕郎前守楚州盱眙縣丞戴充符書」

玉册官尹鉢刻字」

## 按

誌主陳諷，《唐書》無載。其叔父君弈、君賞《舊唐書》略載。則誌所載其"高祖璋，皇任平州司馬。曾祖愃，皇任易州刺史，贈工部尚書。祖邕，皇任涿州刺史，贈工部尚書。父君儀，皇任延州刺史、檢校左散騎常侍、御史大夫、右龍武大將軍。仲父君弈，皇任鳳翔節度使。次曰君賞，皇任易定節度使。季父君從，皇任振武節度使。曰君實，皇任黔南觀察使"，以及陳諷本人所任"洪州建昌尉，次授三皇五帝廟丞"，"又累官兼左監門衛長史、威王友、魏王府諮議參軍"，"賞官鄂王府司馬"等，均可補史載之闕。又誌載"公素練武經，少得妙於毬擊。方屬右廣閱藝之秋，公果膺其搜羅"，則誌主應是一個馬球高手，以"球擊"特技膺選，得到皇帝與諸王賞識，反映了唐代帝王對馬球運動的喜愛與重視。此誌書法亦工亦整，典雅沉穩，又秀麗妙美，是晚唐書法中的楷書佳品。

993

423.895　白敬立墓誌

## 説　明

唐乾寧二年（895）刻。誌爲砂石質。邊長78厘米。誌文楷書38行，行字不等。李潛撰文。誌右上角及右下邊略有殘缺。約20世紀90年代靖邊縣紅墩界鄉華家窪林場出土。現存靖邊縣文物管理委員會。《榆林碑石》《新中國出土墓誌（陝西叁）》著録。

## 釋　文

故延州安塞軍防禦使檢校左僕射南陽白公府君墓誌并序」

定難軍節度判官檢校尚書庫部郎中兼侍御史賜紫金魚袋李潛述」

公諱敬立，字□□，秦將軍武安君起之後。武安君將秦軍，破楚於鄢郢，退軍築守於南陽，因而號其水爲白水，始」稱貫于南陽。武安君載有坑趙之功，爲相君張禄所忌，賜死于杜郵。其後子孫淪弃，或逐扶蘇有長城之役者，多」流裔于塞垣。公家自有唐泊九世，世世皆爲夏州之武官。曾祖父字令光，年一百廿四歲，充興寧府都督，娶高氏」生祖父字奉林，充興寧府都督，娶婆高氏。祖父字文亮，充興寧府都督，娶婆王氏，生公。公以祖」父箕裘繼常，爲故夏州節度使、朔方王信用於門下。王始爲教練使，公常居左右前後」，凡邊朔戰伐、軍機沉密，多與公坐謀。時有征防卒結變於外，突騎得入屠滅權位。其首乱者逼節使」，請署爲馬步都虞候。半年之間，凌慢愈甚。時朔方王集部下，伺隙盡擒誅之。公弟兄皆與其事。泊乾符」年，大寇陷長安，僖宗卜省於巴蜀，王自宥州刺史率使府將校，統全師問安赴難，及於畿内。公時以親信」從，夜即居王之寢門，晝即視王之膳所。應對顧問，亦不離其前；傳呼號令，亦皆承其命。籌度宜便，探刺」變動，外常陳鞠師旅，内又延語賓客，周徊折旋，曾無遺事。王乃推腹心，委之如父子；公亦盡忠瘁，報之如」君臣。一日，公失衆臨陣，爲大寇環逼。王輕騎犯圍，公乃得出。後王駐軍鄜州，舍于洛郊傳舍。時大」暑，久征之卒皆困痡于帳下。夜漏未分，暴水突至，獨公先知，持刃呼左右。王驚起，揭衣就車得出。公乃手轡」王騎及子城南門之外，守鑰者呼之不應，公乃梯堞而上，斷關啓扉，王与軍人方脱其難。及收復長安，王獨憐」公之功，昇居右職。命幕下爲奬飾之詞云：破黄巢於咸陽原上，非我不存；避洪濤於鄜時城南，唯尔之力。時皆謂」趙襄子舉高共，蜀先主得孔明，擢終始之功，言魚水之道，不過於此。後王受命復平僞朝，而先定奸臣於鄜時」。公總衙隊之師，爲虎賁之衛。鄜延逆帥樹壘於延州東横川，聚三万衆，馬万匹，號灘寨。公輕騎夜馳，星恒未盡」，及寨門，堆壘直入，斬級獲馬，其數万紀，延州不宿而下。公推盡瘁，輸忠孝，滅勃敵，峻軍令，奉王指蹤，守」王條制。更二歲，復下鄜時，王乃首舉公爲鄜州招葺使。不逾月，鄜人有鄉井；不逾年，鄜人有農桑。無何，延州餘」孽爲變，鄜人從風，興異志。公獲其哀告，遂間道得歸。又從王載收鄜、延。舉不期月，鄜、延復下，破城壘三十餘所」，誅惡黨一二千人。非運斤破竹，持湯向雪，不捷於此。王益嘉之，表薦公加右僕射。不經年，又薦爲延州防禦使。治疲」俗爲阜俗，化憸人爲正人。闢荒田數千頃爲公田，以奉使府；樹壞舍數十處爲郵舍，以待賓朋。創築城壘，縈山架川，固」金臨洫。里人無剽掠之患，井邑無漂突之虞。行謳坐謡，至今如在。及王薨，公悲感哀憤，如喪其考。觸」目發言，未常不形追感之色。公常云：有王有我。今王先我去世，所恨者不得灰其身，報於王之生前。今」唯誓生前而答於門下，誠未及願。公自有疾，解印歸鄉井。伏枕綿年，湯炙不瘳。竟以景福二年十一月」十九日，薨于夏州之故里，享年卌二。尊夫人銜哀撫幼，深得賢母之道。公正室清河張氏，奉晨養，供祭祀，亦」合命大夫之家範，先公而殁。公長兄承襲，見任興寧府都督元楚。令兄忠信，檢校吏部尚書、前綏州刺」史。令弟敬忠，檢校左常侍、充親從都兼營田使、洛盤鎮遏使、御史大夫。飲歠侍親老，推讓友弟兄。在公門有」忠赤，在私門有孝行。其季忠禮，檢校右常侍。攻儒墨，好禮樂。居權不驕，履嶮不亂。沉於參書，審於進趨。取捨」言動，皆得宜於故實。公五子：長男保全，充同節度副使；保勳，節度押衙、檢校國子祭酒、兼御史大夫；保恩、三鐵」、鐵胡。女四人：長十五娘，前濮州刺史高彦弘尚書定問；十七娘，適事王門，郎君司空；十八娘、廿一娘在室」。公有忠盡之心報於主，有戰伐之功及於朝庭。爲子彰孝行，爲郡著政聲。可以俟陰功而昌厥門閥。今官」左僕射，貴爲防禦使，功成名遂，殁于牖下。弟兄兒侄，皆兟兟於郡邑牙帳之前，豈不盛歟！公季忠禮，將猶子」荒懇，以公卜用有時，而請予銘之。以乾寧二年□月□日，葬于夏州朔方縣」。

局部

天有將星,地有將臣。禀兹瑞氣,方爲令人。事主如子,報國能君。感恩無已,臨陣不身」。生爲戎帥,死歸舊隣。貴有閥閱,盛有子孫。一日浮世,万古芳塵。縱變高岸,存此貞珉」。

故金紫光禄大夫檢校尚書左僕射使持節都督延州諸軍事守延州刺史充本州防禦左神策軍行營先鋒兵馬安塞軍等使兼御史大夫上柱國南陽白公府君墓誌」。

## 按

誌主白敬立,史載不詳。誌載其終身輔佐朔方王拓跋思恭。拓跋思恭因參與鎮壓黃巢之亂,得以割據夏、綏等州,成爲唐末藩鎮之一,是夏州政權的建立者。但漢文文書中關于拓跋思恭的資料極其簡略,且多矛盾之處,嚴重影響了對他的認識與研究。白敬立是夏州政權的第一個漢族官員,他終身輔佐拓跋思恭,深受其信任。墓誌中多記有拓跋思恭的事迹,對于研究唐末北方邊塞之治理及拓跋思恭這個歷史人物,都具重要的史料價值。

424.899　唐重修内侍省碑

## 説 明

唐光化二年（899）六月刻。碑螭首龜座。通高360厘米，寬98厘米。額文3行，滿行3字，篆書"大唐重」修内侍」省之碑」"。正文行楷40行，滿行70字。鄭璘撰文，閻湘書丹，董瓛篆額。圭額飾寶相花紋。碑中斷，個別文字受損。1978年西安市第二機床廠基建工地（即西安市西城墻東、蓮湖路南）出土。現存西安博物院。《全唐文補遺》《陝西碑石精華》著録。

## 釋 文

唐重修内侍省碑」

翰林學士承旨朝散大夫守尚書左丞知制誥柱國賜紫金魚袋鄭璘撰」

翰林待詔朝散大夫檢校刑部尚書守太子少詹事兼御史大夫上柱國賜紫金魚袋閻湘書

翰林待詔正議大夫檢校禮部尚書守吉王傅兼御史大夫上柱國賜紫金魚袋董瓛篆額」

盖聞一氣之分，遂有天地；天地定位，爰建皇居。控百二□山河，開九重之宮闕。然後分事務而玄參造化，列省署而上應星辰。導瑞色於紫微，被榮光於碧落。合其玉度」，迥壓金方，乃内省之盛也。我國家富有四海，坐鎮奧區，端拱凝旒，垂三百載矣。南逾北粤，北超玄塞，東臨若水，西極流沙。莫不爲臣妾以□□王率梯航而奉職。揚」夕惕日新之德，推守文繼體之尊。所以步驟成康，□□堯舜。玉諜不秘，表蒼生祈福之詞；寶殿爰開，啓赤縣懷柔之理。執左契而靡滯，垂黈纊以無」私。歌洽薫琴，道如龍首。仁霑養老，樂在□□。□蓮靈芝，競芬芳而效祉；眸龜鳴鳳，每雜沓以呈祥。坐遏珍奇，唯臻儉素。垂聲詩之美，覽祖宗之書」。休風肅然，有生飲化。且五音之發，本乎黄鍾之宮；萬務□□，□其樞柄之重。失則彝章靡舉，得則群政咸修。密啓昌言，秉致理匡君之義；入歸劇任，行整芠濟俗之心。坐撫群司，動」循故事。則明廷毗倚之重，哲輔總領之崇。遐迩式瞻，□□相映。而况内侍華省，弥綸列曹。庶務政化之源，四方取則之地。制度素廣，標式甚崇。廳宇弘多，梁棟斯盛。建葺必歸於允」當，周旋暗合於規程。德宗皇帝道屬文明，視□多暇。頻留綵仗，累肆宸襟。時瞻三島之遊，人謂五城之境。當社稷興復之後，是勳賢委遇之秋。弥注」渥恩，俾彰優異。發於睿思，親製豐碑。洪鍾兼浮趉同聲，照乘與方流耀彩。學臻乙夜，思麗秋風。焕乎王言，粲然聖作。由是厥地弥重，省望增崇。表瑞露之霈」恩，垂煙霄之盛渥。乾寧三載，以道思展義，爰幸咸林。既舊址荒涼，而熟議修葺。内樞密使廣平宋公道弼，才膺人傑，佐我皇家。懷袁安憂國之心，有行父事」君之志。賾九流之津要，動沃詞波；探百氏之菁英，畢臻學囿。□居重任，益耀嘉謨。門承華盖之榮，貴襲珥貂之美。四更年稔，一志匡時。殊庸冠象鼎之前，符彩澄冰壺之色。雖名書」甲令，儀寫雲臺。且曰疇咨，未報功力。厥惟成美，雅自□□。内樞密使晉陽景公務脩，博識生知，令猷凤賦。漢篋之舊書咸記，魯南之奥義洞知。夏孝若之風標，素成連璧；柳吴興」之才調，自了十人。繼簪紱之家聲，爲禮樂之彝器。爰膺□用，克播休勳。位極勞謙，道光弥勵。豈止共康庶物，抑亦叶整官曹。徽效載彰，將明益著。永標信史，時推寶臣。乾寧二年，灾」興輦轂，屬于鑾輅，俄幸石門。廣平公榮總樞□，晉陽公專掌綸綍。並勤尊獎，靡顧艱難。玉包比德之良，松表後凋之操。首陪法駕，翊扈行宫。發甚」密之詔書，受無遺事；定剋復之計策，進必盡規。恩益注於雲天，位長親於日月。果符皇眷，遂降寵章。克諧仄席之求，入副持衡之寄。太華」御題新製，公則共捧明宣。皆能繼緣情綺靡之光，叶君唱臣和之義。論霸道而先知國體，納昌謨而克茂朝經。奉以凤宵，光其操執。公對運機軸，動必叶成。轉」臻魚水之歡，愈暢君親之道。興利除害，體班史之能才；逐惡去邪，叶陽秋之明義。故得致廟朝之再造，贊聲教以騰輝。盡合宏謀，重安寶運。至於内外平章之際」，敷揚唱和之時，共得研精，上契聖慮。夫衆星環拱，知躔次之無差；仙省肅開，必有司之備列。盛都人之觀睹，副宸極之腹心。克壯皇闈，呈華紫禁。内則内園、客省」、尚食、飛龍、弓箭、染坊、武德、留後、大盈、瓊林、如京、營幕等司，并命婦院、高品、内養兩院。外則太倉、莊宅、左右三軍、威遠、教坊、鴻臚、牛羊等司，并國計庫、司天臺、曹署並臻華扃，克叶舊規。徘徊」翼張，東西鱗次。列秩峻美，委任斯崇。非才術何以董其權，非明□何以居其任。翔集榮路，變化雲衢。必此踐揚，增于事望。果使盡歸彝制，克睹司存。得宥密之準繩，爲大朝之程品。而」又司天監專其星緯，奉以日官。別書雲視朔之祥，應玉燭銅儀之候。必當其位，用定觀占。昔乾元元年，移永寧坊司天臺於秘省南置，甚諧法度，應彼太微。今之再修，兼歸舊地。若非」公之精識，豈得臻此乎？公並啓襟靈，同安景祚。俾分財力，致其葺修。鋪舒而丹桂聯光，參差而文杏相接。出於妙用，動有區分。未復神州，先令興作。當玉輦西還之際」，見坐籌集事之功。涼風暗接於天光，喜氣如迎其日馭。又禁庭出入之處，是左右銀臺之樓。咸自智謀，俾令結構。輪奂而裏蹄呈彩，雕鎪而寶緑交輝。上拂雲端，旁齊露

1000

修華蓋內棆密使廣平宗公道弼才膺人傑佐我皇家懷柔表安夏

承博識之生榮貴襲珥貂之美四更年稡一志連持殊庸冠冕著丞夏孝著丞史時風摽澄

脩弥勵尊榮奬康娘鳳雛物抑漢蓬之舊書官曹咸記魯南之輿義益洞知永摽信推

勤道月而果光知共頎睠遂降蕃包比克寵茂章之克於奉後潤範將明益著副持衡入陛

日浮之玼先廟國皇之體納昌贊而聲教以羊騰輝盡以宏謀重光求其操執副持衡

霸司得玼備都朝人盛之再造觀教副使鸕盧盡牛宸制克司之宏心克謀壯安皇臺曹署

枚浮莊必宅左右三軍威于司天臺妙用秘省歸南羣置甚邃諧法司存庫司天臺曹署

太倉象元元年移文咸寧相接出於俛結搆輪有臣分來踐揚之司天臺果坊使朝輝克靚并

化乾雲寮昔燒自損鼻穴堪復懸之蕭述廈乃迎謂此美神澤流俛令鷯鑒重安上

左光乙聯署左右光雲間思必纏菁以俛置俛伯節儉勿之度況昔於此雕鏤愛令寶緣交輝

朝寶其況五百餘左神輔榮軍閟其亮節方況今懃穎劉公別刻當其殼物之時屈修功臣梁國

計倣周仰猶有五千載篋盡貫出公方國廷之資用其見河水清尚楷為北官吏府今大署

公興往仰哲為千餘校績費當完今國家景倣雲習尚倣一省計費萬自

名臣倚猶述嘉矚洪勳銘曰殷肱克諧股依蘭路諧朝綱倣舉列把梓增華

羣司所繫度元首暢道星輝涅仍依蘭路諧槿栖芊列

鑿黃絹仰述之盈羹猶有洪勳銘曰雄文曠度俘法星暢道涅

局部

掌」。共稱壯觀，克成應門。竦四面之長廊，繼曩時之舊制。又以武德殿前舊鍾，累朝寶其靈異。昨因燒損鼻穴，不堪復懸。公乃迥出心機，俾令鐫鑿。重安簨簴，却整規模。雅符」金礪之功，盡自匡持之力。廣平公、晉陽公機事之暇，共議厥□。且謂曰：教化所資，省署攸繫。況叔孫思必葺之館，邵伯著勿翦之棠。昔謂美譚，流爲雅範。則所至有立，任重弥恭，得」不遇事而整頓哉。遂築遺基，徵諸故事。前後廳館，東西步廓。啓彼重□，聯其華室。大小相計，凡五百餘間。當糾纏以攸宜，節奢儉之合度。況於此省有功臣兩堂，繼武帳之恩華，耀」麟臺之儀表。名既垂於紬史，事復美於策勳。永列威稜，齊榮彩繪。□廣平公、晉陽公與左神策軍觀軍容使齊國劉公季述、右神策軍觀軍容使梁國嚴公遵美、並勳推捧」日，志貫凌霜；宣力公家，傾心事主。誓賞遠流於苗裔，錫号克契於山河。雖漢代名臣，周之哲輔，校其亮節，彼合慚顏。刿當復國之時，悉在衛鑾之首。咸加」異渥，爰命良工。繕葺既成，圖寫畢備。不讓旌賢之美，共觀同獎之榮。傳於盛時，乃光倚任。仰瞻成績，盡出公方。況今國用弥殷，物力尚屈，修玆一省，計費万緡，内蒙恩賜二」千貫文。此外，公乃以瞻國之宏規，展豐財之妙算。動有餘力，舉無□文。終彼葺修，尚多盈羨。猶有五千餘貫，留充公廨之資。俾其省司經營，以爲官吏取給。咸自公發於籌策，集」彼事功，内計一心，外勤萬計。弛張舊制，動復於彝倫；恢廓政經，又因於懿範。副九宵之嘉矚，爲千載之儲輝。且國家景雲，見河水清，尚播於樂府。今大署葺厥功成，得不紀」于碑碣。冀勒斯文，永傳徽德。璘内循膚淺，莫盡揄揚。乏子長成表之才，愧□固紀功之作。有塵黃絹，仰述洪勳。銘曰」：

體元紫府，並贊皇圖。資臣佐理，匡國嘉謨。官秩既分，省署爰啓。萬務允光，群司所繫。元首暢道，股肱克諧。朝綱攸舉，人爵允懷。御製豐碑，表恩公署」。珠玉騰光，絲綸嘗睹。今興盛績，復自元勳。躬參再造，安時肆勤。精識公方，雄文曠度。俾法星躔，仍依蘭路。梗楠互列，杞梓增華。禁城景勝，芳逕氣佳」。厥美克揚，共瞻集事。朱戶徘徊，粉墙峻峙。及迴鑾輅，重新省曹。工則畢就，人不告勞。建彼金門，珍同銀闕。丹腰交輝，崇嚴具設。接彼虛廡，勢拂晴虹」。道資必葺，節著匡躬。徵訪前規，經營舊制。名品無遺，輪奐咸麗。既成巨構，妙寫功臣。盛標鸞鳳，美冠麒麟。績佐艱難，道宣匡輔。共列拱辰，齊昌景祚」。既玆彩繪，弥厚渥恩。榮流苗裔，福播子孫。卓尔徽聲，藹然休烈。周室賢良，漢朝才哲。遂鐫年稔，用紀功庸。立于仙省，永振國風」。

光化二年歲次己未六月癸亥朔廿七日己丑建
潁川陳景銖鐫字」

## 按

宦官干政，是史學研究的重要課題。文獻記載雖多，但出于宦官敘述或代爲宦官敘述的，則不多見，石刻文獻在一定程度上彌補了這一缺憾。此碑詳細敘述了唐昭宗乾寧三年（896）至光化二年（899）内侍省在經歷戰亂後重新大修的情況，並且明確記載了内侍省的衙署設置，如“内則内園、客省、尚食、飛龍、弓箭、染坊、武德、留後、大盈、瓊林、如京、營幕等司，並命婦院，高品、内養兩院。外則太倉、莊宅、左右三軍、威遠、教坊、鴻臚、牛羊等司，並國計庫、司天臺”，都是非常珍貴的記錄，對考證各衙署機構的具體方位甚有助益。此碑出土地點在長安城西内掖庭宮範圍的西南，與文獻所載内侍省位置相符。碑文所記修葺範圍除内侍省外，還包括宮苑衙署、諸軍府庫、住宅作坊，實爲修葺整個京畿宮闕的記錄。該碑書體自然流暢，秀麗俊逸，有二王之遺風。

撰者鄭璘，字華聖，唐鄭州滎陽人。唐昭宗大順時以考功員外郎充史館修撰，乾寧末任翰林學士。官至尚書左丞。

書者閭湘，史載不詳。書此碑時署“翰林待詔、朝散大夫、檢校刑部尚書、守太子少詹事、兼御史大夫、上柱國、賜紫金魚袋”。

425.928　張居翰墓誌

## 説明

後唐天成三年（928）八月刻。誌正方形。邊長75厘米。誌文楷書53行，滿行53字。楊希儉撰文，崔若拙書丹並篆蓋。誌四側飾壼門内十二生肖圖案。1989年西安市西郊車劉村出土。現存西安碑林博物館。

## 釋文

唐故内樞密使推誠保運致理功臣驃騎大將軍守右驍衛上將軍知内侍省事上柱國清河縣開國伯食邑七百户張公墓誌銘并序」

前華清宫使太中大夫行内常侍上柱國賜紫金魚袋楊希儉撰」

前静江軍監軍使正議大夫行左監門衛上將軍上柱國崔若拙書并篆」

夫佐明君，平大難，樹大勳，生有令名，殁流懿範，閱行狀之殊迹，訪衆多之美談，疇庸既叙於旂常，盛德合鐫於貞誌，則」張公其人也。公諱居翰，字德卿。軒轅流裔，清河派分。代有英聲，世多間傑。曾大父處厚，威遠軍判官、承奉郎、内府令、賜緋魚袋。秉操」不回，蒞職清簡。謹巡備於畿甸，分甘苦於連營。大父弘積，御苑判官、朝散郎、内府丞。高情檜聳，雅志霜明。長卿文詞，於斯流譽；釋」之敷奏，在我不忘。父從玫，直金鑾承旨、朝請大夫、内給事，賜紫金魚袋。出宣帝命，入奉天顔。輶車哥美於皇華，金」章輝奐於丹禁。朝僉子貴之命，澤及幽壤之榮。贈内侍。太夫人弘農縣君楊氏，蘋蘩著美，蘭茝貽芳。佐賢每執於温柔，訓子必」聞於忠孝。遂致肥家之慶，咸資聖善之風。公内蘊融明，外韜清鑒。静遵素履，動播香名。今則不録鴻漸之由，顯標灼然之迹」。僖皇幸蜀歲，授容南護軍判官。時邊徼不寧，中原方擾。蠻越恃遠，道帥豪强。護軍命撫巡管徼，公一一示諭，遂致駱越怗然，五嶺梯貢。職罷」朝覲，當昭皇乾寧中，綸誥交馳，通奏關委。授學士院判官。檢己慎默，惴惴小心。操履執恭，上寮屬意。樞密院承旨六員，必擇」慎密兢莊，不囂不撓，不漏禁中語，不徇私結外交，皆以識見端明，文筆敏當者，方膺兹選。以公授第六廳承旨，恪勤于職，夙夜在公。俄」錫金章，資之清俸。周五稔，幽薊觖觎，僉難其人。輟於繁重之中，加供奉官内侍，俾之監臨。公談諧温茂，和氣青春。節帥劉公甚相景重，每」酌事體，訪以軍機。公曰：“大王雄名已振，武略適宜，朝廷倚若長城。今也幸同王事，在鄙夫每欲操蠡酌海，豈可以愚料賢。”以此撝謙，故」相款洽。考限將滿，洶洶軍情，皆曰：来者難量，豈捨我慈惠之師，即瘁苗望膏澤，不可得也。於是戎帥抗表，連營扣閽。朝僉既俞，將校欣感」。時强臣跋扈，政自關東。執政隨風，曾無匪席。陰魄將同於幾望，履霜遂至於堅冰。齒路馬以無嫌，戮近臣而專勢。僞命及幽州，燕王劉公指」日謂公曰：“請無他慮，已有權譎。”公曰：“不然。鄙夫叨受聖私，謬忝監撫。慚無殊異，以竭臣誠。今朝廷有綴旒之危，臣下務偷生」之便。主辱臣死，别無他圖。若大王拯君親之急，糾勤王之師，即雖死之日，猶生之年。願大王以社稷爲謀，無以鄙夫挂意。”燕帥曰：“臨難」不忘死，我何人哉！”遂安置公及監軍判官吴廷藻等于大安山，謫以他圖，以應僞命。周歲，軍情再請監撫。於是燕王外營控扼，請」公知軍府事，兼築羊馬城。公勸將卒，不月而畢事。南枝勁敵，北禦烏桓。因請再与晉主歡盟，重有交聘。潞州先爲南軍所得，病我腹心」。遂請公統師三万，會晉王收下壺關。二鎮同盟，誓清國恥。尋又汴軍再舉，重攻潞城，疊疊屯雲，喧聲震地。時潞帥李令公不幸適丁」荼苦，公晝夜警備，勞瘁數旬，因請墨縗從事。外圍日急，彼軍相謂曰：餓虎在檻，將冀烹屠。公与潞帥多方枝梧，百計抵禦。下防地道，傍」備雲梯。衆無五千，粮唯半菽，士雖憔悴，不替壯心。皆戎帥推誠，公之盡力。僅之周歲，方遂解圍。嗣晉王方在苫廬，勉從金革。統雄」武之將，救累卵之危。表裏合攻，夾寨奔北。僵尸擒職，皆勁敵之驍勇也。遂壯我軍聲，熸彼逆勢。晉王決南征之謀，乃承制授澤潞監軍」使，委軍府之政。八年制置，三面隄防。重治戈矛，再儲軍實，以備資助也。王曰：“國恥家冤，不忘朝旦。澤潞，咽喉之地，須以力争。天贊良圖」，一舉而勝。須賴舊德，同濟艱難。”公曰：“大王世立殊勳，代平禍亂。被宗社之耻，啟中興之期。救九土之阽危，拯生民之塗炭。孰」不仰望大王如慈父母也。”既收魏博，復壯幽燕。將俟過河，須有制置。蕃漢人情曰：若不正名，恐失人望。昔漢光武將平赤眉、銅馬，四七之」將，堅勸進之誠，遂從高邑之事。故事明白，可遵舊典。於是蕃漢總管諸將勸進於魏都，遂

局部

登皇極，中興唐祚，改号同光。景命重新，規丨繼從舊。遂命公綰司密勿，佐我皇猷，進位特進。上將建靈旗，親臨偽境。於是命公曰："偽將段凝統師十万，將逼鄴城。朕須乘丨虛過河。卿与魏王繼岌堅壁警備，無失機宜。"故以此相委。上遂渡楊劉口，与今上直掩中都，破敵衆十万，活擒驍將王彥章丨。鑾駕遂入汴城。駐蹕月餘，駕幸東洛，下賞勳佐命之制，詔公赴職，授推誠保運致理功臣、驃騎大將軍、右驍衛上將軍，封邑七百户。三丨年，公以密務繁重，陳力不往，乞歸田畝。再詔不允。四年孟夏，上奄弃万邦。今上登極，改号天成。公朝見請罪丨，上慰勉久之，言念曩昔備艱辛勤，嗟憔悴之容，許退休之便。尋離東洛，再返舊京。重奠松楸，復傷喬木。公歎曰："自離故國，三紀于茲。辛丨苦艱難，濱於九死。豈謂今日復得生還！"方期放志雲山，棲心道釋。無何，三年春，河魚所攻，山芎無效。沉綿及夏，有加無瘳。遂命次子延貴曰丨："我四口不支，將期旦夕。我自銜命河北，尋即社稷陵夷。幸偶聖期，清雪國耻。一塵一滴，無益高深。虛荷寵榮，若負芒刺丨。先聖知其畏慎，今上洞察愚衷，獲保首領，得殁于地。須寫將盡之懇，以感聖澤之隆。汝務主轄司，不謂不繁劇。府主丨太保冰雪居懷，嚴明條令。人無苛政，歲有豐穰。汝宜恭守憲章，勿以慢公失職。"延貴嗚咽承命。疾亟涉旬，四月廿七日薨于長安私第，享年丨七十一。府主清河公驛奏，上覽表，軫悼增歎，賻贈加等。以其年八月十日，葬于長安縣龍門鄉巒村，祔于先域，禮也。公以丨謙冲是守，慎默爲基。金鍊不灰，玉焚寧熱。是故履兹多難，泰然坦懷。《易》曰：山在地下，謙也，故六位無咎。若山附於地，剥也，剥之不已，灾及其丨身。公守斯道，永保終吉。夫人敬氏，平陽令族，有媧傳芳。遠祖侍中，平難於中宗之世。先考司武，立功於代朔之陲。夫人苑丨桂儔芳，沼蘋取法。克配賢德，正治家風。以公之勳業封平陽郡夫人。有子四人。長曰紹隱。紫綬金章，皆因勞而受寵；彤庭丹闕，以直道丨而進身。次子曰延貴。隨侍河北，展效燕中。慕鄧禹之攀龍，笑之側之策馬。摧鋒挫敵，賈董父之雄；書策賞功，息馮異之樹。鄭侯子弟，多從漢丨皇；凌統孤兒，亦哀吳主。雖先皇之慎選，亦公之推誠。尋爵從征之勞，兼委腹心之任。授刑部尚書、亳州團練副使。間歲殊尤丨，詔知衛州事。今上以元老告退，詔延貴侍養，輟於委任，以慰孝心。仍詔西都留守、清河公。付以要務，冀便公私，乃丨聖人之以孝垂訓。次子紹崇。礼樂飭身，然諾執性。連策棣萼，皆從鑾輿。或將飛騎以陷堅，或帥勇夫以跳壘。獎叙酬勞，授檢校騎省常侍丨直殿。幼曰延吉。温清餘暇，學礼學詩。器質端和，宛有令聞。尚書昆季以希儉叨先公眷獎，常奉周旋，欲以勳銘見請潤色，且丨鋪舒景範，丹彩殊庸。則必屬在詞人，咨之奧識。豈伊常調，造次欽承。游刃不在於族庖，運斤合歸於匠伯。儻不分肯綮，重有圬墁，徒自貽丨譏，適堪取笑。陳誠疊讓，終是確乎，濡毫襲賸，辭不獲已。銘曰：

乾坤未泰，雲雷尚屯。天降哲后，岳資賢臣。謨謀廟略，佐佑丨明君。櫬槍掃蕩，妖孽披分。國耻既雪，王道攸倫。中興景祚，下武繼文。逢時聖哲，際會風雲。功成告退，悃款宜陳丨。先皇晏駕，今聖御宸。嗟我元老，弥歷艱辛。詔從遂性，辭返渭濱。留侯解組，鄂公紗巾。方探道素，將溲靈津。疾興晉夢，豎怛越人。短丨長定數，付之天均。胡嗟朝菌，孰羨靈椿。既辭旦宅，常游天真。窀穸兆契，佳城卜鄰。沉碑或阜，峴碣或淪。書勳銘誌，永庶不泯丨。

天成三年歲次戊子八月癸酉朔十日壬午誌丨
安敬實鐫字丨

## 按

誌主張居翰，唐末五代初宦官。新、舊《五代史》有傳。誌記其曾祖父處厚爲"内府令"，祖父弘積爲"内府丞"，父從玫爲"内給事"，及張居翰爲"知内侍省事"，則知其世代爲宦官。誌所載唐末五代時期朝代更迭、戰亂頻仍等歷史事件及歷史人物，均可與正史互證互補。

426.930　破丑夫人墓誌

故永定破丑夫人墓誌文

綏州軍事判官大理評事張□撰

三才肇序二聖乖明既分天地之形復烈乾坤之像其有
徽音弘遠　　　永定播揚慧婉早著於宮闈賢明素彰有
共里館即今永定破丑民也夫人□九魏靈苗孝文
盛族天麟表瑞沿鳳騰芳金枝繼踵矣三台玉葉烟
聯芳八座而況三從順道四德奉親崇婦禮以宅方儔母
儀而敦訓可以千鍾慶壽宜祿宜家真隆盡戚之□
光顯朱門之貴夫今虎竹子掛龍翰美譽之名超
今邁昔夫人方以閨定勛慶香閣永榮何進疾之無
懲奄從風燭魂随逝水魄逐川波慟結子孫非悲癃兒女長
是選擇異地修餙靈宮蕃漢數千衡晨退送風雲
术是失色山嶽為之昏曠固刊石以留名則雕銘亦不朽
其詞曰　　　　　票質英靈于高謝靈
僄武懿軏　四德蘭馨　方隆家園　顯耀兒孫
聰辭蔡綝　六親風靡　大根儀聖　　堂留舊影
何榮疾療　醫藥無徵　將沒幽其　男彝瑄
室泛殘燈　一歸長夜　永刑泉門　　彝瑨
彝震　彝嗣　彝雍　彝玉　彝愍　彝璘
長興元年歲次庚寅拾月辛卯朔捨玖日巳酉

## 説　明

後唐長興元年（930）十月刻。誌、蓋均爲砂石質。蓋盝形，誌正方形。蓋邊長54厘米，誌邊長53厘米。蓋素面無文，四殺飾八卦符號。誌文楷書19行，行字不等。張少卿撰文。約20世紀90年代榆林市榆陽區紅石橋鄉拱蓋梁村出土。現存榆林城牆文管所。《全唐文補遺》《榆林碑石》著録。

## 釋　文

故永定破丑夫人墓誌文」

綏州軍事判官大理評事張少卿撰」

三才啓序，二聖垂明。既分天地之形，爰烈乾坤之像。是有」徽音弘遠，淑德播揚。慧婉早著於宮闈，賢明素彰」於里館，即今永定破丑氏也。夫人以元魏靈苗，孝文」盛族，天麟表瑞，沼鳳騰芳。金枝繼踵於三台，玉葉姻」聯於八座。而況三從順道，四德奉親。崇婦禮以宅方，備母」儀而敷訓。可以千鍾慶壽，百禄宜家。冀隆畫戟之榮」，光顯朱門之貴。夫分虎竹，子挂龍韜，美譽之名，超」今邁昔。夫人方以閨庭納慶，香閤承榮。何邁疾之無」懲，奄從風燭。魂随逝水，魄逐川波。慟結子孫，悲纏兒女。於」是選擇異地，脩飾靈宮。蕃漢數千，銜哀追送。風雲」於是失色，山嶽爲之昏矇。固刊石以留名，則雕銘而不朽」。其詞曰：

偉哉懿範，禀質英靈。才高謝雪」，聰辯蔡絃。六親風靡，四德蘭馨。方隆家國，顯耀兒孫」。何縈疾瘵，醫藥無懲。大限俄至，將没幽冥。堂留舊影」，室泛殘燈。一歸長夜，永閉泉門。

男彝瑨」、彝震、彝嗣、彝雍、彝玉、彝慜、彝璘」

長興元年歲次庚寅拾月辛卯朔拾玖日己酉」

## 按

破丑氏，誌云其爲"元魏靈苗，孝文盛族"，即源出拓跋鮮卑。爲党項部落，以氏爲部。此誌爲研究党項部之破丑氏提供了資料。

1007

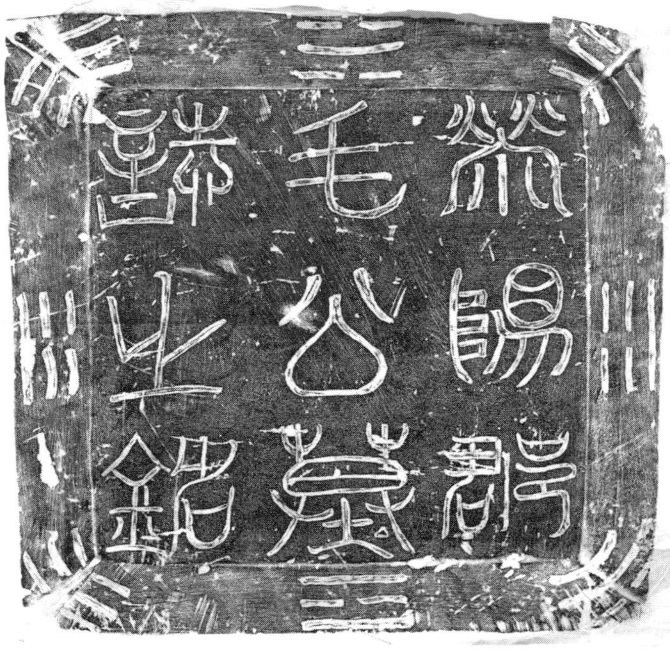


427.942　毛汶墓誌

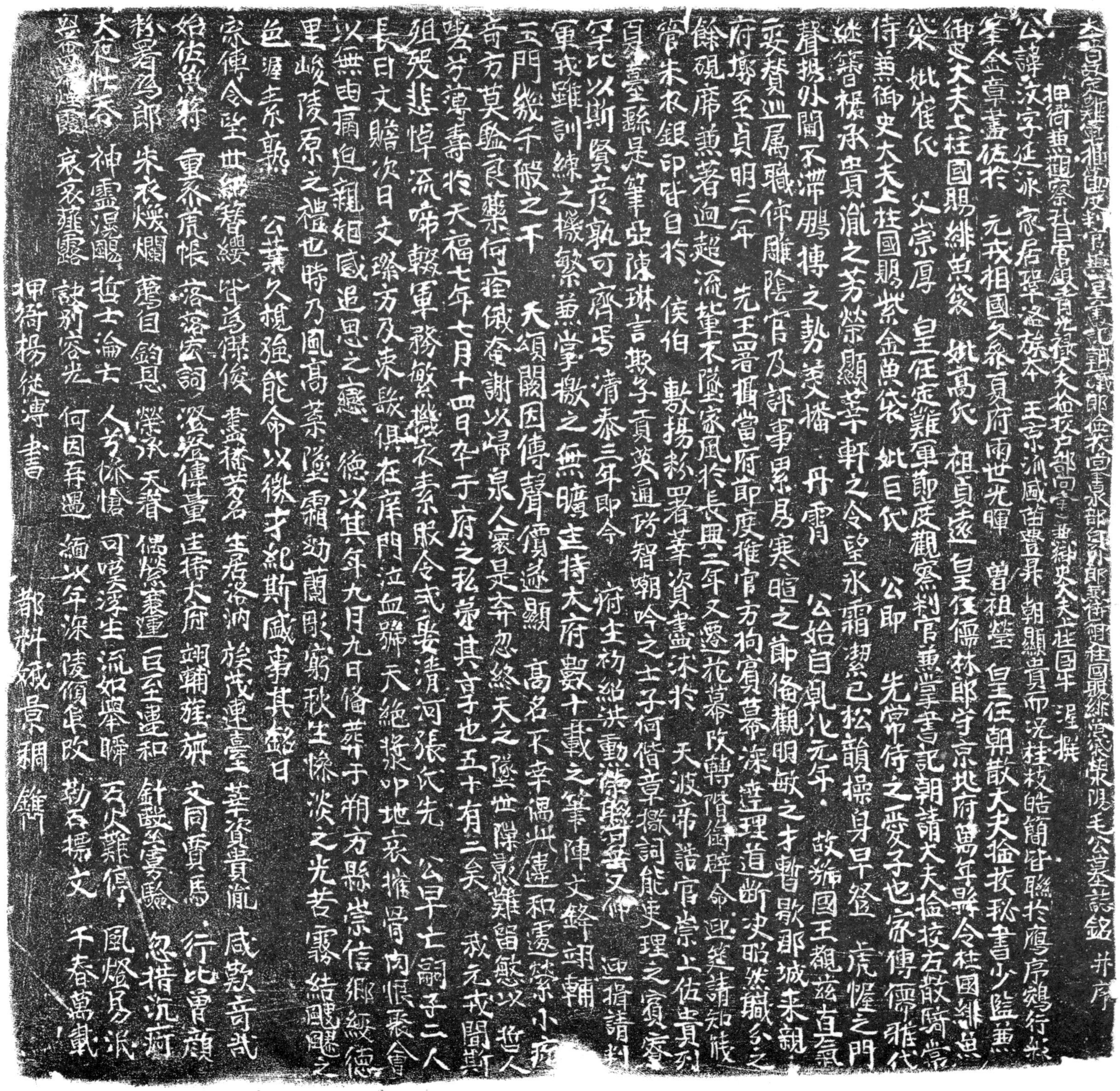

## 説 明

後晉天福七年（942）九月刻。誌、蓋均爲砂石質。蓋盝形，誌正方形。蓋邊長70厘米，誌邊長69厘米。蓋文3行，滿行3字，篆書"滎陽郡」毛公墓」誌之銘"。誌文楷書30行，行字不等。牛渥撰文，楊從溥書丹。蓋四殺爲八卦圖案。20世紀90年代後靖邊縣紅墩界鄉圪坨河村出土。現存榆林市文物保護研究所。《全唐文補遺》《榆林碑石》著録。

## 釋 文

大晉故定難軍攝節度判官兼掌書記朝議郎檢校尚書水部員外郎兼侍御史柱國賜緋魚袋滎陽毛公墓誌銘并序」

押衙兼觀察孔目官銀青光禄大夫檢校户部尚書兼御史大夫上柱國牛渥撰」

公諱汶，字延泳。家居鞏洛，族本王京，派盛苗豐，昇朝顯貴。而况桂枝皓簡，皆聯於雁序鵷行；彩」筆金章，盡佐於元戎相國。久參夏府，兩世光暉。曾祖瑩，皇任朝散大夫、檢校秘書少監、兼」御史大夫、上柱國，賜緋魚袋。妣高氏。祖貞遠，皇任儒林郎、守京兆府萬年縣令、柱國、緋魚」袋。妣崔氏。父崇厚，皇任定難軍節度觀察判官、兼掌書記、朝請大夫、檢校左散騎常」侍、兼御史大夫、上柱國、賜紫金魚袋。妣巨氏。公即先常侍之愛子也。家傳儒雅，代」繼簪裾。承貴胤之芳榮，顯華軒之令望。冰霜潔己，松韻操身。早登虎幄之門」，聲揚外閫；不滯鵬搏之勢，美播丹霄。公始自乾化元年，故虢國王睹兹直氣」，委贊巡属。職倅雕陰，官及評事。累易寒暄之節，備觀明敏之才。暫歇郡城，来親」府塀。至貞明三年，先王署攝當府節度推官，方拘賓幕。深達理道，斷決昭然。職分之」餘，硯席兼著。迥超流輩，不墜家風。於長興二年，又遷花幕，改轉階銜。辟命迎筵，請知賤」管。朱衣銀印，皆自於侯伯敷揚；粉署華資，盡沐於天波帝誥。官崇上佐，貴列」夏臺。緜是筆亞陳琳，言欺子貢。英通巧智，嘲吟之士子何偕；章檄詞能，吏理之賓寮」罕比。以斯賢彦，孰可齊焉。清泰三年，即今府主初紹洪勳，榮聯河岳。又伸迎揖，請判」軍戎。雖訓練之機繁，兼掌檄之無曠。匡持大府，數十載之筆陣文鋒；翊輔」王門，幾千般之干天頌闕。因傳聲價，遂顯高名。不幸偶此違和，遽縈小疹」。奇方莫驗，良藥何痊。俄奄謝以歸泉，人寰是弃；忽終天之墜世，隙影難留。懑以哲人」，嗟兮薄壽。於天福七年七月十四日，卒于府之私弟，其享也五十有二矣。我元戎聞斯」殂殁，悲悼流啼。輟軍務繁機，衣素服令式。娶清河張氏，先公早亡。嗣子二人」：長曰文瞻，次曰文璨，方及束髮，俱在庠門。泣血號天，絕漿叩地。哀摧骨肉，恨聚會」以無由；痛迫親姻，感追思之戀德。以其年九月九日，備葬于朔方縣崇信鄉綏德」里峻陵原之禮也。時乃風高葉墜，霜勁蘭彫。窮秋生慘淡之光，苦霧結飂飅之」色。渥素熟公業，久視强能。命以微才，紀斯盛事。其銘曰」：

家傳令望，世紹簪纓。皆爲傑俊，盡播芳名。生居洛汭，族茂連臺。華資貴胤，咸歎奇哉」。始佐魚符，重參虎帳。落落宏詞，澄澄偉量。匡持大府，翊輔旌斿。文同賈馬，行比曾顔」。粉署爲郎，朱衣焕爛。薦自鈞恩，榮承天眷。偶縈衰運，巨至違和。針醫寡驗，忽措沉痾」。大夜忙吞，神靈溳飅。哲士淪亡，人兮慘愴。可嘆浮生，流如舉瞬。石火難停，風燈易泯」。羃羃煙霞，哀哀薤露。訣別容光，何因再遇。緬以年深，陵傾阜改。勒石標文，千春萬載」。

押衙楊從溥書

都料娥景稠鐫」

## 按

誌主毛汶，史載不詳。誌所載其家族世系及其本人生平、履職爲官等，爲研究五代時期定難軍幕府制度提供了珍貴的資料。

428.942　任景述墓誌

## 説　明

後晉天福七年（942）十月刻。蓋盝形，誌方形。誌、蓋尺寸相同，均長68厘米、寬65厘米。蓋文3行，滿行3字，篆書“大晉故」西河任」公墓誌”。誌文楷書39行，滿行38字。任珪撰文並書丹。蓋四殺飾四神圖案，四周飾寶相花紋。1996年原長安縣郭杜鎮出土。現存陝西歷史博物館。《全唐文補遺》《長安碑刻》著録。

## 釋　文

有晉故兵部尚書西河任公墓誌銘并序」

前攝秦州清水縣主簿將仕郎試太常寺協律郎任珪撰并書」

嗚呼！公姓任氏，諱景述，字美宣，其先出軒轅皇帝之胤裔也。始建侯于任城，因地而命氏。子孫牧于」汾州，望在西河。厥後徙居京兆，今爲京兆人也。本枝繼盛，棠推水蕴之名；厥胤弥昌，昉著文章之稱」。代揚其美，史不絶書。曾諱□□，祖諱□□，考諱存閏。公器局深沉，識度弘遠。幼稟義方之訓，長有」老成之風。非禮勿言，作事可則。心算乃窮微盡數，福興則抱智懷仁。生知公才，天與直氣。不以勞神」苦思爲發身具，終以資忠履信爲筮仕基。落落然眞構厦之材，鬱鬱然無息肩之地。奇才未展，恨依」繞何枝；孝道純深，乃仕不擇禄。遂委質公室，就列虎門。晉昌節使，彭城掌武，察其言，觀其行，置之」肘腋，付以簿書。期自下以昇高，乃潔道而晦迹。厥後康相國莅政，委公依然。掌繁總之司，上下」無怨；聯行綴之内，容止可觀。抑又清河少師奉詔梁朝，保釐咸鎬。從其長而捨其短，器其度而」善其才。乃任以腹心，冠之左右。擢公爲留守都孔目官、兼管步奏將，仍奏授銀青光禄大夫、檢校」左散騎常侍、兼御史大夫、上柱國。洎客省清河太保權留守事，公悉心罄慮，日有所陳，極力盡」忠，言無虚發。留守仰其明敏，重以强能，乃奏授教練使，遷工部尚書。未期，又奏授右廂馬步使，遷」刑部尚書。務在警巡，職司刑憲。剖鷄定詐，不愧前脩；鞭絲辨疑，每有先見。俄遷授右都押衙，值兩蜀」構逆，大國興師。大晉先皇帝邸下龍潛，臣於王室，奉辭伐罪，拜將登壇。移玉帳之籌，進金牛之」路。公轉粟流輸，弘濟艱難。衆議舉行，軍儲不爽。及還公室，尋獲奏章，遷判都莊宅營田三白渠河」院事。府庭之務，不亦重乎；職任之權，斯爲美矣。決渠降雨，不愆農事之期；棲畝餘糧，無爽公田之盛」。值甲午歲，國朝多事，軍府危疑。相國王以征伐不迴，司局以首領多闕。兩衙袖職，莫得其人；左」右轄司，悉虚其位。公訥言敏事，在邦必聞。留守乃委以兼左右都押衙，左右廂馬步使，遷刑部」尚書。舉領提綱，赳赳於牙旗之下；片言折獄，明明於侯府之中。才了十人，雖聞舊史；權兼七務，罕擬」當仁。居藩屏之中，實於斯爲盛。公深才偉量，高概不群，素有高門大宅之志。然而事親盡節，能」捨榮取義，其在公歟！洎禮畢送終，志常隱約。嘗謂執友曰：大丈夫仕不及二千石，安能老之將至」碌碌而但循階乎？自兹宦路灰心，軍門滅志。非雲霞不足以結賞，非山澤不足以論交。遂累貢讓辭」，懇謀休解。元戎藉其英毅，壯彼軍容。闕有所須，進無不補。雖餘事獲允，而極職難辭。又任左都押」衙。更經數載，遷兵部尚書，階勳如故。當膽壯心雄，已思静退；及齒危髮秀，倍厭驅馳。既獲替人，因而」斂迹。雖陶先生之解印，不乏田園；痛馮子敬之白頭，竟爲郎署。天福七年龍集壬寅寢疾，八月一日」啓手足于私第，享年五十有九。娶太原王氏。婉娩承家，肅雍垂範。内外仰謙和之德，始終恢令淑之」名。輕謝道韞之雪詩，未盡善也；踵張茂先之女誡，生而知之。有子一人，曰繼崇，風神秀拔，器度恢弘」。空谷白駒不足方其駿，九皋鳴鶴不足擬其聲。曾任西頭供奉官。曉踏螭頭，平視煙霄之路；朝親」鳳宸，躬承日月之光。雖家風不墜於箕裘，而人事難逾於否泰。娶扶風馬氏。婦容令德，金瑩玉貞。婉」然林下之風，卓爾閨中之秀。有女五人：長曰增嬌，次曰添嬌，次曰千嬌，次曰勝嬌，次曰小勝。或長而」及笄，或幼而在褓。藹然淑質，綽有遺妍。嗟乎！賢不賢，性也；遇不遇，命也。夭遂之事同期，脩短之數分」定。人生到此，天何言哉！即以其年十月二十二日，葬于京兆府長安縣義陽鄉小郭村，禮也。嗣子繼」崇，窮咽倚廬，號咷滅性。慮以遷其陵谷，懼以泯其聲塵，遂命以抽毫，俾紀之茂實。珪叨聯宗派，備熟」徽猷，結氣銜悲，跪爲銘曰」：

軒后垂裔，建侯于任。因封錫氏，自古迄今。枝分脉散，蒂固根深。德惟善政，文耀詞林」。代有其人，芳不絶史。公之禎祥，孝之終始。懷土事親，捨彼取此。進不擇禄，仕惟鄉里」。歷職侯府，授秩宰庭。八座循陔，七務權并。成人之美，惟德是馨。保兹延譽，退養遐齡」。俄困膏肓，啓乎手足。蟬蜕何恨，牛崗叶卜。子孫泣血，丘壟埋玉。積善餘慶，世膺多福」。

## 按

誌主任景述，史載不詳。誌所載其歷經唐末、後梁、後唐、後晉四朝，侍從藩帥，列職軍門，禁衛衙府，屢掌樞要，以及諸多歷史事件，如“兩蜀構逆，大國興師”，“大晉先皇帝邸下龍潛，臣於王室，奉辭伐罪，拜將登壇”，指後晉石敬塘討伐前蜀與後蜀事。又如“值甲午歲，國朝多事，軍府危疑”，當指後唐末期朝政不穩，時局混亂，後晉代後唐事。均可補證正史。另，關中出土五代墓誌極少，此誌之出土亦極爲珍貴。

429.943　劉敬瑭墓誌

## 説　明

後晉天福八年（943）七月刻。誌、蓋均爲砂石質。蓋盝形，誌正方形。誌、蓋尺寸相同，邊長均66厘米。蓋文3行，滿行3字，自左至右篆書"彭城郡」劉公墓」誌之銘"。誌文楷書34行，行字不等。牛渥撰文，楊從溥書丹。蓋四殺飾八卦符號。約20世紀90年代橫山縣雷龍灣鄉鄭家峁村南出土。現存榆林市文物保護研究所。《全唐文補遺》《榆林碑石》著録。

## 釋　文

大晉故定難軍節度副使光禄大夫檢校太保兼御史大夫上柱國開國男食邑三百户彭城劉公墓誌銘并序」

觀察孔目官檢校户部尚書兼御史大夫上柱國牛渥撰」

公諱敬瑭，字瑩夫。其先即唐代宗皇帝之寶臣晏相六世之雲孫也。盛而富國，貴乃傳家。流勳」績以昭彰，散派源乎未泯。迄今与祖百有餘年，本既咸秦，苗兮統萬耳。曾祖禛，皇任銀青」光禄大夫、檢校太子賓客、兼監察御史。妣弘農楊氏。祖士清，皇任定難軍散都頭、充魏平鎮遏使」。妣滎陽鄭氏。父宗周，皇任定難軍節度押衙知進奏、銀青光禄大夫、檢校右散騎常侍、兼御史大夫、上柱國」。妣西河藥氏。公即常侍之家嫡也。公奇姿岳峻，偉量江沉，綽有令名，鬱爲人瑞。幼」則嘉其象智，長乃志抱雄心。入仕轅門，立身戎府，莫不征遊南北，禮騁東西。立事立勳」，惟公惟政。迥光祖德，益耀子孫。公始自唐乾符四年，小親台砌，便主煙毫。歷數任之旌麾」，授子弟，遷虞候。至廣明年及中和歲，故兩鎮令公王斯本貫，榮耀鄉間。兼先太尉繼」紹山河，董臨節制，皆睹公神情慷慨，器度泓澄。於大順初景福末，已聞英俊，肘腋指呼。累」從油幢，百戰巢寇。既清氛祲，帝復宮闈。遷挾馬都，權補軍中右職。天祐二年，改補門槍節」院軍使。相次沐天波，自監察御史位至貂蟬。梁開平二年，署四州馬步都虞候。雖總繁司，急難」辦濟。臨財不苟，莅事克清。故號國王睹以忠言，備諳直氣。諫無從而忤旨，事不規而觸鱗」。開平四年，補充左都押衙官，即及於右揆。乾化元年，重修城壘，固護軍州。板築左廂，數旬功就」。旋即奏聞天闕，恩命加公金紫階，衙秩亦遷于水土。次年，充管内馬步軍都知兵馬使。三年，授檢校司」徒、守銀州長史。貞明五年，階昇光禄，仍增大彭縣開國男，食邑三百户。龍德元年，除右監門衛大」將軍。至後唐同光三年，以宥州地屬衝要，民整彫殘，若匪得人，孰爲綏撫。故號王輆其縮衆，權」請知州。期年六月内，恩渥遝敷，正臨郡印。自六年之爲理，而久著於嘉音。既交代於魚符，復陪」筵於樽俎。以長興四年，朝廷玷謗，軍府重圍。先太傅牒請權兵，把截四面。師徒抽退，士庶獲安」。廣運良籌，具難述耳。清泰二年，即今元戎秉政，求舊徵賢。請攝貳車，同參王事。次陳章奏，恩渥弥隆」。允正倅戎，荐加保傅。大晉明皇嗣聖，普示新恩。府主太師例以奏聞，又頒恩寵。實可謂官崇禄峻，譽遠」延齡。忽構違和，俄辭昭代。以天福八年三月五日，終于府之私第，其亨也八十有三矣。夫人曹氏，公之令室也。婉順」淑質，婦道賢明。夫人李氏，先公早亡。嗣子四人。長曰彦能，歷職至散兵馬使。文武雙備，孝敬兩全。季曰」彦頵，見守節度押衙，充器仗軍使。智揚盛府，德紹勳門。懷通變以侍旌幢，整羽儀恒親斧鉞。次曰彦」溫、彦柔，皆謙恭著美，禮義承家。昆季二難，剛柔一志。女三人：長曰適孟氏，次曰適張氏，小曰適白」氏。芳年窈妙，不幸先終。咸灑涕以絶獎，恨追思之莫及。以其年七月十四日，備葬于城東濁水嶺」高崗之禮也。渥素熟公之德行，兼睹直道匡扶。不鄙柔毫，紀斯盛事。其銘曰」：

雄雄氣概，熠熠英姿。忘家去難，与國分麾。世親旌戟，代繼門風。匡扶十乘，位列三公」。幼逐公侯，長承官宦。南北東西，隨軍屢戰。翊輔洪鈞，聲華已聞。無傾祖德，不墜家勳」。智乃功圓，性惟俊邁。履薄臨深，滿盈是戒。爰自魚符，俛臨虎帳。落落胸襟，澄澄偉量」。久贊元戎，名傳帝闕。位重年尊，無虧忠節。俄構微疾，遽違昭代。靈既通明，神兮不昧」。賢姬泣恨，令子摧傷。終於孝道，永保延芳。逝以哲人，天兮慘異。勒石標勳，光乎後嗣」。

押衙楊從溥書

石匠娥景稠鐫」

## 按

誌主劉敬瑭，史載不詳。其名諱與後晉高祖石敬瑭名諱同，故瑭字缺末筆。誌云劉敬瑭爲唐代宗時宰相劉晏之後。歷經唐末僖宗、昭宗、哀帝及五代後梁、後唐、後晉六代，歷任馬步都虞候、左都衙官、管內馬步軍都知兵馬使、檢校司徒、銀州長史、宥州知州、左監門衛大將軍、定難軍節度副使等。對于研究唐末五代時期北部夏、銀、綏、宥等州政治軍事形勢等，均有一定的史料價值。另，此誌的撰、書、鐫者均與後晉天福七年（942）九月刻的毛汶墓誌同爲牛渥、楊從溥、娥景稠，一出土于靖邊縣紅墩界鄉圪坨河村，一出土于橫山縣雷龍灣鄉鄭家峁村。二者之間的關係待考。

430.946　李仁寶墓誌

## 説 明

後晉開運三年（946）二月刻。誌、蓋均爲砂石質。蓋盝形，誌正方形。誌、蓋尺寸相同，邊長均64厘米。蓋文3行，滿行3字，楷書“故隴西」李公墓」誌之銘」”。誌文楷書30行，行字不等。齊嶠撰文。蓋四殺飾八卦符號。約20世紀90年代橫山縣雷龍灣鄉鄭家峁村南出土。現存榆林市文物保護研究所。《全唐文補遺》《榆林碑石》著錄。

## 釋 文

大晉綏州故刺史金紫光禄大夫檢校太保兼御史大夫上柱國李公墓誌」銘并序

銀州防禦判官齊嶠撰

公諱仁寶，字國珎，迺大魏道武皇帝之遐胤也。自」儀鳳之初，遷居於此，旋趨輦轂，便列鵷鴻。或執虎符，或持漢節者，繼有人也。以唐中和之歲」，國家多難，聖主省方。又聞骨肉之間，迥稟英雄之氣，長驅驍鋭，却復翠華。厥立奇功」，果邀異寵，遽分茅土，遂賜姓焉。七八十年，四五朝矣。山河遠大，門族輝華。莫可比乎，孰能加」也。曾祖副葉，皇任寧州、丹州等刺史、金紫光禄大夫、檢校司空、兼御史大夫、上柱國拓拔副葉」。祖重遂，皇任銀州防禦度支營田等使、金紫光禄大夫、檢校太保、兼御史大夫、上柱國」李重遂。考思澄，皇任定難軍左都押衙、銀青光禄大夫、檢校工部尚書、兼御史」大夫李思澄。公渾金重德，迥大奇材。風神雅而緒柳一株，器度廣而黃陂万」頃。體唯温克，性本善和。訴公之讜直難同，治亂而經綸少比。天邊一鶚，誰知鸑」鷟之程；雪裏孤松，可辨歲寒之操。鬱爲時彦，宛是人龍。高持謹愿」之風，顯著忠貞之譽。故號王睹其節概，舉以才能，遂署職於軍門，頗」彰勤績。俄分符於屬郡，甚有嘉聲。莫不洞曉魚鈐，深明葛陣。行驅隼旆，坐」鎮雕陰。張堪任蜀之年，尤同善政；侯霸臨淮之日，可類清名。朝庭以久立邊功，爰」加寵命。布龍綸於碧落，降鈿軸於丹墀。累轉官資，繼頒爵秩。位崇保傅，權」計慘舒。而又逢存亡進退之機，知榮辱成敗之理。及歸別墅，獲替府城。朝辭鵲印魚符，暮」入雲峰煙水。自怡情性，獨縱優遊。張平子月下秋吟，陶靖節籬邊醉卧。功成名遂，無」以比焉。方思綺季連衡，株松等壽。豈意忽縈疾疹，便困膏肓。問神之心緒徒施」，洗胃之功夫漫誤。重泉忽往，逝川不迴。嗚呼！皓月韜光，德星沉彩。即於開運二年十月」二十八日，薨于坂井舊莊，其享也七十二矣。蘭臺之馨香空在，鼎鍾之問望猶新」。莫不内外悲傷，家邦痛惜。九族灑闌干之淚，六親興從鬱之懷。諸夫人目斷幽」津，遽失和鳴之響。兒女等愁生白晝，莫聞庭訓之言。結戀何窮，重泉永隔。即於」開運三年二月五日，祔葬于先祖陵闕之側也。愁雲淡淡，如資愴恨之容；春草」萋萋，似動悲涼之色。今以唯虧夢筆，固昧知人，素無黃絹之辭，兼白眉之譽。貴遵」請託，聊敢涤濡。其銘曰：

勳績早著，德望弥高。明彰露冕，惠若投醪」。孝敬誰同，忠貞少比。價捏龍須，名光鳳尾。善驅五馬，能撫專城。靄然令問」，鬱矣嘉聲。時謂棟梁，民歌襦袴。頗類君房，何慚叔度。望瓦竹帛，身退園林」。事同往哲，年過從心。方樂優遊，忽縈疾恙。良藥無徵，重泉可愴。長天墜月」，太華摧峰。露沾香蕙，風折喬松。内外興悲，親姻聚泣。隙駒影微，逝川安急」。令嗣痛裂，九族淒涼。遺愛徒在，列宿韜光。夢幻堪嗟，業輪不測，聊刊貞珉」。

## 按

誌主李仁寶，字國珍，北魏道武皇帝拓跋珪之後裔。誌云“儀鳳之初，遷居於此”，即夏州也。曾祖寧州、丹州等刺史拓拔副葉，祖銀州防禦度支營田等史李重遂，父定難軍左都押衙李思澄。誌文對夏州李氏淵源、世系敍述詳細，是關于唐末定難軍的重要文獻。

1019